书山有路勤为径,优质资源伴你行
注册世纪波学院会员,享精品图书增值服务

职业经理人管理工具精选

The Active Manager's Tool Kit
45 Reproducible Tools for Leading and Improving Your Employee's Performance

钻石版

[美] 梅尔·希尔伯曼 / 编著
Mel Silberman
胡玉玲 申福广 胡广志 / 译

电子工业出版社
Publishing House of Electronics Industry
北京·BEIJING

Mel Silberman
The Active Manager's Tool Kit: 45 Reproducible Tools for Leading and Improving Your Employee's Performance
ISBN: 9780071409459

Original edition copyright © 2003 by McGraw-Hill Education. All rights reserved.
Simple Chinese translation edition copyright © 2024 by Publishing House of Electronics Industry Co., Ltd. All rights reserved.

本书封面贴有 McGraw Hill 公司防伪标签，无标签者不得销售。

版权贸易合同登记号　图字：01-2003-3514

图书在版编目（CIP）数据

职业经理人管理工具精选：钻石版 /（美）梅尔·希尔伯曼（Mel Silberman）编著；胡玉玲，申福广，胡广志译. —北京：电子工业出版社，2024.7
书名原文：The Active Manager's Tool Kit: 45 Reproducible Tools for Leading and Improving Your Employee's Performance
ISBN 978-7-121-47702-7

Ⅰ.①职… Ⅱ.①梅… ②胡… ③申… ④胡… Ⅲ.①企业领导学 Ⅳ.①F272.91

中国国家版本馆 CIP 数据核字（2024）第 077764 号

责任编辑：杨洪军
印　　刷：三河市鑫金马印装有限公司
装　　订：三河市鑫金马印装有限公司
出版发行：电子工业出版社
　　　　　北京市海淀区万寿路 173 信箱　邮编 100036
开　　本：720×1000　1/16　印张：19.75　字数：474 千字
版　　次：2024 年 7 月第 1 版
印　　次：2024 年 7 月第 1 次印刷
定　　价：79.00 元

凡所购买电子工业出版社图书有缺损问题，请向购买书店调换。若书店售缺，请与本社发行部联系，联系及邮购电话：(010) 88254888，88258888。
质量投诉请发邮件至 zlts@phei.com.cn，盗版侵权举报请发邮件至 dbqq@phei.com.cn。
本书咨询联系方式：(010) 88254199，sjb@phei.com.cn。

译者序

历数中外企业，失败者各有各的原因，然而，但凡成功的企业皆具备一个共同的特点，即拥有一支优秀的企业管理队伍。

在竞争日趋激烈、科技迅猛发展的当今社会，中国企业要发展成为真正的世界级企业，就需要一大批职业化的、拥有跨国企业管理经验和水平的人才。一个企业管理者成功的决定因素不仅包括专业知识和业务技能，还包括个性特质、工作态度及管理思想。

当前，关于现代企业管理的指导性书籍并不少见，但是真正汇集现代管理理论与可操作性案例于一体的书籍并不多见。由美国著名的管理咨询顾问梅尔·希尔伯曼所著的《职业经理人管理工具精选》就是这样一本书，确切地讲，这是一本实务性很强的管理工具书，书中汇集了几十位国外资深管理顾问在多年的工作实践中所积累起来的管理工具，并形成了一套完整的体系。

本书是现代企业管理者不可多得的良师益友，它提供了评价和提高自己领导才能的有效工具、指导和管理员工提高工作绩效的有效工具、建立一支协同合作的工作团队的有效工具、制订计划和解决问题的有效工具、领导组织变革的有效工具。作者并没有空泛地谈论这些工具的重要性，而是精心设计了一个个模拟团队活动、一份份有针对性的调查问卷。管理者可以根据具体情况，有选择性地组织团队成员实施这些活动，并对活动结果进行及时归纳和总结，从而启发和指导团队成员的工作，有效促进团队成员的合作创新意识。调查问卷能够帮助企业管理者客观地认识自身的管理能力，了解团队成员的工作状态，评估团队的工作绩效，在此基础上提高自己的组织管理能力、战略决策能力和灵活应变的能力，从而增强团队的整体运作效率。

本书将以其极强的实用性、便利性成为企业管理者的案头书，它如同一位资深咨询顾问，能够帮助管理者发现企业运作中存在的种种问题，寻找出现问题的原因，探究解决问题的最佳方法，并评估执行效果。特别是对于那些急需提高自身管理技能而又苦于没有足够的时间去系统地接受相关培训的管理者来说，这本书更是雪中送炭。

译者有幸负责本书的翻译工作，有幸逐字逐句地去理解原著作者的管理精髓，学习其管理方法和技能，有幸向各位推荐这样一本经典管理工具书，甚感快慰。愿它成为每一位有志于现代企业管理的经理人的好帮手。

在本书的翻译工作中，译者得到许多专家、学者的指导和帮助，在此表示深深的谢意，没有他们，就没有这本译著的出版。特别感谢肖秀莉女士，她不仅负责此书的全面审校工作，还翻译了第6、12、26、35、43章。

鉴于译者水平有限，疏漏之处在所难免。欢迎读者对书中翻译不当之处直言相告。愿以此书与大家交流，以期共同进步！

胡玉玲

前　言

与传统经理相比，现代职业经理人的业绩更为突出吗？当然是这样的。让我来告诉你这是为什么。

传统经理是消极应对的。他们坐等问题的出现，然后想方设法予以解决。同时，他们墨守成规地工作着——安排时间、分配任务、检查工作、撰写报告。他们的目标也是短期的，也就是说，他们更注重即期工作效果。遇到最糟糕的情况，他们所采取的唯一措施就是裁减那些无法达到要求的员工。不用说，当组织需要精简机构或者向以团队为核心的更加扁平化的结构转变时，传统经理将被逐步取代。

现代职业经理人是积极主动的。他们并非消极坐等问题的出现，而是事先进行预测。对于员工的工作，他们不是采取袖手旁观的态度。相反，他们勇于创新，培养和发展员工，使员工既能最大可能地胜任目前的职位，又能在变革不可避免地出现时胜任新的工作。在大型组织以及那些有待于进一步发展壮大的组织中，职业经理人不可或缺。

职业经理人的确是"积极主动"的，他们所做的许多工作都是传统经理不大重视的。职业经理人认为激发和管理员工提高业绩是一个连续不断的过程，而不仅仅是关注那些诸如工作汇报之类的偶发行为。他们寻找机会充实工作报告，并鼓励培养个人责任感和自我主动性，而不是简单地告知员工需要做哪些工作，或者仅仅监控员工的工作结果。

职业经理人不仅培养员工的个人能力，而且组织和协调团队的整体合作。他们认为，华美的乐章并不是某一个独奏者所能完成的，而是靠整个乐队的通力合作。因此，作为团队的领导者，职业经理人不仅需要培养优秀的员工个体，更重要的是，建立一支业绩突出的团队。

职业经理人致力于收集信息和获取数据。其目的不仅是撰写报告，而且是详尽地掌握工作的进展状况，获悉工作中出现的争议和问题，并利用所掌握的信息来鉴别问题、解决问题。

甚至在对员工进行培训的过程中，职业经理人也充当着活跃的角色，而不会置之不理。他们要么与人力资源和培训方面的专家协同工作，要么亲自对员工进行培训。他们认为，亲自对员工进行培训能够使自己与员工之间的关系发生转变，即由一个老板转变为一名资深顾问。与此同时，职业经理人还热衷于寻找一些创造性的方式对员工的出色表现给予赏识和称赞。

或许你会问，作为一名职业经理人，如何才能一应俱全地做到所有这些？对于一名成功的职业经理人而言，关键是需要有战略决策能力和善于应变的能力。战略决策能力能够树立起自己在组织中的领导者形象。那么，职业经理人需要做好哪些方面的工作才能产生这种最持久的效果？本书将成为你的良师益友，它从5个方面阐述了职业经理人应该如何分配自己的精力。这5个方面是：

- 评价和提高领导才能
- 指导和管理员工提升工作绩效
- 创建协同合作的工作团队
- 制订计划与解决问题
- 领导组织变革

认真理解每一章所提供的工具，明确书中所提出的要求与观点。利用这些信息来分析自己需要在哪些方面立即采取行动，哪些方面尚可勉强维持。

一旦你下决心担任领导职务，只要能充分运用这些工具和资源来落实以上5个方面的行为，那么你在工作中就会得心应手。相反，事无巨细均从零开始，进行不必要的重复性操作，以及事必躬亲的工作方式都是事倍功半的。这便是作者提供该工具箱的真正意义所在。作为一名职业经理人，你完全可以利用该工具箱中的工具使工作更加游刃有余。

30多年以来，作为一名咨询顾问，我一直致力于帮助我的客户改善当前的工作效率和促进变革。你无法想象，我曾经多么渴望拥有由资深顾问设计好的一系列管理工具，使我能轻松自如地满足客户各种各样的需求。然而，在管理工具作为私有财产而被限制使用的年代，拥有这样的资源几乎成为一种奢望，即使可能拥有，也需要向工具的提供者支付一定费用。时代在变革，许多咨询顾问逐步将同业者视为自己的合作伙伴，而非竞争对手，我便是这样的人。更为幸运的是，我还结识了很多这样的咨询顾问，因此，我诚恳地邀请了大量颇有才华而又主动热情的咨询顾问将他们的管理工具提供给你们，希望会对你们的工作起到积极的指导作用。

本书中所介绍的管理工具包括如下内容："调查问卷"可以用来评估你目前的工作进展；提出的一些建议或问题有益于你激发员工的积极主动性；设计的活动能够帮助你加强对员工队伍的建设。

前言

第一，利用调查问卷进行调查，实事求是地了解团队当前的工作状况，了解自己在工作中取得了哪些成绩，还有哪些方面需要有所改进。虽然调查的过程对你来讲可能是一个挑战，但是不要害怕面对现实。

最好是在团队讨论会上使用本书所提供的各种工具，你可以要求团队成员在讨论会举行之前私下完成调查问卷的填写，也可以将问卷调查工作安排在讨论会上进行。然后让参与者计算得分，并对结果进行解释说明。接下来，要求团队成员相互之间比较一下问卷的填写结果。然而，你应该向大家强调的一点是，从调查中得到的信息并不是绝对准确的，这些信息仅仅是对当前状况的一种反映，绝不是不可动摇的事实。让参与者将得分情况与自己的感觉进行比较，如果二者不相符，建议他们认真思考一下原因。鼓励团队成员相互敞开心扉，接纳各种意见、提示和建议。

第二，运用本书为你提供的"工作建议"，你会觉得就像随时从自己的顾问专家那里获取建议一样轻松。本书中所提出的一些精彩的观点能促动你更深入地思考工作中的种种问题。精心思考各种建议，看看哪些最适合用来解决当前你所面临的困难，然后尝试一下。这正是职业经理人的做事风格。职业经理人既不随波逐流、人云亦云，也不墨守成规、按部就班，他们总是大胆地尝试一些新的方法来管理团队工作，尽可能使管理工作更加富有弹性。

所有的工作建议都是以一种简洁易懂的形式体现出来的，使你在最短的时间内就能完全掌握。（你可以将这些建议写在纸上，随时带在身边以便于记忆，或者贴在办公室的合适位置，用来提醒和监督自己的行为。）同时要求团队成员经常阅读，认真学习。此外，在团队建设和员工发展大会上，你也可以将这些工作建议拿出来，安排员工进行学习。

第三，本书所提供的"活动练习"是精心设计出来的对团队成员进行培训的工具，所有的活动都需要团队成员具有高度的参与意识。之所以设计这些活动，是因为我们深信：员工只有从实践和思考中才能真正学到一些有价值的东西，才会有变革、创新的意识和动力。与硬性说教方式不同的是，实践活动让团队成员置身于一个具体而有形的环境中，通常，参与者被要求回答一个问题、完成一项任务，或者就一些信息进行沟通。在很多情况下，这些任务会具有一定的挑战性，但有的时候，又充满了趣味性。无论如何，活动的最终目的是充分调动参与者的积极性，让大家从活动中学习一些新的观点、新的思想，或者产生一些新的建议。

在参与活动的过程中，团队成员通常会得到两种不同的体验，即模拟体验和真实的体验。设计合理的模拟活动能够提供一种与现实经历相类似的感受。同时，模拟活动还具有节约时间的优点，能够用较短的时间完成一项现实中需要持续很久的活动。当然，没有任何一种方式能够真正替代现实经历的感受，日常工作中的各种实践活动才能更有力地促动团队成员不断地进行变革和创新。

> The Active Manager's
> Tool Kit

　　本书提供的所有活动都很简单，并且容易操作。活动开始前，通常会对活动内容做出简要概述。通过阅读活动说明，就能够被一步一步引导着进行活动。同时，我们还为活动内容提供了一些相关的资料，这些资料附在正文之后。活动之前你需要准备的所有资料都是经过我们精心设计的，在保证活动效果的前提下，已尽量将资料的数量减到最少。因此，你不需要为举行这些活动而做更多的准备工作，更不需要借助于任何复杂的工具。

　　希望你是一个聪明而又勇敢的人。使用这些工具有助于增强你作为一名现代职业经理人的职业技能，提高你的工作业绩。只有这样，在别人的眼里，你才是一位名副其实的管理者。

目 录

第 1 部分
评价和提高领导才能的有效工具

- 01 你的人缘商数有多高 … 2
- 02 评价自己的领导才能 … 6
- 03 如何向员工赋能 … 13
- 04 评估你的领导风格 … 21
- 05 如何激励你的员工 … 29
- 06 如何提高你的沟通能力 … 34
- 07 成为高效管理者的 10 个步骤 … 39
- 08 建立组织信任 … 45
- 09 案例研究：授权员工参与管理的尝试 … 49

第 2 部分
指导和管理员工提升工作绩效的有效工具

- 10 评估你对员工的培训指导能力 … 56
- 11 了解那些难以相处的人 … 68
- 12 你能否留住精兵强将 … 71
- 13 你给员工充分发挥才能的机会吗 … 74
- 14 由上司转变为教练 … 79
- 15 鼓舞士气与提高效益 … 85

16	制订和执行有效的绩效管理方案	90
17	提高员工的倾听技巧	99
18	站在别人的角度思考问题	106
19	实时管理	109

第3部分 创建协同合作的工作团队的有效工具

20	你的团队需要在哪些方面有所改进	118
21	谁让你的团队更有活力	124
22	你的团队能否高效运行	131
23	团队联盟的组建	135
24	明确团队成员的岗位职责	146
25	加强虚拟团队的建设	158
26	加强团队合作意识	165
27	时间、资金与信息的权衡	179
28	了解你的团队成员	185
29	关于团队信任的游戏	191

第4部分 制订计划与解决问题的有效工具

30	如何使项目管理更加有效	200
31	团队会议中的10种角色	210
32	妥善安排会议程序	212
33	用"名义群体法"解决团队问题	221
34	提高团队解决问题的能力	226
35	提高讨论质量	236
36	打破僵局	240
37	"是的,而且……"在沟通中的重要作用	243
38	制订具有战略意义的团队计划	246

第5部分
领导组织变革的有效工具

39	你的员工做好变革的准备了吗	256
40	你的组织做好变革的准备了吗	259
41	如何指导员工度过变革期	263
42	征询员工意见	271
43	如何规划和管理组织变革	284
44	从别人的角度来理解组织变革	293
45	探讨组织变革与创新	298

The Active Manager's
Tool Kit

第1部分

评价和提高领导才能的有效工具

01
你的人缘商数有多高

Mel Silberman[1]

☑ 概　述

你在下属面前是否具备一定的亲和力？

根据《亲和力：提升你的人际关系》(*PeopleSmart: Developing Your Interpersonal Intelligence*, Berrett-Koehler, 2000) 一书中的相关解释，亲和力指数 (PeopleSmart Rating Scale) 可以用来估测你作为一名管理者的人际关系能力。如同智商测试一样，人缘商数 (People Quotient, PQ) 测试的平均分是100。然而由于该测试属于自我测试，其结果具有一定的主观性。为此，在进行人缘商数测试的时候，你越是诚实坦白，测试结果就越准确可信。另外，测试的主观性决定了被测试者的答题标准各不相同，你可以将认识的其他经理作为参考基点。最后，你会发现，在任何时候、任何情况下，想对自己有一个全面的评价都是极其困难的。举例来说，请你的下属对你的人缘商数做评测时，不同的员工给你的打分会不同，有的可能要高些，有的可能要低些。在做评测时，应认真考虑挑选两到三个员工来为你的人缘商数打分，作为你的评分参考基础。

接下来你要扪心自问，在所选择的同事中，能否与他们进行充分而有效的沟通。最好是邀请他们中的一些人对你的亲和力技巧谈谈看法。可以请他们来为你的亲和力指数打分，也可以请他们结合亲和力技巧所蕴含的各方面内容，来谈论对你的每一方面能力的印象和看

1　联系方式：609-987-8157, Mel@activertraining.com

法。无论采取何种方式，你都将发现，培养一种独特的人际关系是评价自己亲和力技巧的最好途径。

亲和力指数

说明：请按下面标准为每一项打分：（优秀——4，良好——3，一般——2，较差——1。）

- 亲和力技巧1：你如何评价自己理解他人的能力？
  _____1. 我能够聚精会神地听他人谈话，洞悉他人心里所想。
  _____2. 我十分关注别人谈话时的肢体语言，从而更好地理解谈话内容。
  _____3. 我会向对方提出相关问题以便明确对方的谈话内容，避免领会错误。
  _____4. 我能切身体会他人感受。
  _____5. 对于我熟悉的人，我能够解释他们一些行为背后的隐含原因。
  技巧1得分：_____

- 亲和力技巧2：如何评价你的自我表达能力？
  _____1. 我提供足够多的细节，来让对方理解我的谈话内容。
  _____2. 对方喜欢倾听我谈话。
  _____3. 我能将错综复杂的事情解释清楚。
  _____4. 我能将内心的想法和感情用语言表达清楚。
  _____5. 如果对方没有理解我的谈话，我既不会置之不理，也不会自顾自地解释，而是要请对方提出问题。
  技巧2得分：_____

- 亲和力技巧3：你如何评价自己坚持管理要求的能力？
  _____1. 我会果断地决定哪些事情该替员工做，哪些事情不该替员工做。
  _____2. 当我的要求没被满足时，我会毫无顾忌地说出来。
  _____3. 在遇到反对意见的时候，我仍会保持安静并拥有自信。
  _____4. 我坚持立场。
  _____5. 我能够很得体地拒绝别人的要求。
  技巧3得分：_____

- 亲和力技巧 4：你如何评价自己与他人沟通意见的能力？
  - _____ 1. 我善于欣赏和称赞别人。
  - _____ 2. 批评员工的同时，我会向他提出改进的建议。
  - _____ 3. 我会向大家广泛收集反馈意见以获取不同的观点。
  - _____ 4. 我向别人征求反馈意见的目的是提高自己，而非寻求恭维。
  - _____ 5. 别人提供反馈意见时，我会仔细倾听。

  技巧 4 得分：_____

- 亲和力技巧 5：你如何评价自己对他人的影响力？
  - _____ 1. 在说服对方做事之前，我首先与他们建立和谐融洽的关系。
  - _____ 2. 在试图让对方接受我的观点之前，我会深入分析对方的观点。
  - _____ 3. 我会为自己的观点提供最充足的理由。
  - _____ 4. 我对别人提出建议和忠告时不会引起他们的抵触情绪。
  - _____ 5. 我会给别人留出时间认真思考我所提出的问题。

  技巧 5 得分：_____

- 亲和力技巧 6：你如何评价自己化解冲突的能力？
  - _____ 1. 当我与他人之间出现矛盾争执时，我紧张不安。
  - _____ 2. 从一开始我就尽量争取双方之间能达成共识。
  - _____ 3. 在沟通交流的过程中，我尽可能准确地把握对方的需求点和兴趣点。
  - _____ 4. 在困难面前，我不是一味责备别人，而是想方设法去解决问题。
  - _____ 5. 当我与对方达成共识的时候，我会保证我们将同舟共济，决不轻言放弃。

  技巧 6 得分：_____

- 亲和力技巧 7：你如何评价自己协同合作的能力？
  - _____ 1. 我能与他人相互支持，相互帮助。
  - _____ 2. 必要情况下，我会积极努力地投入员工队伍当中，与他们打成一片。
  - _____ 3. 我关心员工的福利如同关心自己的福利一样周到。
  - _____ 4. 工作中，凡是与员工相关的事情，我会保持一定的透明度。
  - _____ 5. 我激发和协调员工的工作积极性。

  技巧 7 得分：_____

- 亲和力技巧 8：你如何评价自己灵活应变的能力？
  - _____ 1. 当我与他人的关系出现摩擦时，我会积极主动地想办法解决。

_____ 2. 我知道如何打破僵局，逾越与他人沟通的障碍。

_____ 3. 即使不是我的错，在必要的情况下，为了改善某些关系，我也会很开通地改变自身行为方式。

_____ 4. 我宁愿冒一定风险也要满足别人的要求。

_____ 5. 我性格乐观而变通，即使工作进展不顺利，我也会振作精神重新再来。

技巧 8 得分：_____

- 你的人缘商数（以上所有亲和力技巧得分总数）：_____

■ 评分说明

结合别人提供的反馈信息，认真分析你的每个亲和力技巧得分情况，找出自己在哪些技巧方面不如别人。（以上单项亲和力技巧得分若在 10 分或 10 分以下，说明你在这方面做得远远不够。）

如果你的人缘商数总分在 150 分以上，说明你具有出众的亲和力，请保持下去！如果人缘商数在 125～150 分，说明你具有很好的亲和力，但是仍须继续努力。如果人缘商数在 100～125 分，说明你的亲和力技巧需要改进。别忘了，100 分作为平均分是基本分数线。低于 100 分就意味着你在亲和力技巧方面亟须提高。

02

评价自己的领导才能

Joan Cassidy[1]

☑ 概　述

　　组织在进行权力分配和团队建设的时候，尤其迫切需要拥有一批有才能的领导者。有的员工倾向于职责划分明确、监督管理严格的组织环境，因为基于这种体制下的信息层层反馈制度使他们有安全感，工作起来更有效率。也有的员工认为应尽量减少或者干脆放弃硬性管理制度，他们追求一种自由轻松、开放而富有创造力的组织环境。出色的领导者应该充分了解不同员工的需求差异，采取有效措施来促使员工人尽其才。本章提出的问题是："你如何评价自己的领导才能？"

　　本章提及的"开发360°全方位领导才能"的评估工具描述了成功领导者所具备的20种品质和才能。需要注意的是，并非每个人都必须无一例外地在这20个方面有相当出色的表现。基于自身的先天优势，许多人认为只要具备其中某些方面的品质和能力便可在工作中驾轻就熟。另外，由于成功的领导者能清楚了解自身的优缺点，他们在努力提高自身能力的同时，还能不断取人之长、补己之短。该评估工具有助于理性评价自身优缺点，寻找与真正优秀的未来领导者之间存在怎样的差距，并能够协助制订切实可行的改进计划。

---

[1] 联系方式：410-672-5467，DrJoanC@aol.com

"开发360°全方位领导才能"评估工具

被评估人姓名：_____

评估人姓名：_____　　评估日期：_____

以下20项能力描述是成功的领导者在学识、技能、能力和态度几个方面的表现的。请认真阅读，并依据所提供的标准进行打分：

5——优秀，4——良好，3——一般，2——较差，1——很差

_____ 1. **设定愿景，制定即期目标。**如果没有制定明确的工作目标，员工便会感觉缺乏目的性和影响力，从而降低工作的积极性。优秀的领导者善于设定远景规划，并能制定切实可行的即期目标。

_____ 2. **明确对员工个人及整个团队的业绩期望。**每个团队成员都希望了解领导对自己以及团队整体的业绩期望，否则的话，彼此之间的沟通就缺乏应有的意义，员工个人乃至团队整体也很难顺利完成既定目标。优秀的领导者能清楚把握上下级关系，并建立一套公平合理的评估标准。

_____ 3. **书面沟通能力。**成功的领导者善于以清晰、简洁的文字与他人进行沟通，也就是说，领导者通过书面文字来表达个人想法，而不是引人关注。

_____ 4. **口头沟通能力。**优秀的领导者能及时将团队成员目前工作的进展状况反馈给他们，善于开诚布公地讨论存在的问题以及这些问题对每个人的不同影响，必要情况下，还能有计划地召开会议来解决相关问题。

_____ 5. **正直诚实的品质。**在工作中，一个人能拥有正直诚实的品质越来越重要。优秀的领导者在与人交往过程中通过以下行为来证明和展示自己正直诚实的品质：
 - 建立彼此信任的关系；
 - 诚实（即使会因此而与颇具影响力的人士意见相左）；
 - 公平对待员工，不偏不倚；
 - 言必行，行必果；
 - 集体利益高于一切；
 - 勇于承认错误，善于接纳建设性的意见和建议。

_____ 6. **开拓创新，勇于实践。**优秀的领导者重视并能营造出一种活泼开放而又充满信任的工作氛围，从而激发员工大胆创新，不断进取。领导者总是鼓励那些不怕失败、敢于实践，并善于从实践中吸取经验教训的员工。成功的领导者拥有能突破常规、改变惯性的思维方式。

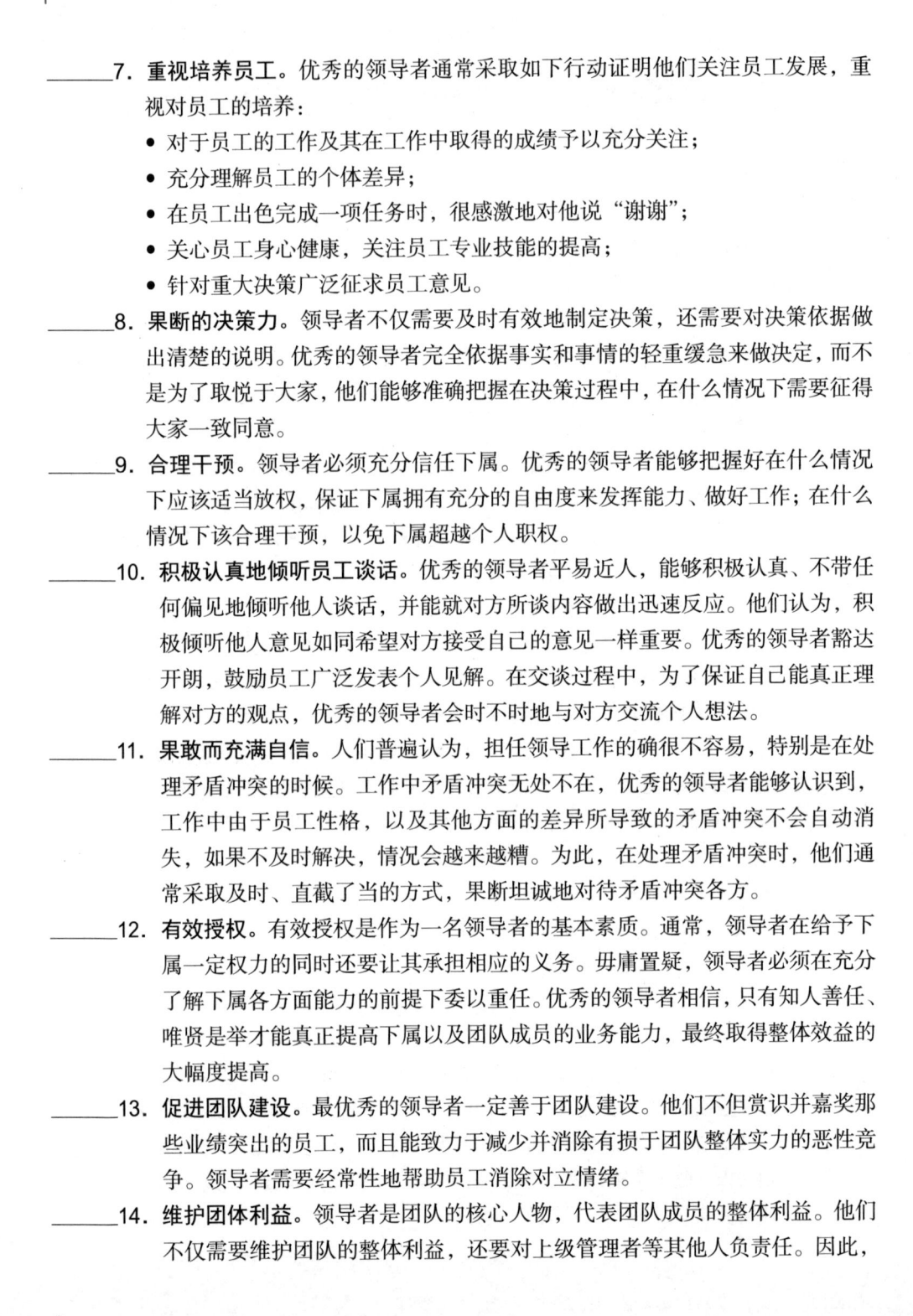

_____ 7. **重视培养员工。**优秀的领导者通常采取如下行动证明他们关注员工发展，重视对员工的培养：
  - 对于员工的工作及其在工作中取得的成绩予以充分关注；
  - 充分理解员工的个体差异；
  - 在员工出色完成一项任务时，很感激地对他说"谢谢"；
  - 关心员工身心健康，关注员工专业技能的提高；
  - 针对重大决策广泛征求员工意见。

_____ 8. **果断的决策力。**领导者不仅需要及时有效地制定决策，还需要对决策依据做出清楚的说明。优秀的领导者完全依据事实和事情的轻重缓急来做决定，而不是为了取悦于大家，他们能够准确把握在决策过程中，在什么情况下需要征得大家一致同意。

_____ 9. **合理干预。**领导者必须充分信任下属。优秀的领导者能够把握好在什么情况下应该适当放权，保证下属拥有充分的自由度来发挥能力、做好工作；在什么情况下该合理干预，以免下属超越个人职权。

_____ 10. **积极认真地倾听员工谈话。**优秀的领导者平易近人，能够积极认真、不带任何偏见地倾听他人谈话，并能就对方所谈内容做出迅速反应。他们认为，积极倾听他人意见如同希望对方接受自己的意见一样重要。优秀的领导者豁达开朗，鼓励员工广泛发表个人见解。在交谈过程中，为了保证自己能真正理解对方的观点，优秀的领导者会时不时地与对方交流个人想法。

_____ 11. **果敢而充满自信。**人们普遍认为，担任领导工作的确很不容易，特别是在处理矛盾冲突的时候。工作中矛盾冲突无处不在，优秀的领导者能够认识到，工作中由于员工性格，以及其他方面的差异所导致的矛盾冲突不会自动消失，如果不及时解决，情况会越来越糟。为此，在处理矛盾冲突时，他们通常采取及时、直截了当的方式，果断坦诚地对待矛盾冲突各方。

_____ 12. **有效授权。**有效授权是作为一名领导者的基本素质。通常，领导者在给予下属一定权力的同时还要让其承担相应的义务。毋庸置疑，领导者必须在充分了解下属各方面能力的前提下委以重任。优秀的领导者相信，只有知人善任、唯贤是举才能真正提高下属以及团队成员的业务能力，最终取得整体效益的大幅度提高。

_____ 13. **促进团队建设。**最优秀的领导者一定善于团队建设。他们不但赏识并嘉奖那些业绩突出的员工，而且能致力于减少并消除有损于团队整体实力的恶性竞争。领导者需要经常性地帮助员工消除对立情绪。

_____ 14. **维护团体利益。**领导者是团队的核心人物，代表团队成员的整体利益。他们不仅需要维护团队的整体利益，还要对上级管理者等其他人负责任。因此，领导者既是员工个体利益的维护者,也是团队整体、部门乃至整个组织利益的忠实维护者。

_____ 15. **重视评估与反馈**。优秀的领导者随时深入工作实践中去,因此,对工作的进展状况和必备条件能做到胸中有数。与此同时,他们也很重视征询客户的各种意见,并将收集到的各种信息及时反馈给相关工作人员。优秀的领导者能够分辨员工业绩的优劣,并相应采取有效措施(例如,表扬和奖励业绩突出的员工,培训和帮助业绩较差的员工)。

_____ 16. **重视培训**。成功的领导者会投入大量的精力对员工进行专业技能培训,具体措施如下:
- 向员工强调此项工作的目的和意义;
- 讲解工作程序(或者让员工自行设计工作程序);
- 全面准确地向员工演示操作方法;
- 解答员工提出的疑难问题;
- 观察员工动手实践情况;
- 及时、准确地评价员工操作情况(对于表现较差的员工进行再培训,对于表现较好的员工提出更高的要求);
- 充分相信员工的个人能力,鼓励他们一定会成功;
- 必要时同意开展后续培训工作。

_____ 17. **善于学习**。优秀的领导者勤奋好学,具体来说,他们有以下表现:
- 善于变革;
- 热心帮助他人解决问题;
- 多角度思考问题;
- 从失败与错误中积累经验;
- 帮助员工提高业务技能的同时,还能不断提高自身素质与能力。

_____ 18. **善于调解**。领导者必须能公正解决员工之间的矛盾。优秀的领导者在需要的情况下能出色地表现出自己的调解能力。领导者不能偏袒任何一方,而是要广泛收集各方面信息,基于事实做出最恰当的决定。

_____ 19. **正确对待批评**。每位领导者都会面临这样或者那样的批评。然而,成功的领导者不在公共场合驳斥别人,他们能够保持客观清醒的头脑,分辨哪些人试图提供建设性意见,哪些人别有用心,然后采取适当的措施解决问题。

_____ 20. **良好的技术能力**。领导者需要具备良好的技术能力,但这并不意味着他们必须在具体工作中比普通员工做得更出色,而意味着他们应更准确地知道工作中需要掌握好哪些要领,提出哪些要求,做出哪些有价值的决策。

The Active Manager's
Tool Kit

→ 评分说明

1. 使用所附"反馈意见分析表"来收集意见、记录评分结果并做出比较（也就是说，将自我评分与他人对自己的评分进行比较），看看哪些方面的评分是一致的，哪些方面存在差异，认真思考产生这些差异的原因。评分如果达到 4 分或者 5 分，说明你在这些方面做得很好，值得祝贺，请继续努力！
2. 评分是 1 分或者 2 分的项目需要引起特别注意。举例来说，是谁给你打了低分？为什么？结合自身情况，做好计划，哪些方面需要立即着手改进，哪些方面可以循序渐进地改进。
3. 请给你打低分的人具体谈谈对你的意见，并征询改进建议。如果你对自己的某些能力评分是 1 分或者 2 分，那么就请大家一起讨论如何提高。
4. 重点关注 1~3 种迫切需要提高的能力，制订相应的改进计划，包括改进目标、策略或行动方案、需要的资源、时间进度以及评估意见。（参见"行动方案表"。）
5. 与你的评估人交流改进方案，请他们长此以往地给你支持。建立备案制度，定期征求反馈意见（如每 6 个月 1 次）。每每取得新的进步，你不妨好好犒劳一下自己！

反馈意见分析表

被评估人姓名：_____   日期：_____

将各个评估人对你的评分填入下表中。

能　力	各评估人的评分				备　注
	1	2	3	4	
1. 设定愿景，制定即期目标					
2. 明确对员工个人及整个团队的业绩期望					
3. 书面沟通能力					
4. 口头沟通能力					
5. 正直诚实的品质					
6. 开拓创新，勇于实践					
7. 重视培养员工					
8. 果断的决策力					

续

能　　力	各评估人的评分				备　注
	1	2	3	4	
9. 合理干预					
10. 积极认真地倾听员工谈话					
11. 果敢而充满自信					
12. 有效授权					
13. 促进团队建设					
14. 维护团体利益					
15. 重视评估与反馈					
16. 重视培训					
17. 善于学习					
18. 善于调解					
19. 正确对待批评					
20. 良好的技术能力					

评估人姓名：

1. _____　　3. _____

2. _____　　4. _____

行动方案表

姓名： _____　　**日期：** _____

要想真正达到提高领导能力的既定目标，很重要的一点就是必须严格按照系统的程序来进行。完成"反馈意见分析表"之后，可以根据情况选择 1~3 种能力来着重加以改进，每种能力的具体改进方案都单独体现在一张"行动方案表"中。与大家交流你的行动方案，鼓励他们帮助你早日达到改进目标。

- **需要提高的能力：** _____

  （填写你认为自己需要提高的领导能力）

- **改进目标：** _____

  _____

  （尽可能详细地填写目标内容）

The Active Manager's Tool Kit

- 策略或行动方案：_____
  _____
  _____

  （确定若干项准备采取的策略或行动，尽可能描述出以下 6 个要素：谁要做、做什么、何时做、在哪里做、怎样做以及为什么要做。这样有助于你准确掌握改进过程中所需资源。值得注意的是，有时将某方面需要提高的能力委派给下属来做，或许比身体力行还要有效。然而无论如何都必须明确自己需要做什么以及为什么要这样做。）

- 需要的资源：_____
- 开始日期：_____   目标达到日期：_____
- 评估意见：（你需要收集哪些资料？资料来源？时间？方法？有哪些重要的转折点？）

  _____
  _____
  _____
  _____
  _____

03
如何向员工赋能

Gaylord Reagan[1]

☑ 概　述

在复杂的大型组织中工作的人们经常感到自己受到他人的操纵,并由此而产生强烈的压抑感,在平日的工作中也不得不谨慎从事。为了使自己感到事情仍在掌握之中,人们会运用各种各样的影响策略从别人那里获取所需,确保自己的权利。遗憾的是,这种策略的使用,往往使他们更多地感受到自己的弱点。以下的"赋能模式清单"将帮助这些人发现自己感兴趣和惯用的行为方式。

To be Continued

→ 赋能

人们通常需要满足方方面面的需求。饿了需要吃饭,渴了需要喝水,累了则需要休息。在人际关系方面,人们则通过自己认为受欢迎的赋能(empower)[*]方式来展现自己的个性,并表明自己的独立性。正如我们的饮食习惯能够体现出我们的一些个性一样,

---

[1] 联系方式:402-431-0279,greagan@attglobal.net
[*] empower 这里翻译成"赋能",其意思是管理者通过各种方式,赋予被管理者工作的激情、激发其潜力;同时还有自我激发工作激情和潜力的意思。在国外很多优秀企业的培训教材中,经常出现这个词。如在摩托罗拉(中国)电子有限公司的培训过程中,由于经常出现这个词,又没有很好的中文词来代替,员工往往就以英文原词代替。参考中国香港和台湾地区管理学界的译词,有"灌能""赋能"等,这里翻译为"赋能"。——出版者注

我们所喜欢并习惯使用的赋能方式在一定程度上也能够表明我们属于哪一类人，可能做出什么贡献。

咨询专家彼得·布洛克总结道：只有在自发地使用自己的赋能方式，而不是为了影响其他人，或者将这种方式作为一种从他人那里获取利益的手段时，才能真正体现其赋能能力。换句话说，当我们仅仅把自己的行为方式视为获取利益或控制操纵他人的手段时，就没有真正体现我们的赋能能力。布洛克认为，将赋能能力视为一种获取利益或控制操纵他人的手段，暴露了对他人的依赖心理，说明此人并未理解赋能的真正含义。只要我们用其他人的行为定义自己的行为时，这种令人大失所望的结果就会出现。

与培训发展专家提倡的典型情境模型相反，布洛克认为，当人们能够确认自己的自主权的时候，应该表现出权威和勇气。不过，千万不要仅仅理解字面上的含义，布洛克提倡的这种"无情境模型"并不是鼓励人们在工作中因追求个性和自我而变得顽固不堪或不配合他人的工作，最终自毁前途。当我们按照真正的赋能方式行进时，将面临需要变得更具勇气和权威的挑战，我们需要直言不讳地表达自己心中所想，直接面对摆在自己面前的困难和现实，避免耽于自我幻想，明白无误地告诉大家应该做什么，只有这样，有着充分赋能能力的人们才能为墨守成规的圈子注入活力。

一般来说，企图改变自己喜欢的行为方式都不会成功，正如布洛克所说，改变自身独一无二的特性常常是无效的。与这种无效努力相反的是，我们应该集中精力学习如何自发地使用我们所喜欢的行为方式。所有希望增强赋能能力的经理和员工首先都应该辨别清楚自己内心倾向和喜欢的行为方式，然后检测自己赋能方式的效果。

赋能模式清单

说明：下列每一组中，在最适合用来描述你的句子前面横线上填"8"，在最不适合用来描述你的句子前面横线上填"1"，依次类推，根据合适的程度在其他句子前横线上分别填2~7。记住每个句子前面都要填好数字，每个数字只能使用一次。

第1组：
1. _____我非常敏感，能够很快察觉出别人的不满情绪。
2. _____我确信大家都很了解我总是高标准、严要求。
3. _____即使是在不情愿的情况下，我也能够保持微笑。
4. _____为了刻意隐瞒自己的真实情感，我通常会面无表情。
5. _____别人认为我衣着与众不同。
6. _____我与别人争吵过多次，受过伤害。
7. _____我的办公桌上有很多文件资料，但摆放得非常整齐。

8. _____我事业有成。

第2组：

9. _____我愿意把个人需要放到次要的位置。
10. _____别人认为我是一个颇有成就的人。
11. _____别人谈话的时候我会频频点头。
12. _____开会的时候我通常很沉默，甚至一言不发。
13. _____我的个人风格使周围的人觉得我很有趣。
14. _____与人沟通时，我精神饱满、充满活力，大家很容易理解我的谈话内容。
15. _____我对上级领导毕恭毕敬。
16. _____我希望将来能成为一名教师。

第3组：

17. _____我认为我的下一份工作才能为我提供成功的机会。
18. _____如果别人没有达到我的标准，我只是和颜悦色地批评他。
19. _____工作中，我与大家交流时通常保持幽默感。
20. _____我无法做到与大家共享信息。
21. _____开会时，我总是最后到场，最先离开。
22. _____我不喜欢评价别人的工作业绩。
23. _____我的照片通常是在穿着礼服的时候拍的。
24. _____开会时，我通常会提早到会场。

第4组：

25. _____帮助别人的时候，我总希望对方能对我有所回报。
26. _____我注重自己着装上的色调搭配，避免出现不协调的情况。
27. _____工作中我喜欢模仿我的上级领导。
28. _____工作中我很少有幽默感。
29. _____我技术过硬，有足够的能力解决问题。
30. _____任何情绪激动、容易动怒的人都会让我感到很不舒服。
31. _____我喜欢我的生活有条不紊。
32. _____我的办公室里一切井然有序。

第5组：

33. _____其他人情感都有些脆弱，他们通常需要我的帮助。
34. _____我喜欢身边一切事物（如办公桌、衣服、汽车、居室）整洁有序。

35. _____ 我从未明确而强烈地提出自己的要求。
36. _____ 我尽量避免冒犯别人。
37. _____ 我喜欢自行其是。
38. _____ 别人通常能明确知道我的立场。
39. _____ 我认为与人交往时，有礼节、有礼貌是尊重别人的表现。
40. _____ 我爱好的学科有数学、会计学、工程学。

计算得分

1. 使用下列分数统计表，按照题号填写相应分数。
2. 纵向统计总分，你可以得到 8 组分数，每组中包含 5 个问题。每组分数最低不会低于 5 分，最高不超过 35 分。
3. 看看最高分和最低分分别是哪一组，在很多情况下，你会发现自己喜欢和排斥的不仅仅是某一种风格。

分数统计表							
1.	2.	3.	4.	5.	6.	7.	8.
9.	10.	11.	12.	13.	14.	15.	16.
17.	18.	19.	20.	21.	22.	23.	24.
25.	26.	27.	28.	29.	30.	31.	32.
33.	34.	35.	36.	37.	38.	39.	40.
方式 A	方式 B	方式 C	方式 D	方式 E	方式 F	方式 G	方式 H

我最喜欢的方式是：_____

我最不喜欢的方式是：_____

得分说明

1. 看一下在以上 8 种行为方式中哪种方式的得分最高，这种方式就是你倾向并喜欢的方式。同时它也是你在面临困难和危险时，即使在一些不合适的场合也经常使用的一种方式。从这点来说，你的优点会变成缺点。

2. 看一下在这 8 种行为方式中哪种方式的得分最低,那么这种方式就是你运用最少的方式。由于这种方式很少出现在你的交际行为过程中,当处于只有运用这一方式才能更好地解决问题的形势中时,你就会面临极大的困难和挑战。
3. 花费一些时间阅读一下有关每种行为模式特征的简要说明。

■ 方式 A:救济者

对于惯用这种行为方式的人而言,帮助他人的过程也是得到自己所需的过程,二者是密不可分的。如果他们帮助其他人解决了困难,他们也就得到了自己所需要的东西,这就是一个典型的等价交换过程。当然,这就意味着救济者必须自认为自己的能力或条件最起码要稍微优越于被帮助者,同时,这也意味着对于救济者而言,要让他感受到自己的影响力,首先就必须有一群人等着他的帮助。如果被帮助者没有为此而感激涕零,那么救济者就会因此而感到失落,甚至会埋怨:"我为他们做得够多了,这就是他们感激我的方式吗?"

■ 方式 B:精确主义者

惯用这种行为方式的人认为如果他们不犯错误的话,就会从他人那里得到他们想要的东西。他们通常追求完美,行为准确,能够达到所有目标,对领导或权威人物恭敬有加,着装整洁、毫无瑕疵,从不犯错,是完美的员工。其他人一般很难在这类人员身上发现错误。遗憾的是,这一行为方式令精确主义者很难从一些错误和挫折中吸取经验教训,因为他们从来都不犯任何错误。

■ 方式 C:快乐使者

惯用这种行为方式的人通过取悦他人而从别人那里获得他们想要的东西。勤于微笑、即刻道歉、心情快乐、语言幽默、适应别人、善于运用良好的交际技巧、积极向上、衣着得当等,都是导致易于被赋能的原因。另外,这种行为模式要求人摒弃诸如自负、愤怒及蔑视等一些自然的情感。这种方式也使得快乐使者觉得他们给了别人快乐,别人却并没有给予回报。

■ 方式 D:独来独往者

惯用这种行为方式的人能够觉察到他们周围所有潜在的威胁:老板总是对员工提出一些无法实现的目标,工作压缩、人员精简,企业被其他组织并购,人际关系中存在着各种各样的压力等。独来独往者认为要想在这种环境中生存下去并获得自己所需,他们必须要明哲保身，远离各种冲突。"如果他们看不到我，那么他们就不会伤害我"就是他们的典型想法。这种交际方式扼杀了一个人天生的与人交往、渴望密切交友的愿望和情感。

■ 方式 E：反叛者

反叛者通过挑衅周围的人强加给他们的权威、规范标准和条条框框来获得他们自己所需。他们自设规则，不断向人宣告自己的独立性。他们总是忍不住陷入冲突之中，喜欢提出自己的不同看法，并且乐于与人争辩。但是，隐藏在不断争吵这一表面现象之下的是，反叛者也依赖组织结构强加于他们的规则，否则反抗无从说起。

■ 方式 F：攻击者

惯用这种行为方式的人认为只有强者才能生存下去并获得自己所需，因此他们不断地追求权力。攻击者认为没有任何低水平的东西值得他们去追求。为此，他们不断地驱使自己获取控制一些新的和不熟悉的事物的权力。从某种意义上来说，他们在不断地试图填补自己内心世界的空虚，但始终无法如愿以偿，怎么填都填不满。这种行为否定了许多人都存在的相互依赖、相互影响的愿望。

■ 方式 G：官僚主义者

惯用这种行为方式的人总是严格恪守规范标准、方针政策、组织命令。他们总是避免麻烦和冲突，始终彬彬有礼、敬重待人，与任何人都保持一种不远不近的人际关系。他们苛刻的行事方法显示了他们客观公正、冷静超然、精益求精的特征。官僚主义者通过自觉地严格遵守别人强加于自身的规则获取所需。这些人员试图清除周围环境中的混乱嘈杂，同时也削减了周围热情、兴奋、积极奋进、勇于创新的愿望。

■ 方式 H：知识主义者

惯用这种行为方式的人愿意在由复杂的问题、抽象的事物、逻辑关系、理论模型、各种设计、数据集合以及调查研究等组成的环境中生活。他们厌恶一些"软"环境，如直觉、感觉、感情和主观等。他们通过令他人很难证明他们的错误来获取所需。这种行为方式忽略了人与人的感情交流，所以惯用这种行为方式的人很难与别人有亲密的接触与交流。

行动方案

■ **运用相应的赋能模式时，应该注意些什么**

布洛克总结道，只有在特定场合下我们选择某种行为方式，在与人交往的过程中我们并非将其作为一种获取自己所需的手段时，这种行为方式才真正代表了我们处于一种被授权的氛围之中。我们必须注意避免为迎合其他人的行为来做事，因为这样只能说明我们没有被真正授予权力。当我们自发地、有意识地选择我们的行为方式，并且这样做并不是为了回应他人的行为时，我们才能更好地给自己授予权力，合理运用授权。

有些人认为授权是一件很不容易的事情，因为他们将授权视为降低团队效率的一种可能的原因。以这种观点来看，被授权的团队成员会认为自己是自立的，而且不能将他们心中的个人主义置于团队目标之下，这种个人主义自然会造成团队效率的下降。布洛克认为这种担心是不必要的。他指出，当人们因害怕不能依靠个人力量获取成功时才加入一个团队，就会严重降低团队成功的可能性。简而言之，一个由依赖性过强的人们组成的团队是一个力量较弱的团队。相反，被授权的团队成员聚在一起会觉得力量强大，而且会以一种相应的方式去完成分配给他们的任务。要形成一个强大的团队，要求它必须拥有一些能力很强的个人成员。

布洛克还指出，在我们工作的生涯中势必会碰到一些相对依赖他人的情况，这些情况一般都是很常规的，比如，设法获取一些有关商务生意活动的基本信息；从我们的老板、顾客或同事那里获得一些反馈的信息；与我们的合作伙伴建立一种比较密切的联系；与一些高水平的咨询顾问专家建立联系等。在这些或一些类似的情况中，对于我们而言，允许他人的观点或愿望影响我们的想法和行为也是适当的。

最后，布洛克提出了3条"在行为中更有勇气的原则"，这3条原则能够帮助被授权的人们在行动中变得更有勇气，在行事时是以一种合作、同情的心态，而不是以一种野心勃勃、叛逆、不合作的态度待人待己。

1. 看事实本身，避免无故道歉、向人解释或追求一些不切实际的东西。这些事情都会消耗人过多的精力从而使人感到疯狂或羸弱无助。
2. 对一些问题能够承担你应有的责任。我们唯一可以控制的事情就是自己的行动，在面临问题时仅仅简单地埋怨别人于事无补，只会令我们更加无助。
3. 能用语言叙述你所看到的事情，并且向一些真正需要了解这一事实的人传达他们想听的信息。

■ 如何将我所学到的东西运用到实践当中

1. 哪种运用授权的行为方式是你所喜欢的？你是如何运用它的，是出于自发的，还是将它作为一种从他人那里获得你所需要东西的一种手段？

2. 你对你运用自己所喜欢的行为方式的方法是否满意？如果满意，你是怎样成功地运用它的？如果不满意，你又是如何改善你的运用方法的？

3. 在你的组织中，哪种运用授权的行为方式最终的结果最好？哪种方式的结果最差？为什么？有关你的组织的这种结论说明了什么问题？

4. 在你的组织中实行布洛克的授权模型会面临什么样的问题和挑战？你将怎样去解决这些问题？

5. 将你所喜欢的行为方式分别运用于工作和非工作场合时，你的感觉是否一样？在这两种场合下运用这一行为方式时，你能够看到什么样的区别？当你运用它时，你是否感觉很自然？

04 评估你的领导风格

Laura Gregg[1]　Deborah Hopen[2]

☑ 概　述

作为一名领导者，需要具备多种多样的技能。没有人天生无所不能，因此，最好的办法是首先客观评估自己的实力，然后制订切实可行的计划来提高自己。本章提供的训练将帮助你发现自己的兴趣和才能。

以下"领导风格自我评估"中列出了对于领导者来讲至关重要的 16 个特征，取自爱伦·塞尔（Allan. J. Sayle）的《管理审核》(*Management Audits*)。作者对每个特征都做了详细陈述，描述了在不同情况下可能采取的两种行为，你的答案便介于这两者之间，左边所陈述的行为方式最贴近于字典中对于该特征的具体解释。

完成自我评估之后，认真思考有关这 16 个特征的描述，制定具体的标准来判断在什么情况下适合采用左边所描述的行为方式，在什么情况下适合采用右边所描述的行为方式。

该自我评估的相关解释说明是作者在与大量具有代表性的组织领导者沟通的基础之上归纳总结出来的。

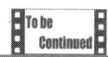

---

[1] 联系方式：253-927-6668，debhopen@aol.com
[2] 联系方式：425-453-7210，wizel-jay@aol.com

The Active Manager's Tool Kit

领导风格自我评估

认真阅读下列陈述，哪个数字最能反映你作为一名领导者的日常行为和想法？该问卷的所有题目都没有所谓"正确"答案，因此尽量按照自己的真实想法来做选择，如果你选择的是极端值（1 或 5），请分享你的想法。

1. 我做决定的依据通常是

事实与数据	¬	∧	∨	⇔	⇐	直觉与经验

2. 为实现既定目标，我相信最好是

采用开放的工作流程	¬	∧	∨	⇔	⇐	采用标准化工作流程

3. 当我遭受挫折的时候，我通常会

竭尽全力寻找解决办法	¬	∧	∨	⇔	⇐	将精力转移到其他领域

4. 当陈述要点时，我通常

注重提升双方关系	¬	∧	∨	⇔	⇐	注重谈话结果

5. 面临目标任务的最后期限，我认为最重要的事情是

保持计划进度	¬	∧	∨	⇔	⇐	意识到环境变化并做出必要调整

6. 大家认为我在紧张的情况下会表现出

很拘谨	¬	∧	∨	⇔	⇐	很兴奋

7. 我认为自己与人交往是坦诚直率的

无论在任何情况下	¬	∧	∨	⇔	⇐	即将出现矛盾或者危及双方关系的情况除外

8. 每当聚精会神地听他人谈话时，我总是

不在乎时间	¬	∧	∨	⇔	⇐	留意时间

9. 我认识新朋友时，通常

采用"一步到位"的方式，快速建立关系	¬	∧	∨	⇔	⇐	采用"循序渐进"的方式，稳步建立关系

04 评估你的领导风格

10．当我试图研究一项新的课题时，我更愿意

坚持收集资料，不怕延长时间，最终顺利完成	¬	∧	∨	⇔	⇐	迅速收集信息，不允许拖延，凭推断得出结果

11．那些与我共事的人评价我

总是勤奋工作，像只"忙碌的海狸"	¬	∧	∨	⇔	⇐	喜欢思考问题，像只"睿智的猫头鹰"

12．我希望给人的印象是

专家——精通我所从事的工作领域的理论与实践	¬	∧	∨	⇔	⇐	通才——了解许多领域的理论与实践

13．我认为掌握一门新的知识很值得，只要它能

增长我的知识量	¬	∧	∨	⇔	⇐	解决眼前的某些问题

14．我天生

有好奇心，喜欢提出一大堆问题	¬	∧	∨	⇔	⇐	小心翼翼，喜欢听取别人的观点

15．掌握一些资料和信息之后，我会

进行分解，做深入分析并寻求其背后的本质特征	¬	∧	∨	⇔	⇐	进行汇总并归纳出其本特征

16．我在谈话过程中出现"嗯……嗯……"这种口头语的频率

低于10%，我总是思维连贯，表达清楚	¬	∧	∨	⇔	⇐	高于10%，我有时需要边谈话边整理思路

17．我在公开场合的语言表达能力以及我的文字表达能力

非常有感染力，很有文采	¬	∧	∨	⇔	⇐	重点在于把观点解释清楚

18．在我看来，营造公正平等的工作环境，主要依赖于

始终如一地贯彻相关规定与制度	¬	∧	∨	⇔	⇐	具体情况具体分析，视情况而定

The Active Manager's Tool Kit

自我评估结果统计

统计对每个数字的选择次数				
¬	∧	∨	⇔	⇐

与以上陈述相对应的领导者必备的优秀品质			
特质	陈述	特质	陈述
判断力	1	耐心	10
思想开放程度	2	努力勤奋	11
灵活应变能力	3	专业	12
交际能力	4	兴趣	13
自我约束能力	5 和 6	钻研精神	14
诚实	7	分析能力	15
善于倾听	8	表达能力	16 和 17
亲和力	9	公正平等	18

→ 领导风格的详细说明

■ 判断力

作为一名领导者，非常重要的一个原则就是要基于事实与数据来做决策，这将有助于你提高自己的决断能力。在任何正常情况下、任何时候，做决策时都应该拥有客观而真实的依据。

然而，你或许偶尔需要借助直觉和经验来帮助做决定。在人的一生中，几乎每做出一个决定都需要与以前所经历的情况做比较，因为对于某种具体情况的看法和感觉来自以前的经历。

■ 思想开放程度

在大量工作中，领导者都需要采用开放透明的工作方式。特别是在短时间内，不同的工作组需要在不同地点完成同一项工作任务时，开明就显得尤为重要。

另外，在指定地点内，或者同一个工作组需要在不同的地点完成同一项工作任务时，最好将工作过程规范化、统一化。即使这样，如果情况有变，也应该及时做出调整，而不应该一成不变地按照指定程序来进行。记住，"条条大路通罗马"。

■ 灵活应变能力

当领导者无法收集到必要的信息为自己的决策提供支持时，他通常会换一种思维方式，尽力寻找其他数据，通过其他方式解决这一问题。

然而领导者的工作纷繁复杂，如果在每一项工作上都花费大量的精力来收集信息，那么"时间管理"就成为问题，这就是许多管理者频繁改变研究领域的主要原因。由于知识是相通的，这样做可以让他们触类旁通。

■ 交际能力

语言是建立关系、获得成功的有力工具。人们在运用语言进行交流的时候，常常欠缺周密的考虑，忽视语言的影响力。

作为一名领导者，维持和改善人际关系至关重要，这就是为什么"建议"比"命令"更为有效。因此，当同事激怒你的时候，你最好问问自己，"保持沉默"和"直面对抗"两种方式，究竟哪个最能起到有效保持关系的作用。

无论如何，当你的交际能力成为阻碍你事业成功的因素时，必须措辞小心谨慎，表明你的初衷是想保持并提高双方的关系，而不想人为地破坏它。

■ 自我约束能力

严守时间安排和遵循计划来完成工作是对一名成功领导者的要求。工作中，许多事情容易使人心烦意乱，从而影响工作进度，因此，领导者需要有很强的自我约束能力。

然而如此严守计划也并非上策。为了保持良好的同事关系，你必须做到关心并体谅同事的处境。众所周知，墨菲定律是真实生活的写照。这就意味着你不得不偶尔对计划做出适当的调整，但是你必须确保该调整不会影响预期结果。

此外，面对矛盾冲突的时候也需要领导者有很好的自我约束能力。在很多情况下，人们会自然而然地运用十分明显的肢体语言来表达个人情感、强调自己的观点。作为一名领导者，采用过于强烈的肢体语言是不合适的。

良好的自制力能够让你拥有主动权，相反，如果你由于缺乏一定的自我约束能力而容易被人激怒的话，对方就会占据主动权。无论如何，作为一名领导者都需要冷静控制整体局势。

■ 诚实

诚实坦言是最好的品行。然而，在很多情况下却"沉默是金"！这是你必须面临的两种选择。直言不讳与三缄其口会产生截然相反的两种结果。

但无论如何，都不要撒谎。如果对方的问题让你难堪，可以委婉地回答他，但一定要讲真话。如果是由于你没有强调清楚利害关系而使事情陷入僵局，就把问题拿到桌面上来让大家讨论——但一定要做好安排，强调你相信对于目前这种状况，一定有许多可以理解的原因，还要强调自己没有充分意识到问题的严重性。

■ 善于倾听

尽管"善于提问"与"善于倾听"是成功的领导者必备的两个重要能力，却没有人真正在乎时间。面对需要完成的大量工作，提高工作效率显得尤为重要。时间上的压力使得领导者变得不耐烦，或者会下意识地传递一种信息——对方的谈话毫无价值，这样就会破坏双方的关系，并影响工作的顺利开展。

■ 亲和力

生活中我们都能遇到这样一些人，初次见面，他们就会采用一种让人感到很舒服的方式来与你交谈，好像认识你多年一样，因而很快能建立亲密的关系。对于那些为完成任务而努力工作的员工来讲，这种交往方式会减少他们的紧张感，使他们变得更加轻松自如。

我们还能遇到这样一些人，他们在陌生人面前总是很严肃、很冷漠。通常，他们会由谈论天气开始，接下来就逐步开始讨论一些相当严肃的话题。尽管初衷很好，但是会给对方留下保守、拘谨的印象，让人感觉不容易相处。如果你天生不善于接近他人，找一个可依赖的同事试着练习随和、善于提问的交流风格。

■ 耐心

耐心是工作中的美德，作为领导者也不例外。在正常情况下，应该相信"稳扎稳打"才能赢得最后的胜利。当然，一般情况下，都应该提供确凿的事实和数据来支持你的决策。

然而有时候你不得不在信息不充分的情况下开展工作，一定程度上需要凭主观来推断结论。在这种情况下，你需要告诉大家，对于结论你并没有足够的信心，并对采用这种方法的原因做出解释。

■ 努力勤奋

毫无疑问，领导工作任务繁重。有时候，你会感觉自己像只"忙碌的海狸"不得空闲，又像"滚筒中的仓鼠"，不断重复繁重而乏味的工作。你应该有计划地放松一下自己，以便能更好地证实所做的假设，确定还需要收集哪些必要的信息。

■ 专业

"专业的"（professional）这个词与"专业技能"（professionalism）的含义日新月异。如今，企业的发展要求员工尽量扩大知识面，成为所谓的"多面手"，以适应不同岗位的需要。这一趋势使组织拥有更好的运作弹性，同时也为员工提供了更多的就业机会。

然而领导者需要熟悉个人职位所涉及的各种工作方法，这显然不仅仅是做专家那么简单。这种要求的依据是，团队的整体力量远远大于单个领导者的能力，因为团队的每个成员都可以专注于在少数几方面做深入研究，并积累大量的经验。

■ 兴趣

如果你缺乏强烈的兴趣，那么很难成为一名出色的领导者。倘若你能将自己的头脑当作随时储存知识的宝库，在工作中一定受益匪浅。要知道，你现在所学习和掌握的知识若干年后很可能是无价之宝。

这全然不同于那种"现学现用"的学习方法。尽管你目前所掌握的知识完全可以应付现有工作，但千万不要忽视其他知识和信息的作用，因为虽然它们与目前的工作毫无关联，但是不久的将来或许就会起到相当重要的作用！

■ 钻研精神

拥有足够的好奇心和热情投入学习是一名领导者的优秀品质。

然而，有两种情况例外。第一，别人说话的时候要认真倾听，千万不要喋喋不休地插话。第二，不要听信流言，也不要询问别人的隐私。

■ 分析能力

为了最大限度地确保作为一名领导者的影响力，你需要了解并关注将使用的评估方法。因此，需要从一些简单的琐事中解脱出来，不必凡事都去做深入透彻的分析。举例来说，假如那些水平较低、要求较低的工作程序能够很有效地运转，就没必要再去对它们做分析研究。

你的做法应让人感觉是在尽量理解员工的工作方式，而并非吹毛求疵。然而对于那些天生喜欢分析的领导者来说，这可能比较困难。无论如何，领导者的最终目的就是要在各个工作程序的有效衔接与预期工作业绩完全实现二者之间保持适度平衡。

■ 表达能力

领导者应该善于倾听他人谈话，思维敏捷，能对别人的谈话内容提出相关问题，适当解释和澄清自己的观点。没有良好的自我表达能力的人很难做到这些。

请注意，千万不要在对方回答你的第一个问题时，去想下一个问题该怎样提出，这种交流方式会降低你对谈话内容的理解，同时也会让人感觉你不尊重他人。

对于一名领导者来说，非常重要的一点就是要具备良好的表达能力，能准确清楚地进行提问、阐述观点、撰写报告。事实上，成功的领导者会经常参加一些培训，来提高自己这方面的技能。

■ 公正平等

这是一个最需要慎重思考的品质特征，从下属那里很难得到这样的评价。

字典中将"公正"和"平等"定义为"依靠领导者不断制定规则和提供指导来实现公平"。表面上看，这似乎是一个不错的办法，但是仔细想想，生活中难免会出现许许多多的特殊情况，在任何情况下都提出千篇一律的规定和要求难道真的是公平的吗？只有运用常识和经验，根据具体情况采取不同方法才能做出准确的决断。如果你的工作方式是无论怎样都不会根据具体情况而适当调整要求和规定，那么你应该认真想想，在你要求大家严格遵守这些规定的时候，是否真正做到了公平？

是的，这的确是一个需要反复讨论的很难回答的问题，或许只有哲学家才能为我们做最好的解释。然而对于一名领导者来讲，这是一个十分严肃的话题。应尽量在工作中做到协调各种工作方法，避免提出过于刚性的要求。

在某些情况下，为了保证既定目标的顺利实现，可以提出统一的标准和规定，要求员工自始至终严格执行。而在有些情况下，如果风险很低，完全可以对员工的要求稍微宽松一些，这种做法对你的工作会有很大帮助。

05
如何激励你的员工

Brooke Broadbent[1]

☑ 概　述

良好的激励机制有助于组织的有效运行，对此，我们应给予足够的重视。我们将给你提供激励员工的最好工具。

我们能够激励他人吗？答案似乎是否定的。但可以肯定的是，我们完全能够创造出一个有效激励他人的良好环境。这篇实战性的文章提供了6个简便易行的操作原则，并附有两个表格供检验实施效果。

→ 什么是激励

从字典中可以看到"激励"（motivation）一词的解释是"提供动机，激发行动"。而"动机"（motive）一词是指"引起人们采取具体行动的推动力"。那么"推动力"（impulse）又是什么意思呢？我们怎样才能获得推动力来更好地开展我们的工作呢？为什么有的人会比其他人更敬业？为什么有的人为了获得提升而不懈努力，有的人却不以为然？到底是什么在激励着人们？

影响我们的行为和动机的因素有很多，包括目前自身状况、以往经历、当前工作环

---

[1] 联系方式：613-837-6472，brooke. broadbent@ottawa.com

境、奖励制度、管理体制、团队关系、企业文化、理念和个人价值观等。每个人在不同情况下会受到不同因素的激励和影响。

→ 激励来源于自身

关于激励，最重要的一点就是我们必须认识到：我们无法激励他人。激励来自人们自身，也就是说，只有自己才能真正激励自己。不管你是企业主管、机关领导，还是一名教师，或者其他管理者，你首先应该做的就是营造出一个能够让人们实现自我激励的良好环境。

→ 激励他人的6个要素

1. **积极的观念**。究竟什么样的环境能够激发人们的积极性？想想你的老师、朋友或者父母，他们总是对你说："你是最棒的，你一定会成功！"正是这些积极的鼓励，才让你做得越来越好。这就是激励的第1个要素：积极的观念。
2. **乐趣**。有时候，我们能从所做的事情中感受到无限乐趣。无论这项工作是由你独立完成的，还是与同事合作完成的，这种纯粹的乐趣会成为激发你努力工作、最终获得成功的一个重要因素。这就是激励的第2个要素：乐趣。
3. **感受到重要性**。也许在你的记忆深处总忘不了某次你的建议被采纳时那种无以言表的快乐感。你的想法具有非常重要的意义，大家都在聚精会神地听你的表述。你是不是深受鼓舞？我敢说一定是这样。这个例子恰当地解释了激励的第3个要素：感受到重要性。
4. **成功**。对于很多人来讲，激励产生于他们的出色表现。毫无疑问，如果你觉得自己的努力是值得的，就会勤奋工作来争取一个又一个的成功。这是激励的第4个要素：成功。
5. **个人利益**。另一个原则是我从著名的广播电台WIIFM中得到的启示。无论是公司的员工、学校里的学生，还是其他人，只要能切实感受到个人利益的存在，他们的积极性就会被充分调动起来。这是激励的第5个要素：个人利益。
6. **明确目标任务**。对于激励的第6个也就是最后一个要素，只要你设想一个没有任何激励的环境就完全可以理解。原因可能是你尚未明确自己的目标任务，也可能是说明任务的语言模棱两可。

■ 领导者能为创造激励环境做些什么

以上谈到的6个要素，没有什么难以理解的，但是如何才能将其很好地运用到工作当中去呢？下表为领导者提供了一些常用的工作方法，以便更好地促成这6个要素的实现，具体情况下如何操作还要取决于你的创造性。

激励要素	领导者能为创造激励环境做些什么
1. 积极的观念	当团队达到既定目标时，将成功广而告之，并向团队的每名员工深表谢意
2. 乐趣	努力发现不同员工的工作兴趣点在哪里，在可能的情况下为他们提供相应的机会。经常与员工分享成功的快乐，组织团队开展一些有益于大家交往的业余活动，如一起去喝咖啡或者共进午餐等
3. 感受到重要性	凡事注意多多听取大家的意见，认真思考他们的想法，当决定采纳时就要给予适当的鼓励和嘉奖
4. 成功	为团队工作设定明确合理的目标，确保任务相关人员能够参与目标的制定，理解并认可目标的内容；感谢每个为团队成功做出贡献的员工
5. 个人利益	向团队成员明确说明每个人可以从该工作任务中得到哪些个人利益，确保个人利益的兑现
6. 明确目标任务	无论口头通知还是书面传达，布置工作任务之前一定要做好周密的安排，确保表达清楚，同时还要与大家核实，看看他们是否明确领会你的意思

■ 员工能为创造激励环境做些什么

即使你是一名普通的员工，也完全可以尽己所能为创造一个良好的激励环境做出相应的努力。团队成员的参与性越高，越容易提出宝贵的意见和建议。如果你很清楚什么样的环境能够激励自己努力工作，那么就应当把这些想法和团队领导、部门经理或高层管理者谈谈，他们很有可能做出积极的响应。

激励要素	每个人能为创造激励环境做些什么
1. 积极的观念	对他人的成功表示赞赏
2. 乐趣	保持微笑，快乐是能够相互感染的。在别人以及团队的成功面前尽情表达自己的快乐和喜悦，积极参加各种社交活动，如与大家一起去喝咖啡、吃午饭等

续表

激励要素	每个人能为创造激励环境做些什么
3. 感受到重要性	凡事注意多多听取大家的意见，认真思考他们的想法，当决定采纳时就要给予肯定和鼓励
4. 成功	为自己设定明确合理的目标；个人目标实现时要将成功的喜悦与大家分享，感谢任务完成过程中每位辛苦工作的同事
5. 个人利益	首先明确自己能够从该项工作中得到什么样的个人利益，并且牢记在心，评估自己完成任务的可能性；如果没有取得成功，查找原因，以便在下次获得成功
6. 明确目标任务	无论传达口头信息还是书面信息，都应该力求有条不紊；确保与别人沟通时能够清楚表达个人想法；与此同时还要与对方进行核实，看看他们是否领会了你的意思

→ 个性化激励

每个人都有自己的被激励点。在试图创建一个能够激励他人的环境时，我们必须清楚地知道这一点，也就是说，每个人的被激励点很可能不同于其他人。如果明确目标任务，你能实现自我激励，你可能认为别人也能够实现自我激励。千万注意，不要认为你个人的被激励点对别人同样有效。最好的办法是在工作中处处体现出对实现激励的 6 个要素的全面重视，这将有助于充分调动每个人的积极性，真正实现个性化激励。

→ 实现激励需要因人而异

我们提供的是建立有效激励环境的工具箱，挑选你所需要的工具时，需要特别注意：按需索取。你必须学会如何使用这些工具。怎样才能学会呢？通过系统化的实践，即设定目标、选择工具、使用工具、效果评估。通过效果评估可以判断是否达到了预期目标，如果目标没有实现，就需要查找原因，或许需要考虑更换其他工具试试。收集一些个人反馈信息，用来评估激励环境的创建效果，看看自己在哪些方面做得很好，哪些方面尚需改进，然后制订合理的改进计划。个人反馈信息将有助于更好地运用该工具激励那些工作不积极、满腹牢骚、没有工作热情的同事。

→ 结束语

我在开篇时已经提到过，激励产生于人们自身，也就是说，只有人们自己才能真正激发自己的行为。无论是企业管理人员、机关领导干部,还是学校教师以及任何其他人,激励别人的能力都是有限的。

  在对个人的业绩进行评估的时候要充分考虑到这一点。利用好这6个要素,你就能成功创造出实现激励的良好环境,达到激发他人工作积极性的作用。创造出这样一个环境并不是一日之功,但只要付出长期不懈的努力,成功就一定属于你。毫无疑问,在这样的环境下工作,你、你的同事、你所在的团队中的每个人都会受益无穷。

06
如何提高你的沟通能力

Scott Parry[1]

☑ 概　述

这里为你提供了 25 个增强沟通能力的技巧，用于提高作为一名管理者的你与他人之间的沟通效果。阅读过程中，看看自己在哪些方面做得不够好，做上标记，并下决心努力提高这些技巧和能力。在完成自我检查之后就可以制订提高自己沟通能力的行动计划了。

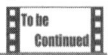

提高沟通能力的 25 个技巧

1. **积极倾听他人谈话。** 别人讲话的时候要看着对方，切忌心不在焉。对方每谈完两到三个问题时，就适当插入一些总结性的问话，如"让我来确认一下我是否已经理解了你刚才谈的内容，我认为你谈到了 3 个主要观点，即……我有没有漏掉什么？"
2. **善于举例说明。** 在交流过程中，可以大量引用奇闻逸事、历史故事、谚语格言、寓言故事等阐明自己的观点，或者肯定对方所谈到的观点。这种举例说明的方法有助于谈话双方更形象地理解、更深刻地记住彼此所谈到的观点。
3. **确保对方注意力集中。** 当你开始说话时，别人通常会开小差，注意力并没有集

1　联系方式：609-452-8598，jsparry@erols.com

中在你谈话的内容上，这或许是因为人们的个人兴趣和需求各不相同。因此，当你决定开始自己的谈话时（例如，工作任务是什么，需求有哪些，目的是什么，等等），你可以首先以向大家提问的方式做开场白，如"我希望得到大家有关……的见解和建议，先给大家 10 分钟的时间考虑，然后我再接着谈"。

4. **提前做好沟通计划**。对于每一次沟通，你的目的无非是传达个人信息，获取对方的信息。事先安排好沟通交流的程序（制订沟通计划、交流策略等），才能达到预期的沟通效果，实现信息交流的目的。为此，你应该利用一些时间提前计划好沟通步骤，以免沟通交流失败。

5. **取消对方不合作的谈话**。如果别人对于你的谈话内容丝毫不予理睬（例如，自顾自地接听电话，阅读材料，忙于做其他工作，等等），那么你就应该取消这次谈话，你可以对他说"看来你很忙，什么时间方便我再来找你"，这时对方就会注意到你的谈话，要么立即放下手边的事情专心与你沟通，要么约好与你交流的时间。

6. **将交流的时间提前通知对方**。可能的话，提前告诉大家你将利用一点时间来讨论一个十分重要的问题，然后安排好将要讨论的时间。即使大家希望马上开始讨论，你也最好对他们说"现在就开始讨论效果并不是很好"。你要给大家一定时间来充分思考这个问题，从而保证讨论结果更加有效。

7. **选择沟通时间和地点**。关于沟通地点，你可以选择在自己的办公室、员工工作间，也可以在会议室或咖啡厅。关于沟通时间，你可以选择上午、下午，或者快下班时。这些都根据你的谈话目的、对方的喜好来决定。你应该充分做好时间和地点的安排，从而保证最大可能地达到你的沟通目的。

8. **预料沟通过程中可能出现的各种情况**。事先设想沟通过程中可能出现的种种情况，其目的是更好地把握沟通效果。对于沟通时可能提出的各种问题、建议，可能出现的反对意见，以及偏离沟通主题的情况做好事先准备，你甚至有必要设想并列出对于每个观点可能出现的各种反应，以便更好地促进沟通交流效果。

9. **把握交流主题**。在交流沟通过程中，你必须准确地把握好谈话的目标和主题，因为每个人都很容易偏离主题，也有可能谈论一些与主题毫无关系的信息。时刻注意把握自己的观点、掌握好谈话局面，才能真正实现预定目标。

10. **不要把个人观点强加给别人**。如果你从事的是推销、教育等工作，的确需要尽量说服别人接受你的想法。然而，在公开平等的沟通交流中，一定不要试图把自己的观点强加给别人，而应该提出一些不具有个人倾向性的问题供大家讨论。

11. **营造出积极和谐的谈话氛围**。交流中有些情况的确很难处理，如遭到不满的申诉、强烈的否定，甚至有可能终止谈话。然而无论如何你都应该营造出积极和谐的谈话氛围，使大家保持理性状态进行沟通，切忌情绪化。只有让大家真正感受到这是一种平等的交流，而不是一种家长对孩子式的、胜利者对失败者式的命令，他们才会保持愉快的心情，各抒己见。

12. **建立互动式交流方式**。只有在讨论各方都能积极参与的情况下，沟通才是最有效的。因此要想方设法让每个人都参与到问题的讨论中来，千万不要袖手旁观。积极征询他们的意见和建议，交流的互动性越强，沟通起来就越有可能达到既定效果。

13. **运用开放式问句提问**。你最好运用开放式、非指示性的问题来提问，从而引出事实性的结论。例如，"为什么 B 小组会落后于其他小组"，然后提出更加具体、直接的问题进一步追问，如"B 小组中的每位新成员都完成个人目标了吗"，"大家的工作积极性有没有问题"。

14. **筛选问题的答案**。只要大家听得见，都会对你的问题做出相应回答。然而由于种种原因（或者他们根本就没有理解你提出的问题，或者他们不得不小心谨慎地对你的问题作答，或者他们的思想正在开小差，等等），他们给出的答案并不是你所需要的。这时候，你需要改变一种方式重新提出问题，以便获取需要的答案。

15. **语言简练**。研究表明，人们在写作、谈话的时候，语言越简练，越容易被人理解和记忆。当你说话或者写作的时候，一定要牢记这一规律，大可不必担心自己说话像个小孩子一样！

16. **给对方留出思考的时间**。谈话过程中稍作停顿是十分必要的。给对方一点时间，一方面可以理解消化你的谈话内容，另一方面可以思考接下来要谈论的问题。你可以这样对大家说："给大家一点时间思考一下，如果实施这一新的制度，会给我们带来哪些显而易见的好处，请举出 3~4 个例子。"毫无疑问，在给定时间里，大家都会聚精会神地思考这个问题。如果你通过写文件的方式传达信息，那么每一段的内容尽量简练，段落之间也要适当留出空间，以便读者思考，避免提供过量的信息造成适得其反的效果。

17. **语言富于变化**。谈话过程中，注意把握好自己的语速、语调和音量。谈到关键问题时需要放慢速度，引用一些例子来证明你的观点的时候最好加快语速。另外，你也需要灵活改变音量来强调自己的一些观点。在不冒犯别人的情况下可以采用幽默的语言来增强沟通效果，有些谈话中甚至可以加进去一些方言，这样就可以拉近与对方的距离，使谈话效果非同一般。反之，如果你的语言毫无变化，就会使对方感到极其厌烦，甚至拒绝倾听你的谈话。

18. **注意运用提示信息**。正如我们所知的，司机打手势是为了避免一些不必要的事故发生。你在交流过程中使用一些词语（如"无论如何""而且""相比较而言"

"举例来说""和""但是"),或者运用一些手势都能够有助于对方明白你接下来要谈些什么。有时候,一个短语、一个句子都是十分必要的,如"现在我想具体谈谈 3 个理由……""这个很容易让大家忽视的问题其实具有同样重要的意义,让我来为大家解释一下……"如果你写出文字性的东西来传达信息,那么就需要通过一段话、一个标题,或者一个副标题的形式来引起读者注意。通过语言来进行沟通,也同样需要做到灵活运用提示信息。

19. **试探性询问**。交谈过程中,有的人会刻意回避部分事实,一些有效的试探性询问会避免这种情况的发生。例如,在一次招聘面试中,你问面试者为什么要放弃原有工作,他的回答:"我感觉自己的价值得不到应有的体现。"这时,你需要更具体地了解事实,因此,你可以采用如下 3 种试探性询问方式——反应式试探:"你感觉自己的价值得不到应有的体现?"中立性试探:"我很感兴趣,请具体谈谈。"沉默式试探:什么也不说,只是看着面试者,等待他的回答。

20. **确认对方领会了你的谈话内容**。如果你想知道对方是否理解了你的谈话内容,可以每隔 5～10 分钟请他对你所谈到的问题做出总结。不过,要注意避免那种家长式的命令口吻,如"那么你来说说我刚才都谈了些什么",而要保持一种平等的谈话方式:"刚才我谈了很多,但我不知道自己有没有讲清楚,以及是否谈得很全面。如果你能用几分钟时间来总结一下刚才听到的内容,我想一定有助于我们之间的相互沟通。"

21. **提出一些推理性问题**。在培训员工做一项工作的时候,既可以采用直接灌输的方式,也可以通过提出一些推理性问题来引导他们得到正确结论。采用提问方式更加有效,能充分调动员工思考的积极性。从某种程度上来说,培训效果的好坏依赖于员工对问题的理解能力,而不是你自己对问题的理解程度。提出一些推理性的问题,有助于员工提高理解、加强记忆。

22. **综合运用各种表达方式**。有经验的领导者无论是通过书面形式还是口头形式传递信息,都会注重多种表达方式的综合运用,如抽象与具体、理论与应用、规则与实例、事件与人物的结合等。简而言之,他们运用多种表达方式来避免枯燥的内容使对方失去阅读或倾听的兴趣。例如,假设第 1 段介绍了一项新政策或者应用程序,第 2 段就告诉大家马杰·史密斯在工作中如何受益,第 3 段描述了该新政策或者应用程序的另一方面特征,第 4 段就分析我们的客户将从中得到怎样的好处。

23. **避免性别歧视**。当用到复数人称来指代某些人的时候,你最好不要用"他们"或者"她们"这种分性别的人称代词。诸如"每个员工都应该向他的主管汇报工作""消费者希望他的消费是物超所值的"这种存在性别区分的表达方式已经越来越让人不能接受了。最简便的方式是,当你需要用复数人称来指代"员工"或者"消费者"时，最好使用那些男女皆宜的词语。

24. **验证你的假设**。如果你的影响力大小取决于你的某些假设的正确性，那么就需要先去验证这些假设。举例来说："最近一段时间以来，我们一直强调质量提高的重要性，我想这一点不管大家在什么部门工作，在任何时候都应该是了然于胸的，是这样的吗？"

25. **回答对方提出的"这对我来说有什么好处"这个问题**。当你向别人传达某一信息时，对方的第一反应通常是"这对我来说有什么好处"，你对于这个问题的回答将决定他们是接受你的观点还是持谨慎观望态度，或者干脆拒绝你的要求。回答这个问题时，你应该将心比心，谈谈个人想法，然后尽早弄清楚对方所关心的问题是什么，要求有哪些，然后尽量满足他们的需要。

07 成为高效管理者的 10 个步骤

George Truell[1]

☑ 概　述

很多人在获得提升、成为一名管理者之前，并没有足够多的机会来充实自己。然而从一名普通工作人员成为一名领导者又的确面临很大的挑战，因此许多管理者不得不从一次次失败中获得经验与教训，为了使工作更加富有成效，他们必须不断地学习。

这一章将向大家介绍提高工作效率的 10 个步骤，有助于你将现有的管理政策和原则转变为具有实用价值的可操作工具。

成为高效管理者的 10 个步骤

你是一名管理有效的管理者吗？如果你认为还有必要提高自己，就试试下面提供的用于提高管理效率的 10 个步骤。回答下列问题有助于你将有关管理政策和原则的知识转变为具有实用价值的可操作工具。

1. 组织的目标是什么？每名团队成员是否都能做到胸中有数？

在很多公司，员工根本就不知道公司的整体目标是什么，甚至不知道自己所在部门

---

[1] 联系方式：716-634-3491，gtabuffny@aol.com

或者团队的工作任务有哪些。试想，如果员工连自己的行动方向都不清楚，连自己所在部门或者团队的工作目标都不认同，又怎么能够谈得上坚信目标的可实现性，并为之努力工作呢？事实上，他们的积极性根本无法调动起来。

解决这一问题的最好办法是让员工参与到目标设定的工作中来。管理者应该尽量确保每名员工都掌握部门的目标任务，以及为保证目标的实现制订行动计划。

2．在目标实现过程中，你扮演怎样的角色？你的团队成员扮演怎样的角色？

一旦员工了解了所在部门的目标任务，就迫切想知道自己需要承担的任务和职责是什么。大多数组织通常采用"岗位描述"的方式来界定每个人的任务和职责。遗憾的是，很多"岗位描述"过于烦琐，非但没有对目标任务做出具体描述，反而用了大量的篇幅来叙述为达到该目标所采用的方法和手段。另外，许多"岗位描述"已经过时，根本无法准确描述当前目标任务的重要性。

作为一名管理者，想知道员工的"岗位描述"是否切合实际，需要做一个测试。请一名员工写下他的 3～4 个任务和职责，并按照重要性大小依次排序。与此同时，你也做同样的事。然后比较你们两个人所写的结果，如果存在差异，就可以发现需要纠正和解决的问题了。在"岗位描述"过程中，只有员工与他的主管经理的意见达成共识，组织才能更加有效地运转，目标才能按期实现。

你可以将所有的任务和职责归为 3～4 类，但要注意摒弃那些对实现方法和手段的描述。在很多情况下，不同的任务和职责可以归到几个主要的大类别下，一旦能够做到这些，你就完全可以按照重要性大小将所有任务和职责进行排序，从而确保部门整体任务的顺利完成。作为一名普通员工，如果能够做到这些，他就能充分发挥自己的主动性和创造力，确保按时达到个人目标。

将"岗位描述"尽可能简化，将所有的任务和职责分成四大类似乎很难做到。尤其是当"岗位描述"长达几页纸的时候，要做到这些更是难上加难，甚至是不可能的。但是如果仔细考虑一个问题，即"该项任务的动因和目的是什么"，你将发现，无论什么样的任务和职责，所有的描述无非体现在以下几个方面：质量、数量、成本、服务、监督、期限，这就是一项工作区别于另一项工作的最本质的内容。倘若你能将各项任务和职责进行归类分组，那么按照重要性进行排序便不成问题了。

3．你拥有哪些资源来保证更好地完成任务？

分配给管理者的资源往往体现在部门预算和时间进度表中——这是计划执行过程中的两个基本工具。如果管理者无法了解可以用来支配的资金、原材料、机器设备、各种器材、人员、场地、时间等要素的数量，他就不可能有效利用这些资源。

参与分配资源、制定预算、安排时间进度的各个工作环节都将有助于管理者充分了解自己所掌握的资源和工具的情况。正因为这样，目前许多公司在制订发展计划过程中都会安排各层经理人员参与讨论。只有当管理者真正了解自己所支配的资源，对所分配的资源担负起应有的责任，并根据资源的利用效果对自己进行考评时，才能使资源发挥最大的经济效益。

4．为达到既定目标，你需要制定哪些管理规定及执行程序？

如果组织目标确立下来，并且得到了员工的认同，而且你也明确了为达到该目标可以用来支配的资源，接下来需要做的一件很重要的事情，就是制定相关管理规定。政策（基本规则）和执行程序（基本规则的应用和实施）界定了你的管理权限，并约束着你的行为，从而使你的上级经理没有必要对你进行持续不断的监督检查。当一个公司或组织不断发展壮大的时候，各层经理人员有必要从一种"强制约束"的工作状态转变为"自我约束"的工作状态。

为使每位员工都能真正理解和接受基本规章制度，从而更好地实现自我行为约束，最有效的办法是让员工亲自参与到这些规章制度的制定、讨论和修改等各项工作中，确保他们对所在部门的工作任务和目标有最直接的了解和认识。毫无疑问，员工对政策制定的参与性越强，他们的理解能力以及承担任务的责任心就越强。

5．你的职权有多大？你的团队成员拥有多大的职权？

工作中，管理者通常会遇到一些非常棘手的问题，比如，在"员工执行一项任务过程中究竟可以拥有多大的职权"这一问题上，管理者与员工经常存在意见分歧。员工时常抱怨管理者"统得过严、管得过死"，根本不给自己一点决定权，更无法按照自己的想法去工作，用他们自己的话说，就是"我们只有职责，没有职权"。另外，许多管理者也时常抱怨他们的员工没有一点独立能力，凡事不会独立思考、独立决定，出现情况时只知道一味向他们的经理寻求解决办法，他们甚至根本没有能力对自己的行为负责任。可见，如果管理者与员工之间无法在彼此的职权范围问题上达成一致意见，许多员工的聪明才智就没有用武之地，更谈不上努力工作了。

面对这种进退两难的局面，最好的解决办法就是在员工开始执行任务之前，由管理者与员工一起对于员工的职权范围给予合理界定。目前，大多数组织采用下面几个简单的代码来说明员工的职权范围：

A　员工可以独立决定、独立工作。

AA　员工可以独立决定、独立工作，但必须及时向管理者汇报工作进展情况。

SR　员工在工作之前，必须与管理者进行沟通，由管理者向员工提供方法和建议。

在共同讨论员工应该拥有多大的职权范围时，管理者最好也对每名员工目前的工作状况做出评价，让员工做到心中有数。另外，职责相同的员工所获得的职权未必相同，也就是说，即使不同的员工担负着相同的职责和任务，也可能因为他们的知识水平、技能水平、发展潜力等方面因素的不同而获得不同的职权。

6. 你在部门内部、部门外部分别需要建立和维持哪些工作关系？

在部门内部，你的工作中会体现一种基于共同的任务而建立来的工作关系，然而这仅仅是你工作中所有关系的一个方面。一份详细而完整的职位描述，既能体现出部门内部所有工作流程的前后联系，又能体现与其他部门的工作往来所建立来的关系，这样，其他部门的相关人员就构成了你的外部组织。如何建立和维持一种和谐融洽的外部组织关系是决定你能否顺利完成既定目标的关键所在。因此，必须对外部组织关系进行详细了解，确认外部组织涉及哪些人，每个人所起的不同作用是什么。毫无疑问，良好的人际关系将有助于提高你的管理效率。

7. 你对员工进行业绩考评的指标有哪些？

吉姆·格林被解雇了，但他一直坚信自己的工作业绩是相当突出的。通常，员工对管理者用来衡量业绩好坏的指标究竟有哪些并不熟悉，即使自以为了解，他们的指标与管理者采用的实际衡量指标也是天壤之别。

业绩平均指标是指预先制定的、用来反映员工工作业绩令人满意程度的平均指标，包括工作结果如何，当前进展状况以及资源投入（由资源的数量、质量、成本、期限等因素决定）情况。工作业绩低于平均指标的员工为不合格员工，工作业绩高于平均指标的员工为优秀员工。

如今，大多数企业在实施一项工作任务之前，除了让员工明确自己的任务职责外，还要保证每名员工对于业绩评估指标了如指掌。此外，许多公司还为员工提供机会，亲自参与业绩考评指标的制定工作。当员工认识到自己在考评指标的制定过程中有着举足轻重的作用时，他们的积极性就会被充分调动起来，这样，他们就不会认为这些指标有失公平，情愿为达到这些指标而努力工作。正是因为员工事先已经清楚将要执行的考评指标是什么，他们才会按照指标的要求，自觉约束自己的行为，而没有必要坐等管理者的指导和建议。

当旧的目标已经完成、新的目标刚刚建立起来的时候，或者当员工的责任有所变化的时候，管理者都应该相应调整业绩平均指标，以适应变化了的情况。但是无论怎样变化和调整，都应该及时让员工了解情况，确保每名员工在一项新的工作开始之前都能准确了解管理者将要怎样对自己进行考核，只有这样，他们才能有目的地努力工作。

8. 你是否得到过一些关于你工作情况的反馈意见？在哪里、什么时间、通过什么方式得到的？

很多公司拥有一整套的业绩评估系统，目的是为员工的工作表现做阶段性总结。遗憾的是，这种阶段性的总结往往每年举行一次，有的是每年年底举行，有的是在员工的工作期满一年时举行。在这种相当正式的总结中，每名员工都要填写若干表格，提交一些相关资料。

我们知道，在一项运动比赛中，每个参赛者都迫切想知道自己在比赛过程中表现如何，以便及时调整自己，获取比赛的圆满胜利，而不是等到比赛结束后再让别人对自己指手画脚。同样的道理，在公司里，每名员工都希望自己在工作过程中能得到别人的意见和建议，只有得到一些及时性的反馈意见，他们才能不断调整自己的努力方向，提高自己的工作业绩。

如果你已经能够回答前面提出的7个问题，现在，可以稍作停顿，想想自己与期望的目标之间还有多大差距，哪些方面做得不错，哪些方面还有待于进一步改进和提高。及时的意见反馈对于提高工作效率至关重要，这种效果不是一年一度的业绩考评这种形式上的工作所能达到的。

9. 在需要的时候，你和你的团队成员能从哪里、从谁那里得到帮助和支持？

对于任何一名管理者而言，最宝贵的资源莫过于来自上级领导和同事们的建议、劝告、帮助和支持。然而，这种资源的获取通常并不如想象中那样容易。在员工的眼里，管理者并不像教练或者咨询顾问那样容易让人亲近，员工与管理者之间的沟通似乎存在着许多困难和障碍。

管理者如何解决这一存在于员工思想中的问题？如果你试图改变目前这种糟糕的状况，让你的员工能够将你当作教练或咨询顾问那样亲切对待，你可以定期询问他们一些问题，例如："在哪些方面需要我多做一些？哪些方面你们自己完全能够做得很好，根本不需要我插手？哪些方面我可以为你们提供一些新的建议？"另外，你还可以向他们推荐本部门其他有能力提供帮助的员工。这样一来，你的员工将意识到，原来你是在尽己所能，帮助每位员工取得工作上的最好业绩！

10. 你得到什么奖励？得到怎样的重用？

"我这样努力工作究竟值不值得？"或许对于每个人来讲，这都是一个千百次在脑海中闪现的问题。特别是当你很有效率地完成自己的任务之后，你自然地会提出这样一个问题："我希望得到些什么？"如今，员工最希望得到的两种奖赏方式就是继续受聘和薪酬上调，此外，他们还渴望自己能有机会肩负起更多的任务和责任，有机会学到更多的知识和技能，从而获得更大的成就感。

考虑到这些问题，许多公司开始重新修订薪酬制度，确保薪酬制度能够直接体现员工的业绩和贡献的大小，而不是用来体现谁在工作中消耗的精力多、花费的时间长。对于在规定时间内有突出业绩的员工发放一次性奖金是目前很多公司的普遍做法。目前，大多数公司的薪酬体系变得越来越透明化，从而使员工能够随时了解自己的工作业绩居于什么样的水平，以及自己该怎样努力才能做得更好。此外，许多公司还实行岗位轮换制度，并为员工提供更多的晋升机会。

现在，你能够并且已经回答了上述 10 个问题了吗？如果是这样，我相信你一定能成为一名高效率的管理者。为什么？因为：第一，你已经掌握了实现有效管理的理论知识；第二，你能够将这些理论与自己在管理工作中的实际情况有机结合，并且准确发现自己在哪些方面有待于改进和提高。这两点很重要，它们将有助于你更加有效地实现既定目标。

08 建立组织信任

Barbara Pate Glacel[1]　Emile Robert, Jr.

☑ 概　述

　　信任不仅是人的问题，而且也是实实在在的组织会面临的课题。人们为了共同的任务走到一起、结成组织，那么团队的成功与否、效率高低都与组织内人与人之间的信任程度密切相关。这里所说的信任并非指一名员工会不会从别人的办公桌上偷走什么物品，而是指一个人所传递的信息、所采取的行为，以及自始至终的做事风格能否让人感觉值得信赖。工作中的信任感体现在员工彼此间的相互信赖，比如，一方相信另一方对自己所做的承诺一定会履行，相信对方能够提供准确的信息，也相信在组织系统出现问题的情况下，他们会提供可靠资料以及时解决问题。

　　有时即使看上去最坚不可摧的组织系统也会运转失灵，究其本质原因，并非某一位员工的过失所致，而是因为构成组织系统内核的基本要素——人与人之间的信任感遭到了破坏。无论是个人原因，还是其他原因导致无法建立组织信任，都将严重影响员工、团队，乃至组织整体的正常工作与运转。我们知道，每位员工都会掌握一些与工作有关的资料，工作中人与人之间必然是相互关联的，任何一个员工如果缺少其他员工的支持根本无法开展工作。在如今的社会中，信息如排山倒海之势压向每个人，信息的更新令人应接不暇，单凭一个人的力量根本无法准确而全面地掌握信息。因此，在工作中建立值得信赖的关系，让一个充满信任感的组织去协调和约束每个人的行为，才能提高工作效率，这是组织中任何一个人的力量所无法企及的。

---

[1] 联系方式：703-262-9120，Glacel@glacel.com

The Active Manager's
Tool Kit

　　信任能够形成组织的核心凝聚力,为组织成员提供最强有力的支持。它不仅是人与人之间的一种良好感觉,还是组织的无价之宝,使组织充满生机与活力,蕴含无穷的潜力。归根结底,组织信任是人与人之间的信任,也就是说,每个人都要相信自己的成功离不开同事们的帮助和支持。

To be Continued

建立组织信任的技巧

1. **守信用,向别人承诺的事情就一定要做到**。从某种程度上来说,能否兑现自己对别人做出的承诺代表着你是不是一个诚实、正直、有道德的人。不守信用、不重承诺会大大降低别人对他的信任感和依赖感,而这种信任感一旦受到破坏,想再重新建立来,即使有可能也是相当困难的。
2. **信息共享**。将所有无须保密的资料与大家共享。毫无疑问,信息是一种宝贵的资源,但是如果你对于所有的信息均采取严格保密的态度,不向周围人透漏半点,就会给人以心胸狭窄、自我封闭的印象,别人也会自然而然地把你当作竞争对手来看待,对你产生戒备心理。反之,如果你能与大家共享自己的信息,别人也会为你提供一些有价值的信息和资料,你们之间就能建立相互信任的合作伙伴关系。
3. **对于敏感事情保守秘密**。对于那些属于别人私人性质的秘密信息一定要严格保密,以免毁坏别人的声誉,影响别人的工作。假如你不是一个保守秘密的人,你向甲同事透漏了乙同事的秘密,即使甲同事是你最好的朋友,他也会认为你是一个喜欢诋毁他人名誉的人,并在心里产生对你的堤防心理,他会反复问自己:"这个人值得我信赖吗?我能把自己的秘密告诉他吗?"
4. **用实际行动证明自己是个言行一致的人**。换句话说,就是应该"说到做到"。如果你是一个言行一致、忠厚诚实的人,别人就会相信:只要你答应了他们的事情,无论多么艰难,你都会想尽一切办法去做到。只要你不背信弃义,只要你的行动总是在告诉大家:你不会让他们失望,你会说到做到,那么,别人对你的信任感就会慢慢建立来。
5. **用超乎寻常的表现达到令人意想不到的效果**。如果你尽己所能相当出色地完成了任务,并且远远超过别人的期望效果,那么你就会在工作中牢固树立起个人威信,大家会毫不怀疑你是一个不怕艰难险阻、勇于追求成功的人。
6. **尊重他人的任务期限**。工作中按期完成任务是非常重要的,别人的任务期限对于你来讲或许无足轻重，然而对他本人来说，却直接影响任务完成的质量和效果。因此，帮助别人按时完成任务也会建立你与他人之间的信任感。有一天，当你需要同样的帮助的时候，他也会向你伸出援助之手，全力配合。

7. **真实展示个性特点**。你不必刻意隐藏自己的某些弱点和个性，当你需要别人帮助的时候也要坦率地说出来，同时你也可以充分展示自己良好的品行、令人称赞的优点等。所有这些行为都表明你是一个诚实直率的人，你不会将自己隐藏在虚伪的外壳下面。

8. **经常性地获取和提供反馈意见**。与他人之间保持一种相互学习、相互帮助的联系方式，时常从别人那里获得指导和意见，也真诚地为他人提供反馈意见，这样你们之间就会建立长期稳定的信任感，有利于双方共同进步。

9. **与领导保持一种经常性的非正式交流**。除了在正式场合、定期会议上向领导汇报工作之外，你还应该经常与主管经理保持联系，及时获取相关意见和建议。这样，你就能将正式沟通与非正式沟通中得到的信息有机结合起来，这不仅有助于提高工作效率，还能避免领导对你的工作动机和工作状态缺乏了解和信任。

10. **诚实**。任何时候都要诚实、说真话，如果由于某些原因无法做到这些时，应该向大家解释原因。在当今这种信息爆炸的时代，信息传递速度非常迅猛，事情的真相迟早会水落石出，想隐瞒事实难而又难。如果你无法澄清事实，又不做出必要的解释，就会使别人对你的诚信度产生怀疑。

11. **勇于承认错误，诚恳表达歉意**。无论是否情愿，你的一言一行都会受到别人的关注。因此，犯了错误就应该勇于承认，并请求别人的谅解，这样会给人以谦虚真诚的印象。任何时候都不要担心自己的弱点被暴露出来，只有坦白面对事实才能真正得到别人的信任。

12. **在困境面前，同情并理解他人的痛苦**。工作中，人们难免会遇到这样或者那样的不如意。对于陷入困境的同事，无论这种困难是不是由你引起的，都要表示同情和理解，这将有助于你与同事之间建立良好的信任关系。俗话说"患难见真情"，相信在走出困境之后，你们之间的关系将得以巩固。

13. **运用职权的过程中要保持公平**。并不是让所有人都心满意足、高高兴兴才叫作"公平"。公平是指做出受人尊重的、合理的决定，即使这一决定很难让所有人都接受，甚至执行起来有一定难度，它也是公平并让人信服的。

14. **对待他人一视同仁**。必须认识到每个人都有自己的行为方式，对待大家要一视同仁，不要有所偏倚和袒护。如果你的行为看上去有失公允，就及时向大家做出合理的解释。

15. **展示自身优点**。向大家介绍自己在工作过程中得益于哪些自身优点，从组织中其他成员身上得到哪些帮助和启发，从而使你顺利完成既定任务。这不仅会成为你进一步提高自己的强大动力，还会增强别人对你的信任感。

16. **不仅用大脑还要用心交往**。在工作中，人们相互之间能够用心交往、用心去体会他人的感受是很重要的。向别人表达你发自内心的感受，无论是痛苦、欢乐，还是失望、赞赏，都将使别人有机会更好地了解你，你们之间的信任感也会与日俱增。

17. **相互帮助**。你应该随时为他人提供力所能及的帮助，对他人的成绩表示由衷的祝贺，倘若能做到这些，在你遇到困难、需要别人的帮助时，他们会加倍报答你，毫不犹豫地为你提供解决问题的办法，并愿意分享你的工作成果。这种人与人之间的相互帮助、相互信任将使你在工作中达到事半功倍的效果。

09
案例研究：授权员工参与管理的尝试

Paul Lyons[1]

☑ 概　述

　　这个案例讲的是一名颇有见地的管理者希望她的下属能与她一起制定部门发展策略的事情。这位管理者运用自己在工商管理硕士课程中学到的知识，授予本部门员工参与管理决策的权力，希望整个部门的工作效率能因此而有所提高。她认为，这种举措能够达到双赢的效果，也就是说，一方面，作为管理者，她的管理能力能够获得一定提高；另一方面，有助于员工更加积极参与组织运作，不断获得新的知识和技能。

　　该案例具有一定的借鉴意义，或许你有必要找个机会与公司其他管理人员共同讨论一下案例的内容，最后，我相信你一定会考虑对本部门的管理进行一次改革和提高。

　　在案例分析过程中，需要注意从多角度考虑问题，然后进行归纳总结。在学习该案例过程中，你需要关注如下几方面的问题，并理解相关概念：

- ✓ 员工参与管理
- ✓ 引进变革
- ✓ 让员工参与制定变革程序
- ✓ 员工参与管理决策的激励
- ✓ 管理授权的积极效用

---

[1] 联系方式：301-687-4179，plyons@mail.frostburg.edu

对员工进行管理授权是一项很重要的工作，熟练而有效的授权通常不是从管理教材和培训课程中能学到的。对员工进行有效的管理授权要基于如下几个方面的考虑：第一，管理者必须对员工的综合能力和技术水平了如指掌；第二，管理者必须周密考虑员工是否愿意接受授权；第三，管理者必须向员工传达一个明确的信息，就是在整个工作过程中，自己都愿意为他们提供有力的支持和帮助。

☑ 建议用时

60～90 分钟

你可以提前将案例发下去，给大家充分的时间来阅读和思考，也可以在讨论会上发给大家阅读。首先要求大家通读案例，详细了解案例内容，然后展开讨论。你可以把所有员工分成若干小组，以小组为单位讨论案例后面提出的问题。

☑ 案例资料

艾沃兰施公司的案例。

☑ 讨论程序

1. 让大家仔细阅读该案例（你可以提前将案例资料发给大家，以便节省时间，也可以在讨论开始时让大家现场阅读）。
2. 让参加讨论者思考案例后面的问题，并准备做书面回答。
3. 让参加讨论者以小组为单位讨论问题，不必要求各个小组对每个问题都达成一致意见，提供千篇一律的解释。
4. 倾听参加讨论者对于各个问题（如案例中所涉及的激励效果、员工反对岗位轮换等）的理解。
5. 请那些持有个别意见的人详细阐述自己的建议和想法。
6. 与大家一起讨论下面两个问题：
   （1）安杰拉或者其他管理者应该首先采取哪些措施？
   （2）现在安杰拉该怎样做？

☑ 本案例的多种用途

本案例可用于多个方面，例如：
- ✓ 解决你目前面临的相关问题
- ✓ 作为管理顾问的培训材料
- ✓ 让员工利用业余时间思考并向经理提交一份作业

09 案例研究：授权员工参与管理的尝试

✓ 让员工分角色表演
✓ 作为管理者向员工实施管理授权的实例参考

艾沃兰施公司的案例

■ 背景

安杰拉·卡普是艾沃兰施公司滑雪板生产部门的经理，艾沃兰施公司是一家生产滑雪器材的厂商，主要产品包括溜冰鞋、滑雪板、滑雪鞋，以及其他各种与滑雪运动相关的零配件、工具和服装等。安杰拉曾经在犹他州的奥格登市参加过工商管理硕士课程班的学习，在那里她学到许多有关员工参与管理的案例，每个案例都谈到了参与性管理为企业发展带来了怎样重要的影响，特别是她的导师对案例的归纳和总结给她留下极其深刻的印象。安杰拉认为，在一些生产型部门（如她目前所管理的部门）中，实行让员工亲自参与决策的办法将产生非同寻常的效益。为此，安杰拉决定在滑雪板生产部门做一次员工参与管理的大胆尝试，看看员工能否对此做出积极反应。由于该部门员工没有加入工会组织，因此，安杰拉知道这次参与性管理的尝试完全可以由自己来决定，而不必获得工会的同意和批准。安杰拉决定在部门内采用员工参与管理的方式来解决"岗位轮换"问题。

■ 岗位轮换

在艾沃兰施公司的滑雪板生产部门，岗位轮换已经成为一种制度化的周期性工作。也就是说，公司希望每个部门定期让员工进行岗位轮换，其目的是在员工中实现交叉训练，减少员工对工作的厌倦感，增强员工在部门内的适应能力，等等。岗位轮换被认为是激发员工工作积极性的重要因素。汉斯·沃尔克是安杰拉的老板，也是岗位轮换这项工作计划的监督者，但他并没有向安杰拉及其他部门经理们就岗位轮换的具体实施办法做任何特殊规定和说明，实际上，他希望每个部门经理根据本部门员工的具体情况，制定出最切实可行的实施办法。另外他还要求各个部门经理每半年向他提交一份工作汇报，简单说明一下他们是如何在部门内进行岗位轮换的。

在过去两年的时间里，安杰拉已经向汉斯·沃尔克提交了全部有关岗位轮换的工作汇报，她严守自己的工作计划，平均每3个星期向员工布置一些新的任务，并对员工的现有任务做出一些相应的调整。然而滑雪板生产部门始终没有真正执行岗位轮换，所有的员工都一如既往地工作在自己的岗位上。直到 1996 年 3 月，滑雪娱乐业的繁荣为艾沃兰施公司提供了前所未有的发展机遇，公司收益显著提高，员工工资大幅度上调，因此，许多当地人纷纷到艾沃兰施公司求职。既然公司有大量的职位空缺，人们对艾沃兰施公司趋之若鹜也不足为奇了。岗位轮换制度也被员工渐渐认可并接受。在安杰拉所管理的部门里，员工很少对实行岗位轮换进行抱怨了，大多数抱怨都是来自以前那些只喜欢做自己手里的工作、不愿意做其他尝试的员工。

星期三的上午，安杰拉通知她所管理的部门的 17 位员工在星期四下午 2:45 暂停所有工作，到管理办公区的一个会议室里参加 3:00 召开的会议，并告诉大家这次会议是解决部门内岗位轮换的问题。星期四下午 3:00，所有的员工都准时来到了会议室。首先，安杰拉肯定了一段时间以来，部门内实行岗位轮换确实收到了显著效果，员工的积极性和工作能力得到很大提高，产品质量也有明显改善，等等。然后，她告诉员工打算采用一个更好的办法来实行岗位轮换制度，也就是完全授权给员工，让员工自由发挥、完全自主地对该项工作进行管理、操作。安杰拉又强调说，毕竟，目前所有员工已经掌握了岗位轮换的真正含义和目的，如果大家能够进行自我管理，或许会收到意想不到的效果；如果这项工作能够做得很出色，员工会有更多的机会获得晋升；让员工自主制订岗位轮换计划、安排时间进度也可以为安杰拉节省出大量时间，来对计算机辅助设备的生产员工进行培训。

在安杰拉看来，员工对于独立管理和操作岗位轮换这项工作的确热情高涨。她还询问了大家是否对此有任何问题和意见，员工几乎没有任何疑义。由于距离下班时间只剩下 30 分钟了，安杰拉告诉员工她还需要到办公室接着完成她今天早晨就开始制订的一项工作方案，剩下的 30 分钟留给大家来讨论完成这项工作任务的初步计划。说到这里，安杰拉抑制不住内心的喜悦，颇有些得意地想："这次让员工参与管理的尝试一定会圆满成功，真是为自己当初做出这一决定而感到骄傲！"

■ 结果

大约一个星期之后，按照安杰拉在会上所提出的建议，岗位轮换工作应该已经开始了，可是她没有看到任何员工的工作任务有什么变化。她虽然感到很奇怪，但什么也没说。又是一个星期过去了，一切一如既往，大家仍旧做着手里的工作，岗位轮换计划依旧没有实行起来。安杰拉把高级纤维玻璃工程师哈里请来，非常沉着地问他，在实行岗位轮换工作中出现了什么问题。哈里告诉她，实际上该项工作根本就没有实行起来。他说，总体上，员工对于安杰拉的管理授权有三种意见：第一，大多数员工已经厌倦了岗位轮换制度，希望自己能够被安排做一项稳定的工作，不要有什么变化；第二，没有人愿意站出来，表示愿意承担制订初步计划的责任；第三，很多员工不情愿去承担安杰拉

09 案例研究：授权员工参与管理的尝试

在角色管理岗位轮换过程中的各方面工作，毕竟，安杰拉在做这些管理工作时得到了相应的薪资报酬，而自己无法得到。可想而知，安杰拉听到哈里的这些话，简直快晕倒了。

■ 问题

1. 管理者向员工授权会带来哪些好处？特别是本案例中提到了哪些好处？对于员工的好处有哪些？对于组织的好处有哪些？

2. 员工参与管理的目的仅仅是要求员工来代理自己行使管理职权吗？

3. 现在安杰拉该怎样做？

The Active Manager's
Tool Kit

第 2 部分

指导和管理员工提升工作绩效的有效工具

10
评估你对员工的培训指导能力

Scott Martin[1]

☑ 概　述

　　在如今的社会中，竞争日益激烈，知识更新日新月异，这就要求人们通过不断学习，来提高自己的业务能力和业绩水平。作为一名现代管理者，你的重要职责之一是要培养和支持下属员工提高工作业绩。能不能扮演好教练这个角色，不仅表明你是否胜任管理者的职位，还对员工的业绩有着至关重要的影响。本章为你提供了两个工具，帮助你对自己的培训指导能力做出客观评估，看看自己在培训活动安排、指导方法、指导观念上有哪些欠缺之处有待于改进。第一个评估工具是为你提供的，由你独立完成；第二个评估工具由你的直接下属来完成。将两个评估结果进行比较，就可以明确了解自己在哪些方面做得很好，需要继续巩固和努力；哪些方面做得不好，需要进一步改进，然后，你可以制订出相应的改进方案。

1　联系方式：609-528-7666，scottmartin14@comcast.net

培训指导清单——管理者的自我评估

该培训指导清单是用来帮助管理者评估自己在对员工进行培训指导的工作中，各方面表现如何、指导观念如何，以及是否有能力营造出良好的培训氛围。我之所以为大家提供这一评估工具，是为了使管理者能够对自己的培训指导能力综合评价，但它未必是最科学、最精确的。管理者可以将自我评估结果、所获取的其他信息（如后面的"培训指导清单——员工对管理者的评估"等），以及个人实际情况结合起来进行比较，确定自己在哪些方面应该引起足够的重视，需要加强和改进。

■ 说明

"培训指导清单——管理者的自我评估"由35个相关题目组成。在第1部分中，请根据以下3种描述，对每个题目做出相应选择。

- 我几乎没有这样的行为和表现。
- 我偶尔会有这样的行为和表现。
- 我经常会有这样的行为和表现。

第2部分是得分情况及说明。

请填好第1部分中的各题目，并计算出得分，找出你需要改进的方面，在相对应的题目上做出标记。

→ 第1部分：培训指导清单——管理者的自我评估

提示：在最能说明你表现的数字上画圈。

	几乎没有	偶尔	经常
1. 我会抽出一些时间来专门帮助员工提高专业技能，指导他们更好地开展工作	1	2	3
2. 我会和员工一起讨论如何才能最大限度地发挥出他们的聪明才智	1	2	3
3. 我关注员工的个人成长，重点培训他们能在将来发展中用得上的技能和能力	1	2	3
4. 给员工提供反馈意见的时候，为了照顾他们的情绪，我喜欢轻描淡写地提出自己的看法和意见	3	2	1
5. 当我与员工进行谈话的时候，我会确保谈话过程不被打扰，并严守谈话内容的秘密	1	2	3

续

		几乎没有	偶尔	经常
6.	在一些部门发展问题的讨论会上，我鼓励员工就议题内容畅所欲言，不必受任何约束	1	2	3
7.	我会修改以前曾被员工认可并接受的培训发展方案，目的是为他们提供进一步的培训机会	1	2	3
8.	我坚决反对部门内的优秀员工到其他部门寻找就职机会	3	2	1
9.	在正式的绩效评估或者员工工作评审会上，我会把大部分时间用在讨论员工进一步发展的方案上	1	2	3
10.	我能发现哪些员工的潜力还没有得到充分发挥，并及时与他们进行沟通	1	2	3
11.	在员工业绩或者发展问题的讨论会上，我会清楚地向员工说明理想的工作业绩和行为是怎样的	1	2	3
12.	在员工业绩或者发展问题的讨论会上，我更加关注自己的观点而不是员工的看法和意见	3	2	1
13.	在部门业务发展问题的讨论中，我希望持赞成意见的员工与持反对意见的员工展开自由讨论，鼓励他们各抒己见，充分展示个人观点	1	2	3
14.	我定期与员工一起回顾他们在业绩目标实现过程中取得的进步和成就	1	2	3
15.	在员工业绩评估和其他正式考评工作之外，我会专门抽出一些时间来讨论每名员工的职业发展和进步问题	1	2	3
16.	我始终注重为员工营造出一种积极变革、不断进步的工作环境	1	2	3
17.	当我意识到某位员工还需要进一步提高时，我会随便找个时间跟他讨论一下，而不会经过事先的慎重考虑，有计划地安排一次与这位员工的沟通交流	3	2	1
18.	对于员工的业绩和发展状况，我能够提供及时而明确的意见和建议，以供他们改进和提高	1	2	3
19.	在员工业绩或者发展问题的讨论会上，我十分关注，并认真思考每位员工的意见	1	2	3
20.	在与员工的交谈中，我只管滔滔不绝地表达个人意见，很少给员工说话的机会	3	2	1
21.	我不仅对员工的业绩状况进行考核，还非常关注他们个人能力的不断提高	1	2	3
22.	在正式的业绩评估或者员工工作评审会上，我会将大部分时间用于讨论员工的业务发展和提高目标	1	2	3
23.	我只有在业绩评估会上才会讨论绩效问题	3	2	1

10 评估你对员工的培训指导能力

续

	几乎没有	偶尔	经常
24. 在与员工面对面沟通、向他提出改进和提高的意见之前,我会经过周密的考虑,想清楚他究竟在哪些方面需要有所改进,原因是什么	1	2	3
25. 在与员工讨论他的个人发展问题时,我帮助他查找发展过程中的困难和障碍,并为他提供解决问题的方法和途径	1	2	3
26. 在与员工进行沟通时,我善于通过一些非语言行为来表达自己对他的谈话内容很感兴趣,例如,直视对方、保持视线接触等	1	2	3
27. 与员工交谈时,我会专注地听他讲话,适当重复他的谈话内容,从而确保自己完全理解了他所要表达的意思	1	2	3
28. 我认为帮助员工执行发展计划并不合适,因此大多数情况下我会让他们自由发展	3	2	1
29. 我帮助员工更好地理解组织文化,使他们认识到良好的文化氛围与每位员工的工作热情是息息相关的	1	2	3
30. 我积极帮助员工寻求提高个人业绩的机会	1	2	3
31. 一旦发现某位员工的工作业绩需要改进和提高时,我会投入一些时间来分析目前的状况,判断他目前工作中问题的根源是什么,提高过程中会遇到哪些障碍,等等	1	2	3
32. 我如实向员工提供反馈意见,帮助他们更清楚地掌握自己的业绩状况在部门中居于什么样的位置,还有哪些方面需要提高	1	2	3
33. 在对员工进行培训指导的过程中,我始终抱有一种积极的态度,相信他们完全有能力达到既定的目标	1	2	3
34. 在与员工交流时,我会十分专注地倾听他的谈话,适当重复和确认他的观点,不断核实自己的理解是否准确无误,从而保证能从员工那里了解到更深入、更有价值的信息	1	2	3
35. 我对员工的业务技能和个人行为进行指导监督,确保他们不断提高个人业绩,按时达到既定目标	1	2	3

➔ 第2部分:得分情况(管理者的自我评估)

提示:请把每个题目的自我评分结果填写在下表中相对应的题号后面(注意:下表中的题号顺序是有变化的,不是按照第1部分中的正常顺序来排列的,你在填写得分时一定要仔细,以免填写错误),并计算出每一栏的合计得分。

致力于员工的职业发展	致力于员工的业绩提高	对员工的业绩进行评估、诊断和规划
1.	2.	3.
8.	9.	10.
15.	16.	17.
22.	23.	24.
29.	30.	31.
合计：	合计：	合计：

面对面谈话，并给员工提供反馈意见	对员工进行培训指导时非常专注、认真	认真倾听员工意见、善于表达个人观点	实施培养方案、随时跟踪效果
4.	5.	6.	7.
11.	12.	13.	14.
18	19.	20.	21.
25.	26.	27.	28.
32.	33.	34.	35.
合计：	合计：	合计：	合计：

■ 得分解释

每一栏目中的得分情况，在某种程度上能反映出你对员工进行培训指导的态度、能力和技巧。

如果得分在 12～15 分，表明你在这些方面表现突出、能力很强；如果得分在 5～8 分，表明你在这些方面的能力还有待于进一步加强和改进。

■ 自我评估得分曲线图

圈出下表 7 个分类中你的得分，然后用一条曲线把圈起来的数字连接起来，就形成了你的培训指导能力自我评估得分曲线图。利用这一曲线图，你可以发现自己在对员工进行指导和管理的过程中，有哪些优点和能力需要保持和巩固，有哪些缺点和不足需要改进和提高。

10 评估你对员工的培训指导能力

	致力于员工的职业发展	致力于员工的业绩提高	对员工的业绩进行评估、诊断和规划	面对面谈话，并给员工提供反馈意见	对员工进行培训指导时非常专注、认真	认真倾听员工意见、善于表达个人观点	实施培养方案、随时跟踪效果
高分	15	15	15	15	15	15	15
	14	14	14	14	14	14	14
	13	13	13	13	13	13	13
	12	12	12	12	12	12	12
	11	11	11	11	11	11	11
	10	10	10	10	10	10	10
	9	9	9	9	9	9	9
	8	8	8	8	8	8	8
低分	7	7	7	7	7	7	7
	6	6	6	6	6	6	6
	5	5	5	5	5	5	5

你也可以把下面的"培训指导清单——员工对管理者的评估"中的打分曲线标在这个表里（使用不同颜色的曲线以示区别），比较一下你自己的打分与员工对你的打分有何不同。

培训指导清单——员工对管理者的评估

被评估人姓名：_____   你的姓名（可以不写）：_____

这份"培训指导清单——员工对管理者的评估"是用来帮助你的主管经理更全面地评估自己对员工的培训指导能力的。也就是说，用你的观察和切身感受，来对你的主管经理在培训态度、指导方式以及能否营造出有益于员工发展的良好环境等方面进行打分。你的主管可以将你对他的评估结果与他的自我评估结果（"培训指导清单——管理者的自我评估"），以及个人实际情况结合起来进行比较，确定自己在哪些方面应该引起足够的重视，需要加强和改进。请认真阅读下面表中的各项内容，为你的主管经理做出最符合他实际情况的评分。请相信，如果你能严肃认真地对待这份评估问卷，你的经理将从中受益。

The Active Manager's
Tool Kit

■ 说明：

"培训指导清单——员工对管理者的评估"由 35 个相关题目组成。在第 1 部分中，请根据以下 3 种描述，对每个题目做出相应选择。
- 几乎没有这样的行为和表现。
- 偶尔会有这样的行为和表现。
- 经常会有这样的行为和表现。

第 2 部分是得分情况和说明。

➔ 第 1 部分：培训指导清单——员工对管理者的评估

提示：在最能描述你的经理的相关表现的数字上画圈。

	几乎没有	偶尔	经常
1. 经理会拿出一些时间专门来帮助我提高专业技能，指导我更好地开展工作	1	2	3
2. 经理会和我一起讨论如何才能最大限度地发挥我的聪明才智	1	2	3
3. 经理关注我的个人成长，重点培训我能在将来发展中用得上的技能和能力	1	2	3
4. 经理给我提供反馈意见的时候，为了照顾我的情绪，喜欢轻描淡写地提出他的看法和意见	3	2	1
5. 当经理与我单独谈话的时候，他会确保谈话过程不被打扰，并保守谈话内容的秘密	1	2	3
6. 在一些部门发展问题的讨论会上，经理鼓励我就议题内容畅所欲言，不必受任何约束	1	2	3
7. 经理会修改以前曾被我认可并接受的培训发展方案，目的是为我提供进一步的培训机会	1	2	3
8. 经理坚决反对部门内的优秀员工到其他部门寻找就职机会	3	2	1
9. 在正式的绩效评估或者员工工作评审会上，经理会花大量时间讨论有关我进一步发展的方案	1	2	3
10. 经理能及时发现我的哪方面潜力还没有得到充分发挥，并主动找我进行沟通	1	2	3
11. 在员工业绩或者发展问题的讨论会上，经理会清楚地向我说明理想的工作业绩和行为是怎样的	1	2	3

10 评估你对员工的培训指导能力

续

		几乎没有	偶尔	经常
12.	在员工业绩或者发展问题的讨论会上，经理关注的是他的个人观点而不是我的看法和意见	3	2	1
13.	在部门业务发展问题的讨论中，经理希望持赞成意见的员工与持反对意见的员工展开自由讨论，鼓励我们各抒己见，充分展示个人观点	1	2	3
14.	经理定期与我一起回顾我在业绩目标实现过程中取得的进步和成就	1	2	3
15.	在员工业绩评估和其他正式考评工作之外，经理还会专门抽出一些时间来讨论我的职业发展和进步问题	1	2	3
16.	经理始终注重为员工营造出一种积极变革、不断进步的工作环境	1	2	3
17.	当经理意识到我还需要进一步提高时，会随便找个时间跟我讨论一下，而不会经过事先的慎重考虑，有计划地安排一次与我的沟通交流	3	2	1
18.	对于我的业绩和发展状况，经理能够提供及时而明确的意见和建议，以供我改进和提高	1	2	3
19.	在员工业绩或者发展问题的讨论会上，经理十分关注并认真思考我的意见	1	2	3
20.	在与我的交谈中，经理只管滔滔不绝地表达个人意见，很少给我说话的机会	3	2	1
21.	经理不仅对我的业绩状况进行考核，还非常关注我个人能力的不断提高	1	2	3
22.	在正式的业绩评估或者员工工作评审会上，经理会将大部分时间用于讨论如何增强员工的业务能力，提升员工的工作绩效	1	2	3
23.	经理只有在业绩评估会上才会讨论绩效问题	3	2	1
24.	在与我面对面沟通、向我提出改进和提高的意见之前，经理会经过周密的考虑，想清楚我究竟在哪些方面需要有所改进，原因是什么	1	2	3
25.	在与我一起讨论个人发展问题时，经理会帮助我查找工作进展过程中的困难和障碍，并为我提供解决问题的方法和途径	1	2	3
26.	在与我进行沟通时，经理善于通过一些非语言行为来表示自己对我的谈话内容很感兴趣，如保持视线接触等	1	2	3
27.	与我交谈时，经理会专注地听我讲话，适当重复我的谈话内容，从而确保他完全理解了我所要表达的意思	1	2	3
28.	经理认为帮助员工执行发展计划并不合适，因此大多数情况下他会让员工自由发展	3	2	1

	几乎没有	偶尔	经常
29. 经理帮助我更好地理解组织文化，理解这种良好的文化氛围与我的工作热情是息息相关的	1	2	3
30. 经理积极帮助员工寻求提高个人业绩的机会	1	2	3
31. 一旦发现我的工作业绩需要改进和提高时，经理会投入一些时间来帮我分析目前的状况，判断我目前工作中存在问题的根源是什么，提高过程中会遇到哪些障碍，等等	1	2	3
32. 经理如实向我提供反馈意见，帮助我更清楚地掌握自己的业绩状况在部门中居于什么样的位置，还有哪些方面需要改进和提高	1	2	3
33. 在对员工进行培训指导的过程中，经理始终抱有一种积极的态度，相信我们完全有能力达到既定的目标	1	2	3
34. 在与我交流时，经理会十分专注地倾听我的谈话，适当重复和确认我的观点，不断核实自己的理解是否准确无误，从而保证能从我这里了解到更深入、更有价值的信息	1	2	3
35. 经理对我的业务技能和个人行为进行指导监督，确保我能不断提高个人业绩，按时达到既定目标	1	2	3

➡ 第2部分：得分情况（员工对管理者的评估）

提示：请把每个题目的评分结果填写在下表中相对应的题号后面（注意：下表中的题号顺序是有变化的，不是按照第1部分中的正常顺序来排列的，你在填写得分时一定要仔细，以免填写错误），并计算出每一栏的合计得分。填写完后将该表交给你的经理。

致力于员工的职业发展	致力于员工的业绩提高	对员工的业绩进行评估、诊断和规划
1.	2.	3.
8.	9.	10.
15.	16.	17.
22.	23.	24.
29.	30.	31.
合计：	合计：	合计：

10 评估你对员工的培训指导能力

面对面谈话,并给员工提供反馈意见	对员工进行培训指导时非常专注、认真	认真倾听员工意见、善于表达个人观点	实施培养方案、随时跟踪效果
4.	5.	6.	7.
11.	12.	13.	14.
18.	19.	20.	21.
25.	26.	27.	28.
32.	33.	34.	35.
合计:	合计:	合计:	合计:

■ 得分解释

每一栏目中的得分情况,在某种程度上能反映出管理者对员工进行培训指导的态度、能力和技巧。

如果得分在12~15分,表明管理者在这些方面表现突出、能力很强;如果得分在5~8分,表明管理者在这些方面的能力还有待于进一步加强和改进。

■ 得分曲线图

圈出下表7个分类中你为经理打的分数,然后用一条曲线把圈起来的数字连接起来,形成你对经理的培训指导能力的评估得分曲线图。利用这一曲线图,你的经理就可以发现自己在对员工进行指导和管理的过程中,有哪些优点和能力需要保持和巩固,有哪些缺点和不足需要改进和提高。

	致力于员工的职业发展	致力于员工的业绩提高	对员工的业绩进行评估、诊断和规划	面对面谈话,并给员工提供反馈意见	对员工进行培训指导时非常专注、认真	认真倾听员工意见、善于表达个人观点	实施培养方案、随时跟踪效果
高分	15	15	15	15	15	15	15
	14	14	14	14	14	14	14
	13	13	13	13	13	13	13
	12	12	12	12	12	12	12
	11	11	11	11	11	11	11
	10	10	10	10	10	10	10
	9	9	9	9	9	9	9

续

	致力于员工的职业发展	致力于员工的业绩提高	对员工的业绩进行评估、诊断和规划	面对面谈话，并给员工提供反馈意见	对员工进行培训指导时非常专注、认真	认真倾听员工意见、善于表达个人观点	实施培养方案、随时跟踪效果
低分	8	8	8	8	8	8	8
	7	7	7	7	7	7	7
	6	6	6	6	6	6	6
	5	5	5	5	5	5	5

你对管理者的打分将体现在"管理者自我评估得分曲线图"中，作为管理者的参考基础。

深入了解自己的培训指导能力

你可以利用这一部分的内容对"培训指导清单"的结果做深入分析，确认自己在哪些方面需要改进和提高。

1. 根据"培训指导清单——管理者的自我评估"和"培训指导清单——员工对管理者的评估"的得分情况，看看在以下 7 个方面，你的自我评分和员工对你的评分情况各是怎样的？对比一下差别在哪里？原因有哪些？

    a. **致力于员工的职业发展**：指你能够承担起培训员工的业务能力和指导员工提高专业技能的职责。

    b. **致力于员工的业绩提高**：指你能够承担起指导和培训员工提高工作业绩的职责。

    c. **对员工的业绩进行评估、诊断和规划**：对员工的业绩进行评估和诊断的能力和技巧，以及为达到更好的指导效果，你事先为员工培训进行周密规划的能力。

    d. **面对面谈话，并给员工提供反馈意见**：指你热衷于与员工面对面进行沟通和交流，能够为员工提供一些与他们的工作有直接关系或者有相关影响的意见和建议。

    e. **对员工进行培训指导时非常专注、认真**：指在对员工进行培训和指导时，你非常关注员工的观点和意见、关注员工的需求、顾及员工的自尊心。

    f. **认真倾听员工意见、善于表达个人观点**：指在对员工进行培训和指导时，你认真倾听员工的意见和建议，并且做出适当反应的能力和技巧。

    g. **实施培养方案、随时跟踪效果：** 与员工共同制订并认真贯彻执行培训指导方案，实时监督执行效果，从而保证员工的业务能力和业绩水平不断提高。
2. 根据上述说明，认真查看自己"培训指导清单"中的得分情况，看看哪一方面的能力亟须改进和提高。

11
了解那些难以相处的人

Mel Silberman[1]　Freda Hansburg

☑ 概　述

在工作中，我们总能发现一些很难相处的同事，或是由于他们的言谈举止直接冒犯了我们，或是由于他们的思维缺乏常理，让人觉得不可思议。无论是哪种情况，我们都不得不对这些人敬而远之。

当别人的行为让我们感到无法接受的时候，理解他人的最好方式就是站在他人的角度，设身处地为他想想。人人都会用自己的眼光来看待这个世界。有的人热情洋溢、充满朝气，在他们的眼里，这个世界是和谐美好的；而有的人悲观失望、充满忧伤，在他们的眼里，这个世界是令人无奈的。有的人性格急躁，他们对待工作总是风风火火，时刻感到有压力："天哪！我只有一个星期的时间来准备那份报告！我最好还是抓紧时间吧！"有的人则是性格平稳，他们对待工作总是不紧不慢："下个星期才交那份报告，我还有很多时间来准备呢！"我们对他人了解得越多，就越能理解他们的想法和行为。

本章提供了解决这一问题的工具，首先我们要确定哪些人是难以相处的，然后就表中所列各项目的内容进行比较。通常，如果我们能从比较结果中得出以下两种结论之一，我们之间的紧张关系就有希望得到缓解了。

1．我们与他们（那些难以相处的人）之间存在很多差异，我们需要"削足适履"，以满足他们的要求。
2．其实，我们与他们（那些难以相处的人）之间有很多相似之处。

---

[1] 联系方式：609-987-8157, mel@activetraining.com

作为一名管理者，你可以利用这一工具来缓解你与那些难以相处的员工之间的矛盾，同时，你也可以让你的团队成员利用这一工具来化解矛盾并和谐相处。

关于性格、性别、年龄和文化的比较

提示：确定一位你认为很难相处的人，在表中各项目下的 5 个连续的点中选择一个最适合用来说明他的点，用圆圈做标记。同时，选择最适合用来说明你的点，用方框做标记。需要注意的是：即使你们的性别、年龄和文化背景是相同的，也要进行比较，原因是在这三个大的比较条件下的每个小的比较条件也会存在差异。经过比较，你是不是发现你们之间在性格、性别、年龄和文化上存在一些差异？即便同一性别、同一年龄和同一文化背景的人，也会与你有很大不同？

性格差异

自然得体					矫揉造作
善于交际					自我封闭
感情用事					有条有理
善于管理型					支持响应型

性别差异

善于解决问题					善于讨论问题
竞争意识强					合作意识强
喜欢独立工作					喜欢团队协作
善于提供个人见解					善于征询别人意见

年龄差异

紧张冲动	·	·	·	·	随和从容 ·
一次只能专注做好一件事 ·	·	·	·	能够同时身兼数职 ·	
忠诚 ·	·	·	·	不重承诺 ·	
能够监督他人 ·	·	·	·	能够自我监督 ·	

文化差异

勇敢执着 ·	·	·	·	谨慎回避 ·	
以自我为中心 ·	·	·	·	以团队为中心 ·	
尊重才能 ·	·	·	·	尊重权力 ·	
自由散漫 ·	·	·	·	中规中矩 ·	

■ 对结果的说明

　　看看你在表中标注的圆圈和方框，你注意到差别了吗？认真思考一下，性格、性别、年龄及文化等方面的差异对于你们之间的关系产生了什么样的影响。另外，你是否注意到你们之间存在一些相似之处？认真思考一下，性格、性别、年龄及文化等方面的相似之处对于你们之间的关系起到了什么样的促进作用。

　　你认为你们之间的哪些差异、哪些相似之处影响着你对他的感觉和印象？尽量把自己想象成他，用他的眼光来看待别人、看待这个世界，你会有什么样的感觉？这与你对事情的看法有什么不同吗？

12
你能否留住精兵强将

Beverly Kaye[1]　Sharon Jordan-Evans[2]

☑ 概　述

你能留住人才吗？《知人善任，还是损兵折将》(*Love 'Em or Lose 'Em*，Berrett-Koehler，1999）一书向我们介绍了一个很好的管理工具，该工具能够帮助你清楚地认识部门人才机制的目前状况。你是创造出了有吸引力的组织环境来鼓励员工安心工作，还是造成了使员工迫不得已而拼命跳槽的工作环境呢？

To be Continued

你能否留住精兵强将？

提示：阅读下列26个题目，选出最适合你的陈述，在横线上做出标记（可以用"✓"做标记），如实回答这些题目，你的得分情况将说明你的部门目前的人才机制状况，以及你接下来该做些什么。

1. _____我努力寻求创建一种让员工满意的工作环境。
2. _____我认为自己非常重要的一项职责就是尽量留住部门内有才能的员工。
3. _____对于员工的职业志向，我了如指掌。

---

[1] 联系方式：818-995-6454，Beverly.Kaye@csibka.com
[2] 联系方式：818-347-6565，sjordevans@aol.com

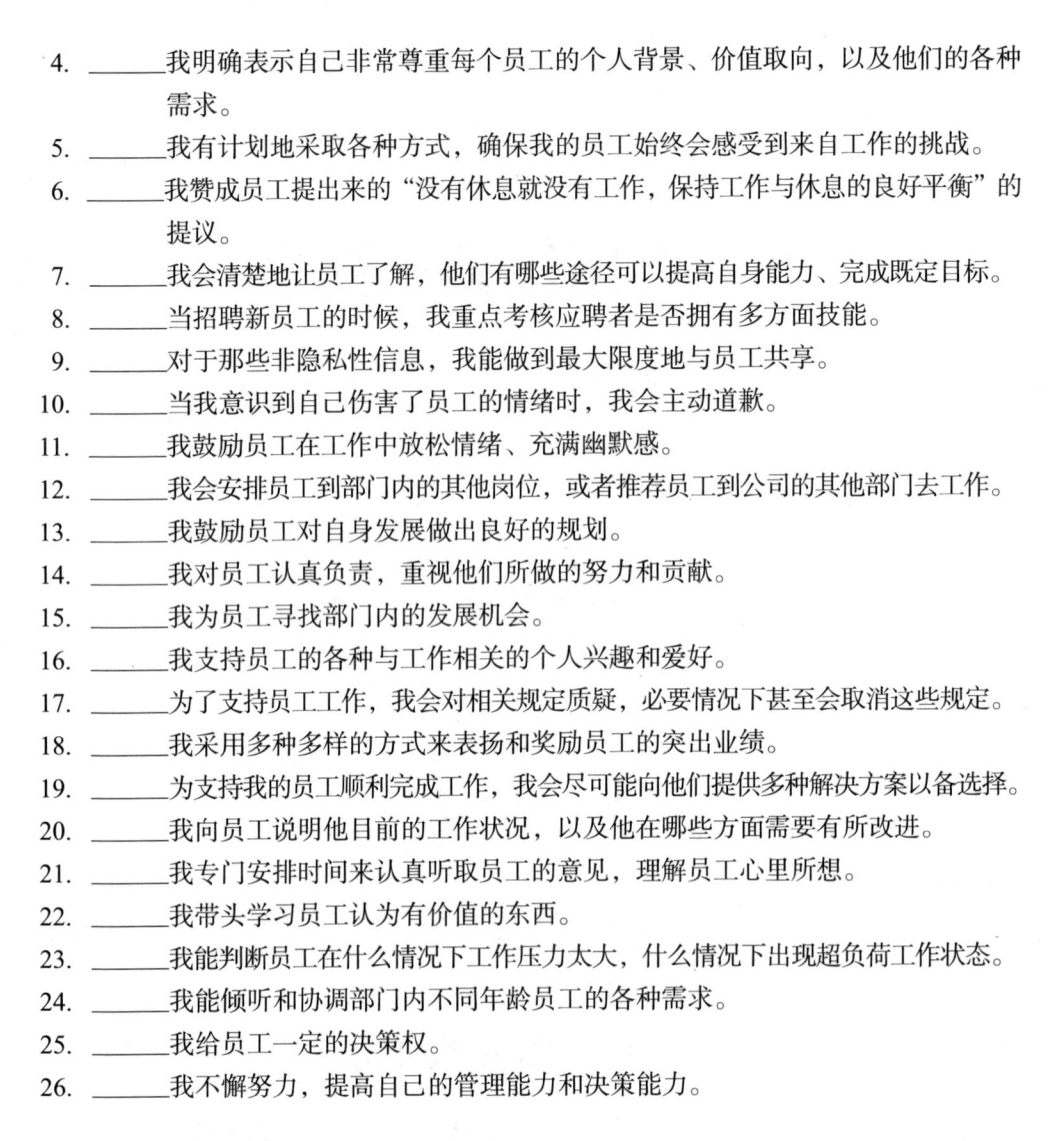

4. _____ 我明确表示自己非常尊重每个员工的个人背景、价值取向，以及他们的各种需求。
5. _____ 我有计划地采取各种方式，确保我的员工始终会感受到来自工作的挑战。
6. _____ 我赞成员工提出来的"没有休息就没有工作，保持工作与休息的良好平衡"的提议。
7. _____ 我会清楚地让员工了解，他们有哪些途径可以提高自身能力、完成既定目标。
8. _____ 当招聘新员工的时候，我重点考核应聘者是否拥有多方面技能。
9. _____ 对于那些非隐私性信息，我能做到最大限度地与员工共享。
10. _____ 当我意识到自己伤害了员工的情绪时，我会主动道歉。
11. _____ 我鼓励员工在工作中放松情绪、充满幽默感。
12. _____ 我会安排员工到部门内的其他岗位，或者推荐员工到公司的其他部门去工作。
13. _____ 我鼓励员工对自身发展做出良好的规划。
14. _____ 我对员工认真负责，重视他们所做的努力和贡献。
15. _____ 我为员工寻找部门内的发展机会。
16. _____ 我支持员工的各种与工作相关的个人兴趣和爱好。
17. _____ 为了支持员工工作，我会对相关规定质疑，必要情况下甚至会取消这些规定。
18. _____ 我采用多种多样的方式来表扬和奖励员工的突出业绩。
19. _____ 为支持我的员工顺利完成工作，我会尽可能向他们提供多种解决方案以备选择。
20. _____ 我向员工说明他目前的工作状况，以及他在哪些方面需要有所改进。
21. _____ 我专门安排时间来认真听取员工的意见，理解员工心里所想。
22. _____ 我带头学习员工认为有价值的东西。
23. _____ 我能判断员工在什么情况下工作压力太大，什么情况下出现超负荷工作状态。
24. _____ 我能倾听和协调部门内不同年龄员工的各种需求。
25. _____ 我给员工一定的决策权。
26. _____ 我不懈努力，提高自己的管理能力和决策能力。

■ 得分说明

数数你做的标记有多少个，一个标记记作1分，看看自己的得分是多少，根据以下解释，判断自己目前对于人才的管理状况如何以及下一步该怎样做。

0~6分：面临危险，情况紧急。目前，你面临着失去一些精兵强将的危险。你需要与这些优秀员工推心置腹地谈一谈，问问他们的需要是什么，他们有哪些想法，然后结合以上测试结果制订3~5个改进计划，并且立即想办法付诸实现。

7～13 分：情况良好，还需进一步提高。为了保证部门内那些优秀的员工能够踏踏实实地工作，你已经做出了很多努力。但是，还有待于进一步提高。现在你应该做的事情是主动去询问那些优秀员工，包括那些你信赖的员工，他们目前的工作状况如何，遇到哪些困难需要你提供帮助。

14 分以上：值得庆贺的分数。你的优秀员工能够踏踏实实地在自己的岗位上努力工作，但是千万不要放松，你还应该想出更好的办法，创造出更好的工作环境，培育出更稳定的人才制度。现在，你可以为你能够获得这样高的分数好好庆贺一下了！

13
你给员工充分发挥才能的机会吗

Frederick Miller[1]　Corey Jamison[2]

☑ 概　述

你的员工中有多少堪称"才能出众的人"？有多少员工能够充分发挥他们的能力和创新精神？有多少员工能够不断进步、不断为部门业务发展献计献策、不断设计出新产品、新方案？

如果目前员工中大多数都是才能出众的人，你该怎么办？如果目前所有员工都是才能出众的人，你又该怎么办？

很多组织竭尽所能从外部吸引一些有才能的人加盟，殊不知组织内还有一些员工的能力并没有得到充分发挥，甚至根本没有任何机会得以发挥。我们只知道那些从外部聘请来的员工是精力充沛、富有创新精神的，似乎只有他们才能被称作有才能的人，才能推动组织的变革。

才能出众的员工希望自己有机会充分展示个人才能和观点，他们认为只有管理者才能真正支持并提供给他们这样的机会。因此，管理者要想让部门内所有才能出众的员工充分发挥个人潜能，就必须努力创造一个让员工充分展示自己才能的有利环境，支持并确保所有员工都能充分表达个人想法、不断提高自己的各方面能力。

1　联系方式：518-271-7000, familler@kjcg.com
2　联系方式：508-529-2338, coreyjamison@kjcg.com

提供这样的组织环境，其优越性有：
（1）新的具有领导能力的人不断涌现，在组织现有员工中培养优秀人才要比聘请新的高级人才的成本低。
（2）组织用于员工的投资不断得到回报，因为这种环境下的组织拥有方方面面的优秀人才，他们能够不断为管理者提供一些创新性思维，不断改良产品，不断优化生产流程。
（3）如果一个组织能够积极扶助支持员工充分发挥个人潜力，并为员工提供一些有挑战性的工作机会，那么这个组织一定会赢得很好的声誉，这必将有助于组织留住优秀员工、吸引更多有才能的新员工加盟。

下面这份调查问卷需要你的员工来回答，通过对他们的回答结果进行分析，你可以了解目前你对于员工的发展状况是否给予了充分的关心和支持，你是否为员工提供了自由展示自己才能的舞台，是否在部门内建立了适合员工快速发展的环境和机制。你将从这次问卷调查中得到下面的收获：

（1）掌握一手资料，了解你的员工在下述方面的详细情况：
　　a．在提出个人观点、发挥个人才能时所获得的支持程度。
　　b．在部门内其他员工提出个人观点、发挥个人才能的时候，所给予的支持程度。
　　c．是否热衷于自我发展、敢于迎接挑战。
（2）用你的实际行动表达你对员工的各种期望，例如，你希望员工无论是在业务素质方面，还是在道德品质方面都能获得持续不断的进步和提高；你也希望员工之间能够相互帮助，共同发展。
（3）为员工提供一个能够充分发挥个人潜能的良好环境，确保员工的业绩显著提高。就问卷中的第 4 个题目组织员工进行公开讨论，听取他们的意见和建议。说不定，员工的一个小小建议会让你不费吹灰之力在改造组织环境方面取得既快又好的效果，营造出真正适合员工最大限度发挥个人才能的组织氛围。

业务才能和个人特长展示评估

　　_____（公司名称）希望你们能够在工作中有机会充分发挥个人才能，与此同时，也希望你们能相互帮助、相互支持、相互提供能够展示才能的舞台空间。毫无疑问，一个公司的成功得益于所有员工的聪明才智。你为我们提供的宝贵信息以及后面我们将要展开的讨论，都将有助于我们更准确地了解目前组织对你们的支持和关心是否到位，还有哪些方面有待于进一步改进。

提示：对你的工作环境进行评估打分，最高分是 5 分，最低分是 1 分。

1. 在工作中你的个人才能可获得多大程度的展示？
   _____ 你认为自己在工作中拥有一定的自由度发挥个人才能吗？
   _____ 当你在工作中提出一些新观点、新想法时会受到重视吗？
   _____ 在工作中，你是否能从同事那里得到关心和帮助？
   _____ 你在工作中能否有机会积极表现，来证明自己的实力和才华？
   _____ 在工作中，你是否会面临一些更为艰巨的任务、更为严峻的挑战，从而获得更好的锻炼自己、提高自己的机会？
   _____ 你的同事中，是否有人会刻意贬低别人、蔑视别人？

2. 你能为同事提供多少支持，以便他们能够充分发挥个人才能？
   _____ 你会热情称赞别人的做事方式吗？
   _____ 在发表你的个人意见之前，你会认真倾听对方谈话吗？
   _____ 在与别人进行沟通时，你善于直截了当地、明确地表达个人想法吗？
   _____ 对于别人的成就，你能否给予充分关注和赞赏？
   _____ 在工作中，你是否时刻注意避免采用一些缺乏礼貌、伤及他人自尊的语言和行为，以免伤害别人？
   _____ 你能否在工作中为别人提出一些有挑战性的问题，目的是创造一些机会，使双方共同进步和提高？

3. 你是否具有大胆尝试、开拓创新的意识？
   _____ 你敢于尝试风险吗？
   _____ 你是否不懈努力，追求个人发展？
   _____ 在工作中，你愿意孜孜不倦地研究问题、攻克难关吗？
   _____ 与那些不太赞赏你的同事一起工作，你感到轻松吗？
   _____ 在工作中，你是否发现了比你更有能力的同事，并且向他学习，希望能与他共同进步？
   _____ 你善于解决矛盾争执，并从中吸取经验教训吗？

4. 你认为，在你目前的工作环境中，怎样才能让员工轻松自如地展示个人才能？
   （1）如何才能创造一个有利于员工成长和发展的工作环境？

13 你给员工充分发挥才能的机会吗

（2）确定两位同事，竭尽全力支持他们充分发挥自己的才能。

（3）你将怎样支持他们？

（4）如何减少工作中的蔑视性语言和不尊重他人的行为？

■ 分数统计

提示：把前3个题目中的各个得分加起来，写在下表中"我的得分"栏目相对应的空格中，然后再将3个题目的得分加总，将总得分写在对应的空格内。

分　　类	满　　分	我的得分
1. 自我表现	30	
2. 支持他人	30	
3. 追求成功	30	
总分	90	

■ 问卷调查结果讨论

得分表中各个分类合计分数依次反映以下情况：
（1）工作中员工是否有足够的机会来充分发挥个人潜能。
（2）工作中员工认为自己能够为别人提供多少支持，以保证他人才能最大限度地得以发挥。
（3）在追求成功的过程中，员工的发展状况如何。

从单个员工的得分表中，可以看出每名员工在这三方面的状况，从而比较出不同员工之间的差异。如果把一个工作小组，或者一个团队的所有员工的得分情况进行加总，就可以比较出各个工作小组、各个团队在这三方面的状况。

问卷中第四个题目提出了另一个需要讨论的问题：作为一名组织成员，怎样才能避免那些贬低和藐视别人的语言和行为，为创造一个有利于大家充分发挥个人才能、自由表达个人意见的良好环境做出自己应有的贡献。这次讨论将有助于组织充分挖掘内部员工的潜力，发现更多有才能的员工，他们对组织的贡献并不逊色于那些从外部聘请的"能人"。

■ 后续工作

（1）尽快对调查结果进行信息反馈，包括采取措施改善对员工的支持力度，满足那些自认为没有机会完全发挥个人潜能的员工的需要。
（2）充分肯定目前工作中的成绩，同时要进行多方面思考，制订出切实可行的改进和提高方案，包括改进策略、实施办法、操作程序等。
（3）定期对改进效果进行评估，不断从员工那里获取反馈信息，了解当前进展状况。

→ 参考文献

Jamison, Kaleel. *The Nibble Theory and the Kernel of Power: A Book about Leadership, Self-Empowerment, and Personal Growth.* Paulist Press: Mahwah, NJ, 1985.

14
由上司转变为教练

Barbara Pate Glacel[1]

☑ 概　述

　　进入 21 世纪，企业组织领导者面临着更高的要求，不仅要具备基本的业务素质、愿景规划能力，以及良好的人际关系能力，还要适应信息社会快速变革的需要，带领员工跟上市场变化的步伐。既然是"领导者"，就必然要有"跟随者"，这就好比教练与学员之间的关系。作为一名优秀的教练，他必须能够娴熟表演各种示范动作，做到技艺精湛。以身作则，才能堪称人师。优秀的组织管理者也是如此。

　　本章解释了"教练"这一角色在现代企业组织环境中的重要意义，同时，向你提供了 10 个切实可行的操作技巧，有助于你从上司的角色转变为教练员的角色。

→ 飞速发展的组织环境下对领导者的要求

　　在高科技和知识经济迅速膨胀的当今社会，超速发展是企业的主旋律。然而与传统经营模式下的企业相比，优秀的领导者似乎越来越罕见了。企业通常会选拔那些技术过硬的人来担当领导者职务，这些人却往往因无法胜任领导者职位而被迫离开。原因是他们虽然在技术能力上无与伦比，可是在管理能力、人际关系能力方面一塌糊涂。

---

[1] 联系方式：703-262-9120，BPGlacel@aol.com

从某种程度上来说，领导者的管理能力和人际关系能力低下将对组织的发展起到严重的阻碍作用，甚至会使组织运行脱离正轨。因此，无论如何，组织都应该尽最大努力提高领导者的素质，以确保组织能够长期、健康、稳步地发展。旧的传统模式下的说教式领导风格在当今超速发展的组织环境中已经没有生存的土壤了，因此现代社会企业领导者的一项义不容辞的任务是，用自己的实际行动为员工树立榜样，用员工理解和接受的方式对他们进行指导和培训。换句话说，领导者必须首先把自己当成一名教练，这样才能真正提高自己的领导能力。

传统体制下的企业领导者的管理活动通常包括：制订计划，组织实施，招聘和解聘员工，书写并提交工作汇报，制定并严格执行资金预算，等等。所有这些管理活动都着眼于组织的当前状况。而作为一名教练，却要着眼于组织的未来发展。教练所关注的是通过提高自身综合素质（例如，亲和力、鼓舞激励员工的能力、诚实守信、善于沟通、愿景规划能力、决策能力以及人际关系能力）来确保组织的成功运行。

传统的企业组织存在鲜明的等级制度，领导者居高临下发号施令，最底层的员工只能无条件接受指令，并且贯彻执行。如今，这种传统的管理方式再也无法适应现代组织高速发展的需求。现代企业制度下的组织领导者必须具备快速决策能力。员工必须能够准确把握组织服务宗旨，最大限度地满足消费者的各种需求，为消费者提供最满意最周到的服务。组织中无论哪个层次的管理者都应该时刻提高自己对员工的培训指导能力，以便更好地贯彻组织各项方针政策，确保组织成功运行。

→ 领导者角色转变的重要性

在飞速发展的组织环境下，一方面，信息的重要性越来越突出；另一方面，随着管理者行政权力的日渐弱化，管理者与员工之间的关系也发生了显著变化。通常情况下，由于员工工作在最基层，所以他们拥有比管理者更全面、更具体的信息。电子通信方式让人们能以最快的速度获取信息，从而使企业员工、供应商以及消费者更加精明，知识量更加丰富。作为组织的管理者，他不仅无法掌握组织运作过程中的全部信息量，就连某个具体的运作环节也可能不如员工、供应商、消费者了解得更清楚。因此，管理者首先必须让自己成为员工的良师益友和指导教练，而不仅仅是一名解决问题的专家或者一名监管者。

市场的全球化发展趋势要求组织拥有更加战略化和系统化的思维方式，组织必须吸纳各种不同文化背景下的员工，因此，现代企业组织内部关系更加复杂化，但同时，组织的决策能力更强、决策效果也更加具有可操作性。即便是在那些地区性的小企业中，也同样存在这一情况，这是因为组织内的员工存在着文化和年龄上的较大差异。通常情况下，管理者与员工之间由于彼此身处环境不同而很难相互了解。因此，为了与员工

14 由上司转变为教练

之间建立相互激励、相互信任的关系，管理者必须真正了解员工，了解员工的具体业务情况。

组织内员工的年龄构成情况不断发生变化，但无论如何，组织都需要有强大的吸引力来挽留那些有才能的员工。年轻的员工总是很看重工作中的劳逸结合，以及如何才能建立良好的人际关系，因此，他们往往对于组织内严格的等级制度不屑一顾，对于组织的归属感、忠诚度也日益淡化。管理者如果不能理解员工的需求，其结果一定是众叛亲离，没有一名员工愿意接受他的指挥和命令。

组织要想在竞争中立于不败之地，就必须提高各方面运作效率。然而，最难以提高的是组织内人与人之间协调、互动的关系，这是因为人的变化不像技术和组织结构的变化那样容易短期见效。虽然人们在同一组织内为了生产同样的产品、服务和技术而工作，但不同的情绪、不同的性格、不同的个人责任也会造成整个组织的效率低下。基于这种情况，作为组织的管理者，一方面，必须增强自身的互动能力和技巧，另一方面，要尽可能地培训和提高员工的互动能力，从而确保组织运作效率的不断提高。

→ 对成功教练的要求

管理者的角色由上司转变为教练并不意味着他们的业务能力不重要。组织的成功仍然要求管理者实施有效的管理措施，关注组织当前运作状况，确保按期完成目标。管理者对于组织当前运作状况的管理至少包括3个基本方面，即资金、员工和消费者，这就要求管理者各方面的综合能力不断提高。也就是说，作为一名管理者，他在做出任何决定时都必须同时顾及战略性和可操作性两个方面，也要在分析能力和想象能力上保持一定平衡。同时，管理者还应系统、全面地思考问题，善于将零散的信息归纳汇总，善于处理各种各样的人际关系。此外，管理者必须能够向员工清楚地说明目前组织的运行状况，下一步的发展计划是什么，确保员工能准确了解组织的发展方向。

作为一名教练，管理者要大大增强应对持续的、大规模的环境变化的能力。变化是一个永恒的过程，而不仅是某一个被解决了的问题、被制度化了的规定。新的环境会不断对组织提出新的标准和要求，因此管理者在制定组织发展政策、执行程序、协调各方面关系时必须根据环境的变化不断调整衡量标准，适应新形势下各种新的需求。与此同时，教练还应该帮助员工接受并适应这种变化的环境，从而保证各项决策取得良好的效果。

在做以上各项工作的时候，充当教练角色的管理者还必须充分利用组织中最宝贵的一项资源——员工，为组织的成功运行提供可靠保证。要想真正建立教练与队员之间的那种亲密关系，管理者就必须提高自己的沟通技巧，认真倾听员工的谈话，明确表达自己的观点，形成良好的人际关系，关心爱护每位员工。组织管理者与员工之间应该建立类似于教练与学员之间的关系——相互信任、彼此忠诚,以优秀的业绩和表现来促进组织的不断发展。此外,与员工之间建立良好的沟通关系,管理者还必须充分关心员工的身体状况、尊重员工的生活方式,只有这样,才能让员工真正愿意接受自己的培训和指导。

教练必须对自己的特长、弱点、积极性、驱动力、需求、个人和职业发展目标有深刻的认识,对自己没有正确认识的教练是无法令人信服的。众所周知,教练在对自己的学员提要求的时候,首先必须能够以身作则,也就是说,管理者必须首先丰富自己的知识、提高自己的能力,才能与员工协同工作,特别是与那些不同年龄、不同文化背景和不同民族的员工共事的时候,管理者需要具备更高的学识、更强的能力。

在对员工进行培训指导的过程中,管理者必须同时具备硬性管理能力和柔性管理能力。硬性管理能力涉及决策、业务知识、财务知识、战略规划和市场分析,组织中各个层次的管理者都需要具备这些基本能力。柔性管理能力涉及自我认知、人际关系能力、建立组织信任、信息共享,以及与不同的文化背景和不同个性的员工建立类似于教练与学员之间的关系,柔性管理能力是管理者通过不断学习、不断适应快速发展的组织环境来确保组织成功运行的手段。

→ 如何成为一名成功的教练

1. 利用一些时间认真思考自己的信念是什么,公司发展战略是什么,自己的价值观是什么。

    你越是能够深入思考以上问题,并把它们用语言清楚地表述出来,你的思路就越清楚,你传递给他人的信息也就越明确。观点和想法并不是凭空而来的,遇到问题时跟大家一起讨论,相互交换意见和看法;当环境发生变化时,与员工一同商讨对策,不仅有利于化解问题、适应环境,而且也直接反映你作为一名管理者的能力和价值。

2. 抓住一切机会告诉员工你的个人信念是什么,公司发展战略是什么,自己的价值观是什么。

    在员工工作、组织运行过程中,需要学习的知识和技能无处不在。将员工应该掌握的知识和技能与组织信念、价值观及组织的发展策略联系起来,并抓住一切可能的机会与员工分享。向员工提供这些有利于他们解决工作中的一些实际困难和问题的知识和技能,帮助他们提高在环境变化时快速、果断、独立地解决问题的能力。

3. 向员工介绍组织发展过程,讲述你所提倡的管理原则的产生背景。

    通常情况下,用讲故事的方式对员工进行培训指导能够产生非同寻常的效果,能够使员工更形象地理解组织文化、组织价值观。从前辈那里了解组织是怎样创建起来的,发展历程又是怎样的,能够鼓励员工沿着成功的步伐继续前进,同时,从失败中吸取经验教训。

4. 将员工分成小组，针对组织的业务发展状况、未来发展方向展开讨论。

   安排员工自带午餐，利用午餐时间进行小型讨论会，或者在周末总结会上，让大家回顾最近一段时间里工作中发生的种种问题。定期举行组织内各个层次的讨论会，确保管理者与员工之间的充分沟通，确保员工对于组织运行及未来变革的意见和建议得到重视。

5. 利用一切可能的方式传递信息，如书面传达、口头通知、身体力行等。

   充分利用一切可能的介质与员工进行有效沟通。每天进行口头通知，随时通过电子邮件公布信息，利用公司的宣传手册和公告板进行通知，各种演讲以及广播、电视等都是传播信息的重要渠道。然而需要引起注意的是，在信息传递的过程中必须保证内容的一致性，这不仅体现在组织内各个层次的管理者传递的信息内容是一致的，还体现在管理者在行动上的一致性。

6. 在告诉员工"是什么"的同时，向他们解释"为什么"。

   员工想要知道的不仅仅是问题的最终答案，因此你在做出一项决策时，一定要对员工解释你的决策过程是怎样的，影响因素有哪些，可供选择的方案有哪些。然后你需要详细描述这一具体的行动方案对于实现组织目标会起到什么样的促进作用，以及对于每一名员工会带来怎样的影响。一般来说，面对变化与调整，员工首先会考虑对自己有什么样的影响。因此当你决定要进行组织变革或者要做出一项决策时，为了提高成功概率，你需要把对员工的影响作为首要因素来考虑。

7. 以身作则。

   管理者要通过自己的言传身教来向员工灌输知识和技能，而不只是让员工听自己夸夸其谈。认真思考一下，自己在员工中究竟能不能起到榜样的作用。如果对员工说"只管按照我所说的而不是我所做的去做"，那么，灾难就在不远的地方等着你了。

8. 利用工作之外的一些活动（如社区服务）向员工灌输组织价值观和组织原则。

   组织员工自愿参加社区服务有助于管理者提高自己的领导能力和培训技巧，社区服务为管理者提供了宝贵的实践机会，它不是管理者在正式工作中、在目标任务的最后期限，或者在组织生存面临危机的情况下所采取的对策，而是一种安全状态下的组织活动，目的是让员工更形象地理解组织的价值观和原则。

9. 不要错过任何一个可以培训、指导员工的机会。

   尽管组织环境的变化日新月异，但作为管理者，你仍要花一些时间认真思考当前的工作进展状况，也就是说，管理者必须抓住每一个机会为员工提供发展和提高的有利环境。只有这样，才能在失误不可避免地重复出现的情况下，在需要重复工作以便得到更准确的分析结果的情况下，在需要重新制订任务计划的情况下，能够尽可能地节约时间成本。

10. **让自己成为一名教练，好好培训你的员工。**

　　由上司转变为教练，这对于所有管理者和员工都具有非同寻常的意义。教练能够提高员工的思考能力、学习能力和想象能力。虽然教练不是"万事通"，不能解释所有的问题，但是他们为改善组织运作流程、提高组织决策能力提供了机会，而组织运作流程的改善和决策能力的提高必将在很大程度上提高组织的生产能力和生产效率。

总而言之，教练需要做到以下几点：

- 解释并强调组织的愿景。
- 成为实行组织价值观的榜样。
- 建立有效的考评体系和激励机制，确保目标按期实现。
- 确保组织内的沟通渠道畅通无阻。
- 鼓励员工大胆创新、勇于承担责任，允许员工拥有参与管理的权力。
- 挖掘与培养优秀人才。

15
鼓舞士气与提高效益

Barbara Glanz[1]

☑ 概 述

  越来越多的研究资料显示，员工希望从工作中获得的不仅是较高的经济收入和物质回报。反过来说，管理者也不应该只是想方设法让员工尽职尽责、按期地完成目标和任务。一项调查显示，员工最希望从工作中获取的前 3 项是：一份有趣的工作、得到重视和赏识、参与感。最近，柏克斯特实验室推出一项调查研究，他们就"我们能够做些什么，才能让你们更满意"这一问题，对自己的员工进行大规模的采访调查，员工做出了一致而又响亮的回答："尊重我们工作时间之外的自由生活的权利。"

  由此看来，对于管理者来说，目前最重要的事情就是充分尊重你的员工，营造出宽容大度、关怀体恤、颇有创意、赏识重视并且充满乐趣的氛围。毫无疑问，员工无时无刻不在寻找和体会着工作的意义和目的，但无论如何，他们首先需要的就是受到尊重、得到重视。

  本章为你提供了 25 个提高员工士气的建议，运用它们可以在短时间内得到意想不到的效果。以往的经验和现有的研究结果都告诉我们：心情愉快的员工能够创造出更高的经济效益。即使你只是采纳了以下措施中的少数几个，也能大大鼓舞员工士气，提高组织的经济效益，使利润额显著增长。

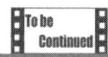

---

[1] 联系方式：708-246-8594，bglanz@barbaraglanz.com

The Active Manager's Tool Kit

鼓舞士气和提高效益的 25 个建议

1. **组织中所有成员都有名片吗?** 如果没有,请尽快为他们提供名片,因为这样能够达到鼓舞士气的作用。你可以用计算机来设计名片,费用很低,甚至无须花费任何成本,却能让员工真正体会到自己被重视!如果目前员工已经都有名片了,请仔细察看一下。名片的作用是帮我们在工作中建立各种关系,方便业务往来,然而许多名片的设计根本无法体现出它的真正意义,有的名片上提供的个人信息缺乏创意,无法达到令人过目不忘的效果,有的名片背面空无一字。现在,你需要就你自己的名片设计考虑以下两个问题:我的名片设计与众不同吗? 我的名片能不能反映出自己独有的特征? 如果不能,就在名片的背面加上一些人文化的东西,例如,引用名言,写上自己的座右铭,你甚至可以按照自己的喜好画一些图片。这样一来,你不仅能够给人留下深刻的印象,更重要的是,这种十分个性化的名片设计能够架起你与他人之间沟通的桥梁,加深你们之间的理解程度。这是建立人际关系的良好开端。

2. **举行员工竞赛活动。** 你可以提出一些问题,例如:"假如我们的公司或者部门是一件衬衫,你认为……"然后让员工实际动手设计这件衬衫,既可以在一件衬衫上进行设计,也可以在纸上设计。接下来,要对所有参赛员工的设计结果用拍照、张贴,或者播放录像的方式在公司或者部门内公布。最后,你将吃惊地发现员工对于组织有许许多多的想法,你也会从整个竞赛活动中得到各种各样意想不到的乐趣。你应该鼓励员工发挥他们的创造力,公司的奇迹往往从这些实践活动中产生。

3. **征集员工子女的绘画作品。** 你可以设计一些主题,例如,"妈妈(爸爸、奶奶、爷爷、叔叔、阿姨)的工作",来向员工的子女或者亲属征集绘画作品,然后将这些作品收集成册,供客户欣赏。这种活动不仅有助于员工体会到来自工作中的亲情感,同时有助于为公司创造出很大的影响力。在可能的情况下,还可以将这些绘画作品在公司内展示出来,让员工带着子女来欣赏,这对于增强员工对公司的归属感和自豪感有非常重要的意义。

4. **每周至少为一位员工做出手写评语。** 事实上,这种评语写起来很简单,你可以用一张即时贴来写,也可以在一份打印文件后面附上一些手写的评语。手写评语不仅能够给员工留下很深刻的印象,而且有利于建立一种相互信任的关系。没有人不渴望自己受到重视。务必让自己记住为员工写评语,每周拿出一天的时间来,告诉自己,写不完评语,就不能离开办公室。

5. **在办公室里设置公告牌,提示自己及时向员工寄发贺卡。** 向员工寄发贺卡不仅有助于建立良好的沟通关系,还能让每名员工真切感受到自己被充分重视。在员工生日那天,送一张生日卡表达你的祝福;在员工取得个人进步或业务上的成功时,送一张贺卡表示祝贺。同时，你还可以另外设置一个提示板，用来记录员工的婚礼、取得学位、休假、生小孩，以及其他值得庆贺的事情，并及时向他们寄送贺卡。可以肯定的是，你不仅仅寄出去了对他们的祝福，更重要的是，你将得到他们对公司更高的忠诚度。

6. **问候你的员工**。每天，当员工一打开计算机开始工作时，最好就能看到你的问候信息，你既可以引用公司在客户服务和个人发展等方面倡导的理念，也可以讲述一些幽默诙谐的事情，你甚至可以对本周内过生日的员工表示祝福。早晨的问候语能够提高员工一天的工作积极性，增强你与员工之间的互动效果。如果你开始向员工提供早间问候，请务必做好准备坚持下去，如果有一天，员工发现自己所热切盼望的一句问候、一些鼓励并没有出现时，他们会非常失望，从而影响工作效率。

7. **用小礼物向员工表示鼓励**。向员工表示口头祝贺之后，你还有必要准备一些小礼物，例如，一包糖果、一束鲜花，或者其他任何能够代表你的祝福的东西，将它们悄悄放在员工的办公桌上。

8. **向员工展示对公司（或者部门）有重大影响的事件**。在公司（或者部门）举行相关庆典活动之前，组织一批员工将当年公司（或者部门）发生的有重要意义的事件，或者从公司（或者部门）成立之日起有重大影响的事件，甚至公司内发生的一些感人故事，以短片播放的形式向所有员工展示。通过这种方式，你既可以发现一批有创造力、有才华的员工，同时也能加强团队建设。毕竟，由于公司（或者部门）的各种荣誉而产生的骄傲和自豪感能够在员工心中长久地存在，同时也有利于提高员工对公司（或者部门）的忠诚度。

9. **将公司内的感人事迹和员工的成功经历用录像的形式收集起来**。如果有可能，你可以与相关员工和客户举行一次会谈。这些录像带不仅让公司内现有员工引以为豪，还能为新员工提供很好的教育素材。因此，别忘了祝贺并记录下你的员工的优秀业绩。

10. **鼓励管理层定期举行一些有创意的服务和活动**。每隔一个月，管理层要为员工提供一些有创意的活动，例如，为员工准备早餐，做冰激凌，请员工吃甜甜圈和喝咖啡，为员工清洗汽车的挡风玻璃，甚至可以请所有员工出去饱餐一顿。这些看起来微不足道的事情会给员工留下深刻的记忆。

11. **在你的备忘录上签上个人名字**，以便与那些与你做同样工作的人相区别。

12. **在公司或部门张贴各种海报**。你可以请一些画家为公司设计海报，海报内容要体现公司理念，引用格言，配上相应的图画，颜色要鲜艳醒目。将这些海报张贴在办公区内，并且每周调整一次张贴位置，以便让所有人都能欣赏到。这样，你不仅能够发现一些有才能的员工，而且还能创造出一种令人鼓舞的、催人奋进的组织环境。汤姆·彼得斯曾经说过：如果你的办公区走廊令人感到单调无趣，那么很有可能你公司的每一件事情都会让人生厌。

13. **用流动奖杯鼓励员工**。在部门内设置流动奖杯，鼓励那些表现突出的员工。奖杯可以在部门内部广泛流动，目的是肯定员工的业绩，激发他们的工作热情。你会吃惊地发现，奖杯虽小，却能起到鼓舞员工士气的巨大作用。另外，你还应该做好记录，记下获得奖杯的员工姓名及获奖原因，这样做可以激励其他没有获奖的员工加倍努力。

14. **灵活使用公司内部备忘录和传真文件的封面来增加工作乐趣。**你可以在公司内部备忘录或者传真文件的封面上运用格言、图片、漫画、季节变换提示等方式来增加趣味感。很多时候，传真文件的封面没有被充分利用，既不美观，又失去了一些难得的提高工作效率的机会，如果能够灵活利用这些空间，就能充分体现出与众不同的企业文化，有助于加深员工对企业价值理念的理解。

15. **提倡团结友爱的工作作风。**团结友爱是可以相互感染的。作为企业组织，需要大力提倡这种工作作风，让员工能够在友好和善的气氛中努力工作。

16. **设计公司吉祥物标志。**公司的文化精髓与公司的吉祥物标志如影随形。举例来说，罗森布鲁斯·察瓦将鲑鱼作为公司的吉祥物标志，原因是"鲑鱼有逆流而上的本领"。他们将玩具鲑鱼、巧克力鲑鱼送给客户做礼品，将鲑鱼胸针作为公司内部对员工的最高奖励。另外，有一家公司设计出市场部的吉祥物标志———只绿色的青蛙，让其他部门争相"绑架这只可爱的青蛙，然后发布悬赏启事"，这种工作中的乐趣激发了每名员工的工作热情。

17. **每天都要开心大笑。**在告示板上张贴一些漫画和幽默性的语言来增加员工工作中的乐趣，你也可以在接待室里摆放一些卡通玩具或张贴几则小笑话，让所有进来的人都忍不住开心大笑。有研究资料显示，如果员工每小时有10分钟的时间在笑，他的工作效率将大大提高。你的员工是不是每天都在开心大笑呢？

18. **为员工提供一个发泄牢骚的地点。**你可以专门为员工设计一个房间，当员工情绪低落的时候，或者因一些事情烦恼的时候，可以在这里得到排遣。在房门上做好标志，并做一些有趣的装饰(不要用黑色的装饰物)。在屋子里摆放一些有趣的玩具、动物玩偶、漫画书，甚至可以在这里大吃一顿。对于那些发脾气的员工，建议他们不妨来这里放松一下。相信我，这种做法一定会很受员工的欢迎。

19. **在办公桌上摆放自己喜爱的纪念品。**看看自己的办公桌，是不是能够充分体现出你个性化的一面？你可以将自己最喜欢的一两个具有纪念意义的物品摆放在办公桌上，这样能让自己赏心悦目，因为你每天都能体会到它们对于你的生命具有何等重要的意义，与此同时，这也有助于拉近你与其他员工之间的距离，很快建立亲密融洽的关系。

20. **确保及时周到的客户服务。**举例来说，医院通常会做出这样的承诺："确保你在我们的急诊室里15分钟之内看上病。"再如某个会计部门会承诺："我们保证工作中不会出现任何纰漏。"只要你的所有员工也能这样向客户提供承诺，并且尽己所能遵守承诺，那么，你的公司在客户面前将拥有与众不同的地位，团队建设效果也会进一步好转，员工的集体荣誉感会显著增强。

21. **设置"4A 荣誉奖"**。你可以在公司内设置 4A 荣誉奖，分别为：1A 是承认（Acknowledge）；2A 是承认＋赏识（Acknowledge，Appreciate）；3A 是承认＋赏识＋肯定（Acknowledge，Appreciate，Affirm）；4A 是承认＋赏识＋肯定＋信赖（Acknowledge，Appreciate，Affirm，Assure）。这些荣誉奖是为那些独特新颖的、催人向上的创意设置的，同时也用来鼓励那些在工作中积极为公司献计献策的员工。

22. **购买一些树脂材料为员工制作记事簿**。动员员工在记事簿下面设计一些拼图，既可以设计一些有创意的自我警示语，也可以设计一些体现公司价值理念的图片、格言、漫画、口号、客户服务模型、标语以及各种示意图。这不仅能鼓励员工积极发挥自己的创造能力，还能帮助他们牢记那些有价值有意义的事物，同时，又能为员工提供做拼图游戏时的快乐。

23. **为办公区各条通道命名**。在为每条通道起名字的时候，你可以考虑将公司的使命、价值取向，以及核心业务内容体现出来，你甚至可以优秀员工的名字来命名。如果你能做到使这些宝贵的资源在公司各个角落随处可见，员工们对公司的信赖感、归属感将日益增强。

24. **举行"让员工的家属参与我们的工作"的主题活动**。在筹划安排过程中，你一定要确保按照参与者的年龄来区别工作内容。年轻人喜欢做诸如发传真、装信封、复印资料、跑腿儿之类的工作。老年人则希望能够对公司的业务状况有更深入的了解。你甚至可以安排这些员工家属亲自来做员工的工作，切身体会一下他们的爸爸、妈妈（或者爷爷、奶奶等）每天是怎样辛苦工作的，从而更加理解他们、关心他们。你可以向员工家属介绍公司的用人理念，或者带他们参观公司，你甚至可以请他们在餐厅里举行一个特殊的招待餐会，如果你能让他们感受到自己似乎也是公司的一员，那么他们对公司的认同感就会增强。你应该尽力让每个人在这一天都感到由衷的快乐。有了来自家庭的强力支持，你的员工将在工作中取得更好的业绩，即便在工作压力很大的情况下，他们的工作效率也会有增无减。

25. **送给员工一些新颖别致的礼物**。每个人都喜欢接受别人的礼物，这些礼物将使员工们对你不胜感激。

请相信，做到以上这些，你便能够轻而易举地鼓舞员工士气、提高工作效益。你可以先试着每个月采纳一条建议；你也可以成立一个激发员工积极性的工作小组，安排他们来设计一套方案将以上这些建议与企业文化融会贯通；至少，你还能够通过采纳这些建议来提高自己的创造力。

16
制订和执行有效的绩效管理方案

Kammy Haynes[1]　Warren Bobrow[2]

☑ 概　述

尽管绩效管理并没有很好地被执行,但它毕竟是组织管理的一项强有力的措施。如果能够正确制定并执行绩效管理,组织的投资回报将得到有效的保证,这是因为:

- 与组织成功相匹配的业绩标准能够在全公司范围内被广泛执行。
- 业绩突出的员工更容易得到重视。
- 对业绩没有达标的员工给予相应的指导。

本章提供了一个绩效管理方案的执行框架,目的是帮助你提高组织目标实现的可能性,同时赢得员工更有力的支持。

1　联系方式:909-591-2848, kammyh@contextgroup.com
2　联系方式:310-670-4175, warrenb@contextgroup.com

16 制订和执行有效的绩效管理方案

→ 简介

只要一谈到绩效,就会引起许多讨论。管理者害怕对员工提一些批评意见,担心因此而让那些员工不高兴。员工则通常会感到自己受到打击,或者不受重视,进而更加怀疑究竟自己是不是遭受到了不公平的待遇。

可见,执行绩效管理的过程是相当艰难的,但为什么大多数公司仍然坚持这项管理措施呢?答案很简单:没有绩效管理,员工完成业绩的责任心就会逐渐丧失。没有资料将员工的业绩表现持续性地记录下来,无论是业绩突出的员工,还是业绩很差的员工,都无法得到任何有关自己业绩表现的信息反馈。反之,如果能够制订并执行一套行之有效的绩效管理方案,将大大提高组织的效益,提高员工的工作积极性,同时也有利于那些业绩突出的员工得到应有的重用。

只要你制定了一套考核标准来对员工的业绩进行评估,员工的积极性就能被充分调动起来。在你对员工进行各种奖励和批评时,如果你的依据是制定好的客观的标准以及员工业绩的实际状况,而不是出于自己的偏袒之心,那么组织的生产效率一定会显著提高。此外,执行有效的绩效管理也能避免"平均主义"带来的不利因素,也就是避免对业绩突出的员工与业绩较差的员工采取相同的奖惩措施。与此同时,执行有效的绩效管理还有利于对业绩差的员工及时做出反应。有能力的绩效管理经理能够制订出一套有效的执行方案,并确保其达到应有的效果。

与业绩评估相比较,绩效管理指的是一个管理过程,而业绩评估是指这一过程中的具体行为。为了使绩效管理达到应有的效果,对员工工作表现的关注和记录必须是长期性的、连续性的过程。对于员工的行为和表现越能迅速做出信息反馈,效果就越好,因此,管理者应该尽量在最短的时间内将员工的行为和表现情况反馈给员工本人,看到或听到员工的积极表现时,就要给予充分肯定;看到或听到员工的不良行为时,就应该立即提出批评,并采取措施让其纠正。如果你拖延太久,奖励与惩罚的效力将不复存在。

例如,如果一名员工相当出色地完成了你交给他的任务,你要向他表示感谢:"非常感谢你加班加点,准时完成了这份报告,我很欣赏你的敬业精神。"例如,如果一名员工违反了公司纪律,你要向他提出批评:"莎拉,我无意中听到了你与彼得的谈话,与其他部门的员工讨论部门机密是很不合适的行为,你知不知道你已经违反了公司规定?"无论对于哪种情况,你的反应都要迅速及时,因为员工的行为与你的反应之间间隔的时间越长,你就越难发现他们的行为有什么变化,这正是每年一度的业绩评估会总是收效甚微的原因所在。

在制订绩效管理方案的时候,你需要考虑以下3个步骤:

(1)业绩评估会的前期准备工作。

（2）实施业绩评估。
（3）业绩评估的效果跟踪。

以上3个步骤中的任何一项工作遭到破坏都会降低绩效管理的效果，因此，在实施每一步骤的时候，你都应该采取多种多样的措施来改善管理制度，取得员工的有力配合。

➔ 业绩评估会前

为了制订一个有效的绩效管理方案，你需要掌握大量的基础资料，必须花大量时间制定组织发展策略，进行职务分析，设计评估表，详细记录基础资料，进行目标设定和制定有效的沟通机制。在制订绩效管理方案的过程中，如果能够充分考虑以上各个因素，那么你的方案一定会得到员工的积极支持，这将为组织目标的顺利实现提供可靠保证。

■ 制定组织发展策略

组织发展策略将有助于判断目前以及不久的将来，员工分别需要具备哪些技巧、能力和行为方式才能更好地完成工作目标。在对员工进行绩效管理时，将组织策略与每名员工的业绩目标相联系是十分必要的。下面提供一个分析案例。

卡罗尔是客户呼叫中心的服务代表，她需要弄清楚的是，你要求她提高排除故障、解决问题的能力，这样才能缩短与每名客户的通话时间。缩短与每名客户的通话时间就意味着卡罗尔能够接听更多的客户电话，解答更多的客户问题，同时，也能为客户节省通话时间和费用。客户的通话时间大量缩短就意味着他们的满意度大大提高了，公司的目标就是使客户满意度提高15%，员工如果能达到这个目标就可以获得更多的薪水。卡罗尔将明白自己怎样才能达到公司制定的目标，以及实现这一目标之后，自己能够从中得到什么样的回报。

发展策略还有助于员工准确把握公司为实现既定目标而采取的各种措施。如果公司的首要目标是提高客户满意度，那么公司就会尽一切可能、采取一切必要的措施提高客户满意度；如果组织的目标是降低成本，那么公司的考核基础一定是成本利润率。

■ 进行职务分析

职务分析（不管是正式的，还是非正式的）有助于你决定哪些任务需要现在来完成，哪些任务需要在业务状况发生变化的情况下才能完成（例如，引进自动化操作系统后，人员配置量将锐减，人员职责也将发生很大变化）。职务分析也能帮助你理解主要职务行为与公司的发展策略之间的必然联系。深入理解每个岗位的设置目的和工作程序是极其关键的，因为只有这样才能决定如何对这些岗位上的员工进行评估。这还有助于清楚掌握每名员工的责任是从哪个环节开始的，到哪个环节结束，这样，你才能制定切实可行的组织目标。

■ 设计评估表

评估表的设计是管理者最关心的问题，因为内容的填写是由他们来完成的。评估表的设计应该体现以下两个特点：

- 简单易懂，有清楚的文字说明，并对评估等级有明确的界定（如不及格、及格、优秀）；
- 操作方便，例如，让员工使用模板填写，不需要一些复杂的格式处理过程，内容的设计要体现逻辑性（例如，从 1～5 将题目排好顺序），并且在题目之间要留出空白，以便员工做叙述性的说明。

■ 详细记录基础资料

由于业绩评估的对象是与公司各项工作相关的所有员工，因此，掌握基础资料就成为一项关键性的工作。通过记录员工完成一项具体工作所采取的措施、所用时间、所得结果等详细情况，你能够向员工提供一个客观的业绩评估结果。具备这些客观真实的数据，就能避免出现武断的判断使员工大为不满，甚至产生抵触情绪。举例来说，你不要一味地指责马克是多么懒惰和不负责任，而是应该告诉他在过去的 5 个月里都没有按时完成任务（如项目甲、乙、丙）。如果你用"懒惰"这个词来批评他，他就会认为自己受到了莫大的侮辱，然而没有按期完成任务是不争的事实，不容他有任何辩解。这种谈话必须基于你对员工目前的工作状况有详细的了解和记录，否则的话，千万不要冒昧地与员工进行这种谈话。

通常，管理者会利用评估会之前的一点时间很快完成对员工的业绩评估，这种做法是不恰当的。其结果必然是使评估结果仅仅反映最近一段时间内员工的业绩状况，而无法对员工的全年业绩情况做出全面而客观的评价。对员工的表现状况做全面的记录具有十分重要的意义，它有利于员工保持优势、弥补不足。

■ 进行目标设定

目标设定是有效的绩效管理方案中很重要的组成部分之一，如果对目标的设定缺乏周密的考虑，就会严重影响公司的整体效率。在很多情况下，目标任务的完成情况很好，在完成目标的过程中却为公司的发展带来很多负面影响。下面这个例子就说明了这个问题：

葛列格在一家生产企业的装运部工作,在上个月的一次部门会上,经理告诉大家:往返货运次数是业绩评估最重要的依据,从现在开始,是否加薪、是否加发奖金都取决于员工每天能运送的货物量。还没超过两个星期,公司已经运送的货物量就增加了35%。

表面上看,这种结果似乎还很乐观,遗憾的是,由于错发商品和商品破损而造成的消费者抱怨却提高了20%。经过调查,仓库保管经理发现员工都以飞快的速度取运商品,根本不顾及商品的包装是否安全可靠。

工作中,如果只是一味追求某一种结果(如数量),而忽视在追求这一结果的过程中对整个目标体系中其他方面(如质量)所带来的负面影响,那么,整体目标的完成水平就会大大下降,甚至根本无法完成既定目标。在很多情况下,管理者能够从"目标设定"的实践活动中受益匪浅。下面从两个方面给予一些指导和提示,以便管理者能够将绩效管理工作真正落到实处。

(1)**积极正确的行为应该得到鼓舞奖励。**员工总是非常关注自己能够得到什么样的奖励。请相信,如果你对于员工的正确行为总是能够给予及时的表扬和奖励,那么,这必将有助于组织的短期目标和长期目标的实现。

(2)**确定组织目标,并使员工明确工作要求。**如果员工尚不明确组织对自己提出了怎样的工作要求,例如,他们不知道自己应该在产品质量上达到怎样的水平,在产品数量上达到怎样的标准,那么,员工的工作结果就有可能偏离组织设定的目标。如果你不能够对组织目标做出清楚的解释,而是由员工按照自己的想法去任意理解,那么你所期望的工作效果将无法实现。请看下面的例子:吉姆每周迟到两天,如果你对他说"你的出勤情况该改善了",然后,他就会由每周迟到两天而变成每周迟到一天,似乎这已经达到了你的要求。然而,这或许不是你所期待的结果。

■ 制定有效沟通机制

如果绩效管理方案有所变化,就必须及时与员工进行沟通,与员工就新的方案程序进行讨论。千万不要指望利用一些图表就可以将信息传达给员工,与其让员工对新的方案产生诸多不满情绪,还不如尽早让他们对新的方案内容有所了解,并让他们参与讨论研究。讨论过程中,你可以重点强调旧的方案有哪些不利之处,并解释新的方案如何能够避免这些不利因素的出现。这种沟通方式是让员工接受新的绩效管理方案的关键,对于新方案的顺利实施将起到举足轻重的作用。

另外,与员工进行沟通时,还应该着重强调新的绩效管理方案能够为员工带来什么利益。因此,在讨论之前,你应该在组织范围内大量征询员工的意见,收集他们所关心的问题,并在制订绩效管理方案时充分考虑到这些问题,带着员工所关心的问题与他们进行讨论将有助于提高沟通效果。

→ 业绩评估会中

无论是管理者还是员工，在进行业绩评估时，心理压力都很大。管理者通常会因为不知道如何对待那些业绩糟糕的员工而感到十分无奈，他们不得不偏离实际标准对这些员工进行评估，目的是避免打低分，他们对这些员工的评估结果显得含糊其词，因此，这些员工并不知道自己在哪些方面亟须提高。有的管理者甚至不为员工提供任何有价值的评估意见，这种做法最终必将损害那些业绩突出的员工的工作积极性。与此同时，员工对于管理者提出评估意见也会感到十分紧张，因为他们不得不根据这些意见去纠正自己的一些行为，改善自己的工作业绩。正因为这样，所有人通常都会采取一种消极应对的态度来参加业绩评估会，他们不是采取一种建设性的态度和方式来认真对前期工作进行总结回顾，为下一步工作任务做好计划和安排，而是迫切希望评估会早点结束。下面提供的一些建议，能够帮助你有效解决这些问题，使评估会更加富有成效，减少你和员工的压力。

■ 安排会议议程

为了减少管理者和员工的心理压力，要在评估会之前做好会议议程安排，这样，大家便能对会议的要求，以及自己在会上需要做哪些事情做到胸中有数。一份典型的会议议程通常包括以下内容：

- 完成业绩评估表的填写，对员工的业绩进行打分或者给出评语。
- 就打分或者评语征询员工意见。
- 指出哪些员工在哪些方面需要改进、提高、接受培训，哪些员工获得了提升的机会。

■ 注重事实和行为本身，而不是对员工本人盖棺定论

你应该针对员工的行为进行评估，就具体事实和员工的实际行为进行奖励或者批评，而不是对员工的个人品质品头论足。我们在前面曾经谈到过，管理者应该尽量避免用一些贬义词对员工做结论性评价，例如，"懒惰""缺乏责任心"，或者"粗枝大叶""马马虎虎"等，这些词语将使员工产生很强的抵触情绪。然而，如果你能够将那些引起你强烈不满的行为明确指出来，员工就很容易知道自己的错误在哪里，怎样做才是正确的。例如，你不应该说"提姆，你的马虎使我们失去了来自哈里斯公司的业务收入"，而是应该说"提姆，由于你没有为哈里斯公司扣除合理的折扣额，我们的价格比竞争对手的价格高出很多，因此我们失去了来自哈里斯公司的所有收入"。

■ 为员工提供建设性的反馈意见

作为管理者，你应该为员工提供一些合理的建议，来帮助他们纠正错误行为。除此之外，征求员工本人意见，让他们谈谈如何才能有效提高和改善个人业绩也是十分重要的。现在，我们来继续谈谈提姆的例子，目前有几种选择可以确保提姆不再犯同样的错误。如果提姆在以前的工作中很少有类似的失误，管理者就应该责令提姆再去检查一遍自己的工作，或者准备一份对照表，以便提醒自己提供合理的折扣额。另外，假如提姆在以前的工作中屡次犯这样的错误，管理者就应该让提姆到培训班接受辅导培训，培训内容主要是如何才能合理定价，并安排专人对他的工作情况进行监督。管理者应该与提姆一起讨论有关目前所存在的问题的解决方案，并让提姆谈谈怎样才能在以后的工作中避免类似错误的再次发生。

■ 向员工阐明改进要求

向员工详细说明哪些方面需要改进和提高，千万不要含糊其词。要让员工清楚了解你的要求，也就是自己需要提高的幅度有多大，有多少时间用来纠正错误行为、改善业绩。例如，管理者不能仅仅对提姆说"在以后的工作中，你需要更加认真仔细"，而是应该告诉他"我将在接下来的一个月内亲自监督你的工作，你不能再有任何错误。所有的估测必须经过准确的计算，所有的折扣项目必须经过精确的计算，然后才能向客户报价，并且所有的报价必须准确及时"。总之，管理者应该向提姆清楚地说明自己的要求，并对要求做出详细的解释，只有这样，提姆才可能真正知道自己是否达到了管理者提出的所有要求，管理者也才能及时掌握提姆是否有所提高。

■ 让员工知道对应的鼓励与处分

员工会尽一切努力纠正自己的错误行为、提高和改善个人业绩。有些情况下，他们希望自己能够得到一些东西，例如，受到表扬、得到晋升，或者有机会参加一些相关会议等；而有些情况下，他们则希望能够避免一些事情，例如，遭到解聘、受到批评，或者受别人监督等。作为管理者，你必须让员工清楚地知道，如果能够达到你所提出的要求，他们会得到些什么；如果没有达到你所提出的要求，他们会失去些什么。提姆需要明白的是，如果他能够在一个月内完成自己的工作任务，并且没有任何失误，那么，自己就不必时刻在别人的监督之下进行工作了，这无疑是一种好的结果；相反，在此期间如果他在工作上又出现一次失误，那么，提姆就要受到书面警告，并且这份书面警告要被装进他的个人档案里，作为职业期间的一次违规记录，这显然是一种很不利的结果。当然，如果提姆在接下来的工作中又有失误出现，那么就一定会遭到公司的解聘。作为管理者，你需要向提姆解释清楚以上所有可能出现的结果，只有这样，提姆才能真正体会自己目前所处的状况，并且下决心采取相应的措施来改进和提高自己的工作业绩。

■ 让员工参与制订改进方案

在你开始设定改进目标，并制订为达到这一目标所采取的行动方案时，你要请员工也参与进来共同讨论。因为只有得到员工的支持和响应，才能够大大提高他们完成目标的可能性。如果员工没有机会参与讨论，他们通常会表现出极大的愤怒和不满，要么会故意消极怠工，要么会勉强完成自己的任务，而不会去积极努力争取更好的工作业绩。

■ 安排定期沟通会

利用定期沟通会对员工工作的进展情况进行考核，以便发现员工在哪些方面需要提供支持和帮助，从而确保他们能够持续进步。如果你没有安排定期沟通会，或者即使有所安排，也没有很好地实施行动，那么员工对既定目标的完成质量就会大打折扣。

→ 业绩评估会后

绩效管理是一个持续不断的过程，在业绩评估会之后，管理者为员工提供一些培训和辅导是十分必要的，概括起来，主要包括以下3个步骤。

■ 监督员工的表现

管理者既可以在定期沟通会上对员工的表现进行监督，也可以通过对在岗员工的工作过程进行观察来监督其工作表现。你也可以向员工的客户、主管、同事，或者其他人征询意见，从而获取员工工作情况的信息。如果你不采取相应措施来监督员工的行为表现，他们很快就会发现：原来你对于他们是否有所改进并不是很重视。因此，过不了多久，员工就会又恢复到原来的工作方式。

■ 提供反馈信息

在监督检查过程中，只要你发现或者听到员工有积极表现，就应该及时给予表扬和鼓励；只要你看到或者听到员工一些不正确的行为，就应该立即采取措施给予纠正，千万不要想当然地认为员工在任何情况下都知道自己该怎样去做。

■ 为员工提供支持

你可以采取很多方式来为员工提供支持，例如，参加培训课程，提供有经验的专家的指导，提供一些特殊的资源（如资金、人员、设备等），或者每当员工取得一些实质性进步时给予相应的肯定和表扬。之所以需要为员工提供一些支持，其关键在于让员工知道你愿意主动帮助他们取得成功和进步。

> **制订和执行绩效管理方案时需要牢记的几个要点**
> - 绩效管理是一个连续不断的过程，而不仅仅是一个具体事件。
> - 在制订新的绩效管理方案时，要与员工就方案的意向、目的和程序进行沟通。
> - 绩效管理的目标设定要体现以下特点：
>   - 具体明确，避免含混不清
>   - 与组织发展策略紧密相关
>   - 容易被员工理解
>   - 可操作性强
>   - 要做出具体的时间安排
>   - 适于用作对员工进行业绩考评的依据
> - 向员工提供反馈意见（无论是给予表扬，还是提出批评）越及时，效果越显著。
> - 在日常工作中，必须翔实地记录和掌握员工工作情况的基础资料，以便在业绩评估会上能够举出一些具体的事例来证明自己的观点，以及避免不必要的争执和不满。
> - 为员工提供一些建设性的反馈信息，包括一些改进和提高的建议。
> - 在制订改进方案时，需要广泛征询员工的意见和建议。
> - 评估表的设计要简单，便于员工理解。
> - 为员工提供相应的培训有利于员工改进自己的行为，提高个人业绩。

→ 结论

只要你肯花一些时间，对绩效管理方案的前期准备、执行过程以及后期跟踪 3 个阶段的工作进行认真思考，就一定会增强该方案的实施效果和可接受程度。如果你的工作重点能够从"业绩评估"这个具体事件中转移到"绩效管理"这一连续不断的过程中来，你就一定能够发现组织的整体业绩将发生非同寻常的变化。一旦绩效管理的整个操作过程被组织成员所理解和接受，业绩评估就不再是一件让人感到充满压力的事情。员工也将切身感受到个人业绩与组织成功之间密不可分的联系，业绩优秀的员工将因为努力工作而获得相应的鼓舞和奖励，业绩差的员工也会有章可循，知道自己该怎样努力才能获得同样的收获。只有这样，管理才能真正成为激发员工努力工作的有效工具，从而确保组织的成功运行。

17
提高员工的倾听技巧

Sharon Bowman[1]

☑ 概　述

本章提供了一种切实可行的工具来帮助提高员工之间的沟通效果，你可以利用这一工具，让员工仔细观察并切身体会一些积极有效的倾听技巧。通过高效率的角色互换表演，使员工能够深刻地认识到：不认真倾听他人谈话将造成许多负面影响。通过角色互换表演和小组成员讨论，使员工能够正确认识和评价自己的倾听技巧。

- ✓ 这项活动能够有效帮你提高部门员工之间的沟通效果。
- ✓ 这项活动的目的是让员工从实践中得出结论。活动参加者每两人分成一组，进行一系列的活动，首先要观察他人表演，然后亲自参与实践，最后全体成员共同讨论。
- ✓ 活动过程中提出的问题是该活动能否达到预期效果的关键。

☑ 建议用时

建议用大约 30 分钟的时间，但具体情况取决于参加人数的多少和活动中程序间的间隔时间长短

☑ 所需材料

- ✓ 图示板（放在房间的最前面，以便所有参加者都能清楚地看见）
- ✓ 书写笔（用来画图表）
- ✓ 表 A（积极倾听备忘录）

1　联系方式：775-749-5247，Sbowperson@aol.com

- ✓ 表 B（角色互换表演剧本，共两场）；活动过程中每个参加者都能扮演其中的一个角色
- ✓ Koosh 球或者其他能够用来抛掷的柔软物体

☑ **活动过程**

该活动被分成 3 个步骤：
步骤 1：积极倾听示范和员工讨论过程
步骤 2：同伴间的相互演习和员工讨论过程
步骤 3：角色互换表演和员工讨论过程

To be Continued

■ 步骤 1：积极倾听示范和员工讨论过程（10 分钟）

1. 提示

告诉所有参加活动的员工，你下面的表演将体现一个非常重要的沟通技巧，让他们仔细观察、认真思考。而且，你还要向大家强调，如果缺少这种技巧和能力，人们在沟通交流时会很容易产生一些误会。接下来，让所有参加该项活动的员工猜猜看，这究竟是一种什么技巧（最后，一定会有员工猜中，告诉你是"倾听技巧"）。

2. 示范

请一名员工自愿上来做你的搭档，与你一起表演。让这名员工站在你身边，用一分钟的时间来向你倾诉他目前工作中面临的某个问题。由于你的目的是要向大家示范一些积极倾听的技巧，因此，你要让这名员工适度放慢说话速度，并且在说话过程中不时地做一些停顿，以便你能够插入一两句评论之类的话。表演时，你和这位员工都要位于员工队伍的最前面。如果参加该活动的员工人数很多，你和你的搭档在整个表演过程中就需要保持站立；如果参加该活动的员工人数较少，你和这位员工可以面对面坐下来，但必须保证所有员工都能看得见你们的表演，能够清楚地观察到你的倾听技巧。

向全体员工说明你希望他们注意观察两件事情：第一，你做了些什么（肢体语言）；第二，你说了些什么（注意你说话时的措辞、句子和语调）。由于你的目的是要向员工示范一些积极的倾听技巧，因此，你不妨在以下几个方面表现得略微夸张一些，以便全体参加活动的员工都能够清楚地观察到你在倾听他人谈话时的技巧：

- 舒展的肢体语言（要面对你的搭档，身体前倾，腿和胳膊都不要交叉放置）
- 运用面部表情（点头、视线接触、保持微笑）
- 询问一些问题以确保自己准确理解了对方的谈话（"你说的是这个意思吗？那么，

后来怎么样？"）
- 解释对方的谈话内容（"或许你所说的观点是这样的……""我听到你说……"）
- 反映对方的情绪（"你看上去对这件事情很气愤。""我知道这让你很不高兴。"）

大约一分钟之后，停止角色表演，请大家为这位员工热情鼓掌，欢送他回到自己的座位上。

3. 展开讨论

接下来，你要组织员工进行讨论，同时请出另一名员工自愿到前面来，将员工的讨论情况记录在图示板上。将表A（积极倾听备忘录）发给大家，要求所有参加者在表上作记录。首先，问问大家看到了你的哪些肢体语言。员工将对照上面所谈到的5个方面在纸上逐项列出来，对于员工漏写的内容，你要给出相应的补充。然后，再问问员工听到了哪些谈话内容，同样，他们也会对照上面所谈到的5个方面技巧一一写出来。假如员工的回答不够具体（例如，员工回答"你表现出了对他人的尊重"或者"你很富有同情心"），你就要进一步提问："我是怎样做的？你看到我做了哪些具体的事情，或者说了哪些具体的话？"

4. 深入讨论

告诉你的员工，他们不仅需要记住你在这次有效倾听的示范中表现出了哪些行为和语言技巧，最重要的是还必须能够发现你哪些事情没有做到，哪些话题没有谈到。这时你的员工就会做出这样的回答"没有为他提供任何忠告和建议""没有为他做讲解""没有谈谈自己的经历""没有为他解决问题""没有拒绝与他的谈话""没有打断他的谈话""没有转身走开"，等等，让那位自愿到前面来做记录的员工将这些回答结果一一在图示板上记录下来。这时，你需要告诉你的员工："的确，在谈话过程中有一些机会来做这些事情（例如，提供一些建议，讲讲自己的经历，等等），但是如果在谈话过程中充当的是倾听者的角色，谈这些事情就完全没有必要了。"

5. 抛掷 Koosh 球

让员工转身面向自己身边的同伴，告诉他在积极倾听他人谈话的时候需要牢记的 3 个要点。然后开始抛掷 Koosh 球，Koosh 球传到哪位员工的手里停下来，这位员工就需要向大家叙述一个有效倾听他人谈话的技巧，然后再继续传球，依次类推。

■ 步骤2：同伴间的相互演习和员工讨论过程（10分钟）

1. 提示

让员工每人找一个合作伙伴，然后移动座位，彼此面对面坐下来。如果出现单数，你可以补充进去组成一组，或者你将其中的一组安排成 3 个人。让每组成员自己决定谁来做讲话方，谁来做听众方。

2. 同伴间的相互演习

向员工解释清楚活动要求，即讲话的人利用两分钟的时间来谈一件与工作有关的事情，作为听众的那名员工需要按照你所示范的倾听技巧去认真听对方谈话，该轮演习结束之后，双方互换角色再演习一次。

3. 展开讨论

演习活动结束之后，让每名员工互相握手以示感谢。然后向全体员工提出下列问题："作为讲话方，你的听众用这种方式来听你讲话，你感觉如何？作为一名听众，你认为自己用这种方式来倾听对方讲话怎么样？你觉得哪些方面很容易做到，哪些方面很难做到？你是不是经常用这种方式倾听别人谈话？在你谈话的时候，别人通常会用这种方式倾听你的谈话吗？积极倾听技巧也有不起作用的时候吗？有没有其他的看法和意见？"

■ 步骤 3：角色互换表演和员工讨论过程（10 分钟）

1. 提示

让员工向自己的合作伙伴表示感谢，然后寻找一位新的合作伙伴。同样，他们也需要面对面坐下来，自行决定谁来充当谈话方，谁来充当听众方。告诉员工仍然要进行倾听技巧练习，不过，这一次每个人都必须按照剧本的要求来进行表演。

2. 角色互换表演及员工讨论过程

将第 1 场表演的剧本发下去（你可以请员工来协助完成），将"讲话方 1 号剧本"发给每对搭档中的讲话方，将"听众方 1 号剧本"发给每对搭档中的听众方。告诉所有员工，他们将有几秒钟的时间来默读剧本，相互之间不可以交换剧本内容。当你下令开始的时候，员工将利用大约 45 秒的时间来表演各自剧本中的内容。当你下令停止的时候，问问他们都发生了些什么。简单评述一番之后，你接下来要向员工提问："听众方都做了些什么？听众方的表现让讲话方有什么感觉？现实生活中，是不是有人采用这种方式来倾听你的谈话？你是不是也曾经采用过这位听众方的方式来听别人谈话？不管你是讲话方，还是听众方，你会采取一些什么方式来提高沟通效果？"

3. 继续进行角色互换表演，组织员工进行讨论

告诉员工还要进行一次倾听技巧的演习活动，不过这次要进行角色互换，也就是说，上一轮的讲话方现在要做听众方，上一轮的听众方现在要做讲话方。将第 2 场表演的剧本发给员工，新的讲话方获得"讲话方 2 号剧本"，新的听众方获得"听众方 2 号剧本"，

表演的规则不变,这一轮表演的时间为 30~45 秒(注意时间最长不得超过 45 秒)。当你下令停止表演的时候,员工会展开一场积极活跃的讨论,充分表达出自己的心情。然后,你就要向员工提问:"这一次发生了些什么事情?作为一名讲话方或者听众方,你有何感触?你的现实生活中有这样的事情发生吗?现实生活中你与别人谈话时也是这样做的吗?为了提高沟通效果,你会采取一些什么方式?"接下来,要求每组搭档互相握手以示感谢,然后回到自己的座位上去。

4. 讨论过程

再一次在员工中抛掷 Koosh 球(或者其他柔软的物体),以便引出下列问题:"通过这次有效倾听技巧演习和角色互换表演,你如何评价自己以及自己的倾听技巧?"

5. 总结性训导

告诉员工角色互换表演具有很好的提示作用,我们通常认为自己的确是在倾听对方谈话,但实际上,我们的肢体语言和语音语调却传递了一种截然相反的信息。我们必须确保自己表达信息的一致性,以免给对方造成误解。因此,我们需要真正懂得该怎样去听别人谈话,该怎样对别人说话,以及对别人说话的同时该做些什么。假如我们的确没有时间听别人说话,就要开诚布公地把原因告诉对方,避免采用一些肢体语言来含糊不清地传达信息,让对方无法真正理解我们的意思。总之,有效倾听训练看似简单,实质上是一项很复杂的工作,它需要花费很多时间和精力才能真正做好。

6. 行动承诺

要求员工简单记下一个他们将在今后几天内付诸实际行动的倾听技巧,并与邻座的同事进行交流。最后,本次演习活动在热烈的掌声中结束。

The Active Manager's
Tool Kit

有效倾听备忘录（表A）

✓ 肢体语言：

✓ 语音语调：

✓ 避免做哪些事情、说哪些话：

✓ 本周内我要开始实践的一个有效倾听技巧是：

✓ 其他想法：

17 提高员工的倾听技巧

角色互换表演剧本（表B）

提示：复印这一页的内容，复印份数是所有活动参加者总人数的一半。将每一页上4个不同角色的剧本内容裁剪开，分成4份，以便表演开始时不同角色分别使用。

角色互换表演剧本，第1场

讲话方1号剧本：今天，你的工作进展很不顺利。一位怒气冲冲的客户找上门来，你不得不为他解释一些问题；你的产品设备面临一些技术难题；一位同事对你非常粗鲁。所有这些事情都让你很不开心，仿佛一切都乱了套。你去找一位同事倾诉，希望他能够耐心听你说话，并给你一些安慰。你打算仅仅利用几分钟的时间来谈这些事情，告诉你的同事，这一天是多么的糟糕，你是多么的不快乐。

听众方1号剧本：你的一位同事来找你聊一些工作中面临的困难和问题。事实上你很愿意为他提供帮助，然而你认为他遇到的这些问题与你所面临的问题相比其实是微不足道的，因此，你很快就表现出自己对他目前的糟糕情绪很不赞同，并很快地为他提供解决办法。你对他说一些这样的话："你简直是自寻烦恼。""你有什么必要这么不开心啊？""这只不过是你必须面对的问题。""没什么大不了的，如果这些事情发生在我身上，我会这样做……""哦，犯不着为这些事情这么难过。"记住在这位同事说话的过程中，你要时常打断一下，向他提出你的看法和建议。

角色互换表演剧本，第2场

讲话方2号剧本：你得到一个天大的好消息！你刚刚赢得了头等彩票大奖！你按捺不住内心的喜悦和激动，到了单位，你就迫不及待地找到一位同事，希望他能分享你快乐的心情。你告诉他，你将怎样安排这笔资金的消费、它将怎样改变你的生活，以及你现在的心情是多么激动和兴奋，你一定要保证自己的表演能够充分体现出自己内心的激动和兴奋。

听众方2号剧本：你的一位同事来找你，想聊一聊他的好消息。此时此刻你非常忙，的确没有时间去听他说话，因此，你采用一些暗示性的行为来间接提示他：你现在不方便跟他聊天。你开始随意地整理文件、清理办公桌，或者自顾自地做自己手里的事情。或许你还不时地点点头，但是你头也不抬，更没有直视对方。最后，你站起身来，边走边抱怨着说自己开会马上就要迟到了。总之，你所做的每一件事情都要突出表现自己没有时间来听对方说话。

18
站在别人的角度思考问题

Dave Arch[1]

☑ 概 述

通常，人们对某件事情持有不同意见并不是因为事情本身正确与否，而是由于人们思考问题的角度有所差异。站在别人的角度，用别人眼光去看问题是非常有必要的，因为只有这样，我们才能真正做到尊重别人的意见。本章为你提供了一个简便易行的活动练习，用来帮助你向你的员工证明这个道理。

☑ 建议用时

10 分钟

☑ 所需材料

表 A（表 A 名称：这是什么？）。请注意：你需要将这张图片复印两份，并做放大处理，以便参加练习的所有人都能看清楚。但是在做放大处理的过程中，你一定要使这两张图片保持正方形。如果你打算经常性地组织员工进行这种练习，就最好把这两张图片制成薄板。

☑ 活动过程

1. 邀请两名自愿报名的员工到前面来，分别坐在两把椅子上。为了使该活动达到最佳效果，让这两名员工之间保持较大的距离。

1　联系方式：800-383-9210，DaveArch@bobpikegroup.com

18 站在别人的角度思考问题

2. 向你左边的那名员工出示其中的一张图片（只让这名员工看得见，避免被其他人看见），你需要把这张图片旋转一定的角度，使它看上去像一只鸭子。让这名员工记住图片上画的是什么动物，然后将图片正面朝下放在这名员工的腿上。

3. 向另一名员工出示另一张图片，你需要把这张图片旋转一定的角度，使它看上去像一只兔子。让这名员工记住图片上画的是什么动物，然后将图片正面朝下放在这名员工的腿上。

4. 让这两名员工说一说各自在图片上看到了什么动物。当然，一个员工说图片上是一只鸭子，而另一个员工却说图片上是一只兔子。接下来你需要改变一下图片的出示方式。拍拍手掌，走到左面那位员工身边，举起图片向他出示（这一次，你需要让所有其他员工都看得见），使图片上的动物看上去是一只兔子。然后，你问一问这名员工在图片上看见了什么，显然，他的回答是一只兔子。接着，你走到另一名员工身边，将图片旋转成一定角度，使它看上去是一只鸭子的图片，向这名员工出示。当然，这名员工将告诉你，这次他看到的是一只鸭子。

5. 此时，员工一定会向你致以雷鸣般的掌声，鞠躬表示感谢之后，你把这两张图片的"奥秘"揭示给大家。

6. 请大家谈谈自己从刚才的"视觉魔术表演"中学到了些什么。这是一个富有意义而又不乏趣味的活动，如果你鼓励员工在会议上畅所欲言、充分表达个人观点和意见，你就完全可以采用这一工具对员工进行培训。每个人都应该认识到，我们不能完全依赖个人的想法去解决所有问题，不管在什么情况下，别人的意见和建议都是相当宝贵、值得借鉴的。

To be Continued

The Active Manager's
Tool Kit

这是什么？（表A）

19
实时管理

Steve Sugar[1]　Bob Preziosi[2]

☑ 概　述

时间进度安排不可能在真空环境下完成。有时候，即使最精确的日程安排也会受到一些无法预见的事情的影响，而不得不做出必要调整。本章提供了一个练习工具，用于证明在制订工作计划和个人日程安排的过程中，实时管理与弹性管理所起到的不可低估的作用。

通过实时管理，你能够：
- ✓ 要求你的员工灵活处理突发事件，优先解决最重要的问题。
- ✓ 强调员工在日常工作计划中要体现重要性原则，以便更有效率地完成当天的工作任务。
- ✓ 向员工推荐一些灵活处理工作中突发事件的方法。

☑ 建议用时

75～120 分钟

☑ 所需材料

- ✓ 投影仪
- ✓ 新闻纸或者表格纸
- ✓ 每个小组发一张新闻纸或者表格纸

1　联系方式：410-418-4930，info@thegamesgroup.com
2　联系方式：954-262-5111，preziosi@sbe.nova.edu

- ✓ 表 A（背景资料），给每个活动参加者发一份
- ✓ 表 B（日程安排），给每个活动参加者发一份
- ✓ 表 C（工作日志），给每个活动参加者发两份
- ✓ 表 D（信息卡），给每个活动参加者发一份
- ✓ 每个小组配置一套电话设备
- ✓ 遮盖带
- ✓ 口哨、响铃，或者其他能够发声的装置
- ✓ 计时表或者其他能够记录时间的仪器

☑ 活动过程

1. 为每名参加者发一套表格，包括表 A、表 B、表 C。

■ 第 1 轮练习：员工个人的计划安排

2. 为第 1 轮练习做详细说明，明确每名员工需要完成的任务："这是一个关于怎样安排工作计划的练习。现在是星期二下午，距离你下班时间还有半小时。你正在安排星期三，也就是明天的工作计划。你首先需要利用 15 分钟的时间来阅读表 A（背景资料）和表 B（日程安排）中的内容，然后在表 C 中填写星期三的工作日志。"
3. 第 1 轮的练习正式开始。
4. 15 分钟之后，让所有员工停下来。
5. 让所有参加者以 3～5 人为单位组成若干小组，发给每个小组一张空白日志表（表 C）。

■ 第 2 轮练习：小组的计划安排

6. 为第 2 轮练习做详细说明，明确每个小组需要完成的任务："目前时间仍然是下一个工作日的前一天晚上。每个小组需要完成一份第二天的工作日志，这份工作日志必须代表小组所有成员的意见。你们可以利用 25 分钟的时间来做准备，25 分钟之后，每个小组选出一名代表把你们做好的工作日志向所有其他成员演示。"
7. 第 2 轮练习正式开始。
8. 3 分钟之后，让员工停止练习，并宣布："现在是星期三早晨，请完成今天的日程安排。"（请注意：将时间由星期二晚上转变成星期三早晨之后，你可以利用电话向各个小组通知一些新的消息，目的是干扰他们正常的日程安排。）
9. 用电话分别向每个小组通知一条同样的消息，占用 8 分钟的时间。

   接听电话方：实时管理小组

打电话方：林格博士

消息内容：全体人员会议已经重新安排到下午 2 点了

10. 用电话分别向每个小组通知一条同样的消息，占用 13 分钟的时间。

接听电话方：实时管理小组

打电话方：丈夫（或妻子）

消息内容：汽车发生故障，需要拖到修配厂做检修，请到回家的路上接我

（注意：开车到丈夫／妻子的办公室有 15 分钟的路程。）

11. 过 5 分钟之后，再向每个小组电话通知一条同样的消息。

接听电话方：实时管理小组

打电话方：资产管理办公室

消息内容：餐厅漏水，被迫暂停营业，直到下周一才开业

12. 25 分钟之后，宣布第 2 轮练习停止。

■ 第 3 轮练习：演示小组计划安排

13. 为第 3 轮练习做详细说明，明确每个小组需要完成的任务："每个小组将已经做好的第二天工作计划演示给所有成员看，每个小组选出一名代表，利用 3 分钟的时间做演示。现在，每个小组可以利用 15 分钟的时间，把你们的计划安排用一张新闻纸或表格纸写出来。"

14. 为每个小组发一张新闻纸或者表格纸、一些遮盖带。

15. 15 分钟之后，让员工停下来。

16. 让每个小组向全体成员演示自己的工作计划，时间为每组 3 分钟。

17. 向员工询问以下问题。

■ 对员工提出一些问题

向员工提问有助于员工认真思考练习过程中的各种感受，请员工来谈一谈他们从这次练习中学到了哪些东西，以及如何把学到的东西运用到工作中去。

你有哪些经历和体验？

- 一开始得到这些消息的时候你有什么感觉？
- 开始制定工作日志时，最困难的工作是什么？是怎样解决这些困难的？
- 你们小组的成员一开始碰头的时候发生了些什么事情？
- 在小组讨论会上，你认为哪些事情有意义？哪些事情没有意义？为什么？
- 在小组共同制定工作日志的时候，每个人所起的作用各是什么？（例如，谁是信息提供者？谁是商议者……）

你学到了哪些东西?
- 你认为学到的最重要的一个观念是什么?
- 从个人计划安排的实践中,你学到了些什么?
- 从小组计划安排的实践中,你学到了些什么?
- 通过这次练习,你是不是又学到了一些原本就了解的东西,只是自己迟迟没有付诸行动?为什么?

本次练习为你的工作和现实生活提供了哪些经验?
- 在今天的实践活动中,你认为哪些做法可以在以后的个人计划中继续运用?哪些可以运用到工作中?哪些可以运用到生活中?
- 你在执行工作计划和处理日常工作的时候会面临什么样的难题?你将怎样把这些难题逐一化解,以便它们不会影响你的正常工作?
- 关于如何在你与他人的工作需求之间寻求一个平衡点的问题,你有什么好的建议?

■ 可供选择的其他练习方式

1. 延长每一轮练习的时间和小组演示时间。
2. 改变以上练习中提供的电话消息,或者根据需要增加一些新的消息。
3. 改变日期。例如,假设你规定要制定星期四的工作日志,那么就把剧情中的时间改为星期三晚上和星期四早晨。
4. 让每个小组将工作日志写在一张新闻纸或者表格纸上,每个小组的工作日志都将受到其他所有小组的评审。必要情况下,还可以另外组织召开一次各小组讨论会,研究如何对工作日志做修改。
5. 利用计算机操作完成以上练习,用电子邮件发送消息。
6. 假设所有个人因素的影响都不存在,即在没有任何消息打扰的情况下制定工作日志。

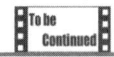

背景资料（表A）

现在是星期二下午，你正在制订明天的工作计划。

你是SCC公司的项目经理，工作地点距离你家有20~25分钟的路程（早晨通常只需要15分钟即可到达）。你正常的工作时间是从早晨8:30到下午5:00，按照惯例，你每天早晨6:00起床，做半小时的运动，然后洗澡、穿衣打扮、读早报、喝咖啡，大约8:20你就可以到单位了。到单位之后，你通常首先要检查一下办公桌，然后迅速到餐厅吃早餐。

（个人信息：根据你的生理周期，一天当中，你工作效率最高的时间是早晨8:30—11:30、下午3:30—6:00；工作效率最低的时间是下午1:00—3:00。）

星期三你有几项很重要的工作必须完成，其中最重要的是你必须在星期四上午10:00将RME项目的方案提交给林格博士。这是一项十分艰巨的任务，需要你厘清思路，做好计划安排，甚至对每个环节都要做到深思熟虑，为此，你至少需要一小时的时间没有人来打扰。另外，你还需要大约半小时的时间将该项目的各个环节协调起来，做进一步分析。最后，在你把这份项目方案提交给林格博士之前，还需要有半小时的时间认真检查一遍。

此外，你还有一些电话必须在今天打，其中大部分可以让你的助理——金姆·考斯特若斯克——来完成。然而，为了制订RME项目的筹资计划，你必须保证有半小时的时间没有人打扰你，以便与有关人员进行电话沟通。

你的办公室位于行走便道附近，员工时常从这里来来往往。会议中心从上午8:00开始提供使用，你已经预订了从上午9:30开始使用。

The Active Manager's Tool Kit

日程安排（表B）

请务必记住，工作中由于疏忽而造成的危机无处不在。请按照以下内容制定明天的工作日志。

8:00—9:45　　与玛丽·迪隆（分机号码：472）的非正式会面。你正在帮助玛丽起草一份项目建议书。尽管这份项目建议书是玛丽的任务，但是你承诺要给她提供帮助。项目建议书的最后期限是下个星期，然而玛丽还需要一些时间来请人协助她抄写和整理。玛丽通常在8:00之前就来到办公室。

10:00—11:35　　到B会议室参加员工大会。你将为大家做一个筹资方案的介绍（日常开销和广告宣传属于你的职责范围），在做介绍之前，你需要15分钟的时间来提前复习一下报告内容。你的发言时间安排在10:30—10:45，做完介绍之后你可以离开会议室。

12:00—13:00　　与詹森·大卫（分机号码：603）约好在餐厅进行午餐会面，詹森是生产部门的经理，他希望能够从你那里得到一些新的产品线的反馈信息。

13:30—14:30　　与船运服务公司的马休兹·葛莱德（电话：475-6047）会面，马休兹是你的客户，他对你们公司的新型滚筒集装箱很感兴趣，虽然该产品属于微利产品，但能够促进其他产品的销售。你们的会面安排在A会议室进行。

15:15—16:00　　与SRF公司的波特·兰德福（电话号码：337-9001）会面。波特是你的客户，通常会为你们公司提供一些中等数量的订单。与波特的会面总是充满了乐趣，但会面时间常常比事先安排的时间长出很多。你们的会面安排在A会议室进行。

17:30　　开车去接孩子回家（你的丈夫/妻子通常直接回家准备晚餐）。

18:30　　吃完晚餐。

19:15　　参加学校举行的表演活动：你的女儿——克莱瑞兹——扮演一位邪恶的东方女巫，你的儿子——米歇尔——扮演一位说大话的人。

工作日志（表C）

今天要做的事情　　　　　　　　　　　　　　　　　　　日期

项　目	优先顺序	需要时间	是否完成	时间安排	
			☐	7:00	
			☐	7:15	
			☐	7:30	
			☐	7:45	
			☐	8:00	
			☐	8:15	
			☐	8:30	
			☐	8:45	
			☐	9:00	
			☐	9:15	
			☐	9:30	
			☐	9:45	
			☐	10:00	
			☐	10:15	
			☐	10:30	
			☐	10:45	
			☐	11:00	
			☐	11:15	
			☐	11:30	
			☐	11:45	
			☐	12:00	
			☐	12:15	
			☐	12:30	
			☐	12:45	
			☐	13:00	
			☐	13:15	
			☐	13:30	
			☐	13:45	
			☐	14:00	
			☐	14:15	
			☐	14:30	
			☐	14:45	
			☐	15:00	
			☐	15:15	
			☐	15:30	
			☐	15:45	
			☐	16:00	
			☐	16:15	
			☐	16:30	
			☐	16:45	
			☐	17:00	
			☐	17:15	
			☐	17:30	
			☐	17:45	
			☐	18:00	

要点记录：

晚　上

The Active Manager's Tool Kit

信息卡（表D）

接受信息方： 实时管理小组　　☑ 紧急
日期： _____　**时间：** 8:15　上午/下午

信息记录卡

发送信息方： 林格博士
单位/部门名称： 检测项目组
电话： _____
传真： _____

电话通知	X	需要你回电话	
见面通知		将登门拜访你	
回复你的电话		会再给你打电话	

信息内容： 全体员工大会已经重新安排到下午2点钟。

签名： Ses

接受信息方： 实时管理小组　　☑ 紧急
日期： _____　**时间：** 8:20　上午/下午

信息记录卡

发送信息方： Linda
单位/部门名称： _____
电话： _____
传真： _____

电话通知	X	需要你回电话	
见面通知		将登门拜访你	
回复你的电话		会再给你打电话	

信息内容： 汽车发生事故，需要拖到汽车场进行检修，请到西家的路上来接我。
(注意：开车到Linda的办公室需15分钟的路程)

签名： Ses

接受信息方： 实时管理小组　　☑ 紧急
日期： _____　**时间：** 8:25　上午/下午

信息记录卡

发送信息方： 资产管理办公室
单位/部门名称： _____
电话： _____
传真： _____

电话通知	X	需要你回电话	
见面通知		将登门拜访你	
回复你的电话		会再给你打电话	

信息内容： 餐厅漏水，被迫暂停营业，直到下周才营业。

签名： Ses

接受信息方： _____　　☐ 紧急
日期： _____　**时间：** _____　上午/下午

信息记录卡

发送信息方： _____
单位/部门名称： _____
电话： _____
传真： _____

电话通知		需要你回电话	
见面通知		将登门拜访你	
回复你的电话		会再给你打电话	

信息内容： _____

签名： _____

The Active Manager's
Tool Kit

第 3 部分

创建协同合作的工作团队的有效工具

20 你的团队需要在哪些方面有所改进

Kevin Lohan[1]

☑ 概　述

　　团队在承担一项具有挑战性的任务之前，必须确保团队成员具有协同合作的精神，以便顺利完成各种长期或短期项目。本章为你提供了一个行之有效的评估工具，有助于判断你的团队是否达到了能够创造最佳业绩的最理想的合作状态。该评估工具的设计综合考虑了团队协作效应的方方面面，并从4个方面对这些协作效应进行描述，分别是团队目标、团队职责分配、团队成员的人际关系以及团队工作程序。

1　联系方式：64-2-4385-2049, endeavr@terrigal.net.au

20 你的团队需要在哪些方面有所改进

提高团队工作效率

➔ 目标设定对照表

说明：下面是有关团队目标设定与实现过程的10项描述，认真阅读和思考每项描述中截然不同的两种陈述，在0~5这6个数字中选出最适合用来描述你们团队状况的一个。

我从不与团队成员共同讨论团队目标设定的问题。	0 1 2 3 4 5	我总是与团队成员共同讨论团队目标设定的问题。
我们团队的目标设定周期是1年，甚至超过1年。	0 1 2 3 4 5	我们至少每3个月更新一次团队目标。
今年我们的团队目标不足3个，或者主要目标多达6个以上。	0 1 2 3 4 5	今年我们的主要目标定在3~6个，易于管理。
我们很少在一起讨论团队业绩评估的标准。	0 1 2 3 4 5	我们已经制定出切实可行的团队业绩评估标准。
我们很少在一起就业绩完成情况展开讨论。	0 1 2 3 4 5	工作业绩是我们例会中不可缺少的讨论内容，此外我们还经常专门召开业绩讨论会。
我们的团队目标一经设立，即使环境发生了变化，也不会做出任何调整。	0 1 2 3 4 5	如果发生出乎意料的情况，我们会召集大家共同讨论如何对现有目标体系进行修改。
只向员工明确分配工作任务，没有对管理者的责任做出清楚的说明。	0 1 2 3 4 5	团队全体成员都有明确的个人职责，包括管理者在内。
目标的设定往往会超出团队能力所及，无法实现。	0 1 2 3 4 5	我们的目标设定总是在团队能力所及范围之内，能够按时完成。
我们很少对团队成员个人目标的实现情况进行检查。	0 1 2 3 4 5	我们经常对团队成员个人目标的完成情况进行监督检查，确保团队整体目标的实现。
我们没有采取任何措施来保证团队成员在目标实现的过程中能够信息共享。	0 1 2 3 4 5	我们确保团队成员在目标实现过程中能够信息共享。

以上10项得分总和：_____

The Active Manager's Tool Kit

→ 职责分配对照表

说明：下面是有关团队成员职责分配情况的 10 项描述，认真阅读和思考每项描述中截然不同的两种陈述，在 0～5 这 6 个数字中选出最适合用来描述你们团队状况的一个。

团队成员没有明确的、书面的职责描述。	0 1 2 3 4 5	团队每名成员都有书面化的职责描述。
职责分配不明确，团队成员通常会对个人职责产生疑问。	0 1 2 3 4 5	团队成员对自己的职责了如指掌，很少产生疑问。
分配工作任务时，团队成员之间经常发生矛盾和争执。	0 1 2 3 4 5	分配任务是一件很轻松的事情，团队成员非常清楚自己的职责，也很容易接受任务。
团队成员缺席时，其他成员不知道该怎样接替他的工作。	0 1 2 3 4 5	团队成员缺席时，所有重要的工作均不会受到任何影响。
从不给团队成员提供机会学习新的职业技能。	0 1 2 3 4 5	不断为团队成员提供新的岗位机会。
没有制订任何方案来帮助团队成员克服缺点、提高业绩。	0 1 2 3 4 5	始终关注团队成员个人素质的提高。
我们从不公开讨论团队成员的职责分配。	0 1 2 3 4 5	我们始终公开讨论团队成员的职责分配。
团队成员没有做到相互尊重彼此的职责。	0 1 2 3 4 5	团队成员相互尊重彼此的职责。
团队成员不能很好地履行各自的职责，却把精力放在个人职责之外的事情上。	0 1 2 3 4 5	团队成员能够认真地履行各自职责，很少去顾及那些与个人职责无关的事情。
团队的领导职能不明确。	0 1 2 3 4 5	团队的领导职能明确。

以上 10 项得分总和：_____

20 你的团队需要在哪些方面有所改进

→ 人际关系对照表

说明： 下面是有关团队成员的人际关系情况的 10 项描述，认真阅读和思考每项描述中截然不同的两种陈述，在 0～5 这 6 个数字中选出最适合用来描述你们团队状况的一个。

团队中一些成员总是藐视别人。	0 1 2 3 4 5	团队成员之间平等相待。
团队成员之间互不信任。	0 1 2 3 4 5	大量的事实证明，团队成员之间能够相互信任。
团队成员在遇到困难和问题时不去寻求外部支持。	0 1 2 3 4 5	团队成员在遇到困难和问题时，总是说出来与其他成员共同讨论。
团队成员之间从不互相提出工作中的改进意见和建议。	0 1 2 3 4 5	团队中每个成员都能够愉快地接受别人的意见和建议，也能够采取一些恰当的方式向别人提供反馈信息。
我总是在形势恶化的时候，才能发现自己犯下的错误。	0 1 2 3 4 5	我总能够迅速意识到自己所犯的错误，并及时采取措施加以解决。
团队成员总是不加掩饰地发泄自己愤怒和沮丧的情绪。	0 1 2 3 4 5	团队成员能够理性地控制自己的情绪，不轻易表现自己的愤怒和沮丧。
我把其他团队成员仅仅当作同事，而不是朋友。	0 1 2 3 4 5	团队成员之间和睦相处，相互之间结成友好的朋友关系。
团队成员之间发生争执时，通常是以一方挫败另一方而告终。	0 1 2 3 4 5	团队成员之间的争执总是能在当事人各方都满意的前提下得以解决。
团队的决策权和发言权总是被少数人所控制。	0 1 2 3 4 5	团队成员拥有平等的决策权和发言权。
团队内部各成员对彼此间关系的感觉与团队外部人的看法之间存在很大差异。	0 1 2 3 4 5	团队内部各成员对彼此间关系的感觉与团队外部人的看法是完全一致的。

以上 10 项得分总和：_____

The Active Manager's Tool Kit

→ 工作程序对照表

说明：下面是有关团队工作程序情况的 10 项描述，认真阅读和思考每项描述中截然不同的两种陈述，在 0～5 这 6 个数字中选出最适合用来描述你们团队状况的一个。

团队没有制定出明确的相关政策和工作程序供员工遵循。	0 1 2 3 4 5	团队有明确且成文的相关政策和工作程序供员工遵循。
团队成员在讨论重大问题时很难达成一致意见。	0 1 2 3 4 5	关于团队一些重大问题的决策，我们总是按照特定程序来进行。
团队缺乏应有的程序来解决一些矛盾争端。	0 1 2 3 4 5	团队有一套公认的程序来解决矛盾冲突。
团队成员之间的信息交流渠道混乱，各种信息混杂，没有头绪。	0 1 2 3 4 5	团队成员之间的信息交流渠道十分畅通，每个成员都知道自己该从哪里获取以及怎样获取相关信息。
团队成员几乎不遵守正式的规章制度。	0 1 2 3 4 5	团队成员严格遵守内部规章制度。
我们的团队从不欢迎那些大胆创新的思想。	0 1 2 3 4 5	我们的团队鼓励员工的创新性思考。
团队制定的工作程序早已过时。	0 1 2 3 4 5	团队的工作程序定期更新，不断适应当前的技术发展和工作方式。
团队成员集体会议通常没有效率，是浪费时间。	0 1 2 3 4 5	团队成员集体会议总是省时高效。
团队在政策上关注那些需要消耗大量时间和人力，并且面面俱到的工作。	0 1 2 3 4 5	团队在制定工作程序时首先考虑的是如何妥善解决各种问题，而不仅仅是防止错误的发生。
团队的政策制度因人而异，缺乏公正统一性。	0 1 2 3 4 5	团队内所有成员遵守统一的政策标准，只有少数情况下有例外现象。

以上 10 项得分总和：_____

→ 评分情况及相关说明

利用本评估工具得出的总分没有好坏之分。如果仅仅根据自己的标准来理解以上所有陈述，理解数字评估体系中每个变量的具体含义，那么你的评估结果就将失去应有的价值。之所以提供该评估工具，是希望通过审视团队的活动和团队成员的行为来发现和判断团队的优势和弱势所在。为了真实而全面地为团队的现有状况做诊断，你需要把自己的打分情况与其他团队成员的打分情况进行比较，而不必与其他团队的得分情况相比较。

在做以上评估问卷时，每回答一个问题时都有 0~5 这 6 个数字可以选择，每项调查中有 10 个问题，因此，每项调查的最高分是 50 分，将以上 4 项调查结果进行比较，你将发现目前团队在哪一方面需要改善和提高。同样，将每项调查中的 10 个问题的得分情况进行比较，你会进一步发现团队目前所存在的最紧迫的问题是什么。

→ 参考文献

Mark Plovnick, Ronald Fry, and Irwin Rubin, "New Development in OD Technology: Programmed Team Development." *Training and Development Journal,* 29, 4, April 1975.

21 谁让你的团队更有活力

Bill Stieber[1]

☑ 概　述

事实上差异性是团队的调味剂，它能够让团队成员保持旺盛的活力，拥有创造性，不断在各方面取得进展，从而保证团队在有序状态下高效运转。对团队成员之间进行差异分析，能够改变他们一些固有的思维方式，使每个人的行为更加成熟，更加有利于团队发展。具体来讲，差异性分析的作用包括如下几个方面：

- 使团队成员更容易接受存在于彼此之间的差异。
- 使团队成员能够发现、理解、接受和比较分析存在于彼此之间的差异。
- 肯定团队成员之间各种差异存在的价值和重要性。
- 养成尊重他人自身价值的习惯。
- 养成认真倾听他人谈话以便能够更好地理解谈话内容的习惯。

本章提供的"团队领导与员工评估表"不仅有助于团队成员理解存在于彼此之间的种种差异，而且还能作为团队领导，以及每名员工进行自我认知、自我分析的有效工具。

To be Continued

---

[1] 联系方式：215-860-6098，Bill.S@Stieber.com

团队领导与员工评估表

■ 第1部分：激励因素

第1部分说明：请仔细阅读下表中所列示的14个激励因素，及有关这些激励因素的性格特征描述，选出一个最适合你的描述。

团队领导姓名	团队员工姓名	激励因素
		1. 成就感 ——我喜欢设定目标，喜欢为实现目标而努力工作 ——我为自己的工作而感到骄傲 ——对我来说，我们的团队能够顺利完成任务是很重要的一件事
		2. 受到关注 ——我喜欢团队中其他成员都能关注我的工作 ——我从不介意自己成为众人瞩目的焦点 ——对我来说，能够获得别人的承认和肯定是很重要的
		3. 自由度 ——我喜欢有一定的自由度来安排自己的工作 ——我从不介意自己成为众人瞩目的焦点 ——我认为自己在工作上几乎不需要别人的监督和指导
		4. 挑战性 ——越是富有挑战性的工作，对我越具有吸引力 ——我愿意承担艰巨的工作任务 ——我喜欢做一些具有重要意义的工作
		5. 要求明确 ——只要明确了团队对我提出的要求，我就能竭尽全力去工作 ——只要工作程序清楚明确，我就能更好地工作 ——只有得到一些指导和帮助，我才能把工作做得最好
		6. 同事之间的友情 ——对我来说，能够成为团队中的一分子具有很重要的意义 ——工作中，我能够与团队中其他成员以及其他团队紧密配合 ——同事关系对我来说很重要

续

团队领导姓名	团队员工姓名	激励因素
		7. 能力 ——我希望拥有一些机会来提高自身能力 ——我能从培训指导他人的过程中得到满足 ——我努力寻找机会来改变和提高自己
		8. 鼓励 ——我愿意与培训指导人员一起工作 ——从同事那里获得一些鼓励让我很高兴 ——在没有太多压力的情况下，我能发挥出最好的工作水平
		9. 专业能力 ——我喜欢被同事们视作专家 ——我很高兴自己的工作能力和技巧能够得到别人的认可 ——我很高兴别人来向我征询意见和建议 ——我很喜欢拥有一些机会来学习新的知识和技能 ——我喜欢做决策
		10. 协调能力 ——我尽可能接受别人的意见，满足别人的要求 ——我认为团队成员能够在最大限度上达成共识是相当重要的 ——我尽己所能来化解矛盾，保持良好的工作关系
		11. 规章制度 ——我喜欢在有章可循的情况下完成工作 ——只要日常规则不变，我就能更好地完成工作任务 ——只有在不发生任何突发事件的情况下，我才能发挥出最好的工作水平
		12. 稳定性 ——我不喜欢工作中有太多的可变因素 ——我需要一段时间来适应工作中的变化 ——即使出现一些难以适应的变化，我也能把工作做得最好
		13. 得到支持 ——我很愿意接受别人的意见和建议 ——我尽量满足团队中其他成员的期望和要求 ——我愿意在别人的指导下工作

续

团队领导姓名	团队员工姓名	激励因素
		14. 富于变化的工作 ——我喜欢承担更多的工作责任 ——我喜欢做不同性质的工作，完成不同的任务 ——我喜欢在工作程序上有所变化，喜欢对具有不同重要性的事情做出相应调整

■ 第2部分：个人能力

第2部分说明：下面是一张个人能力评估表，利用所提供的评分标准进行自我打分：

1——很差　　2——较差　　3——一般　　4——较强　　5——很强

	能力	评分（1~5）
社交能力	团队领导能力	
	提供建议和影响他人的能力	
	沟通交流能力	
	化解争端的能力	
	获取他人支持与合作的能力	
	幽默风趣	
	与他人协同合作的能力	
	支持他人的能力	
管理能力	制订计划的能力	
	解决问题的能力	
	对复杂问题的理解能力	
	协调能力	
	表达能力	
	组织能力	
	创新性思维能力	
	获取信息的能力	
	报告、备忘录和建议书的书写能力	
技术能力	培训指导他人的能力	
	与工作相关的新知识接受能力	

续

能力		评分（1～5）
技术能力	掌握一项新的工作技能的能力	
	接受指导、适应新的工作流程的能力	

评分情况

■ 第1部分：激励因素

将团队领导以及团队每名员工的选择结果填写在相对应的空格内，然后把所有选择结果全部填写到"合计"栏内。注意观察和分析对每个激励因素的选择结果有何不同，对于员工感兴趣的激励因素给予充分重视。

激励因素	团队领导	团队员工1	团队员工2	团队员工3	团队员工4	合计
1. 成就感						
2. 受到关注						
3. 自由度						
4. 挑战性						
5. 要求明确						
6. 同事之间的友情						
7. 能力						
8. 鼓励						
9. 专业能力						
10. 协调能力						
11. 规章制度						
12. 稳定性						
13. 得到支持						
14. 富于变化的工作						

■ 第2部分：个人能力

将团队领导以及每名员工的评分结果填写在相对应的空格内，然后把各分值的相加结果填写在"合计"栏内。

能　力	评分					合计
	团队领导	团队员工1	团队员工2	团队员工3	团队员工4	
社交能力						
团队领导能力						
提供建议和影响他人的能力						
沟通交流能力						
化解争端的能力						
获取他人支持与合作的能力						
幽默风趣						
与他人协同合作的能力						
支持他人的能力						
管理能力						
制订计划的能力						
解决问题的能力						
对复杂问题的理解能力						
协调能力						
表达能力						
组织能力						
创新性思维能力						
获取信息的能力						
报告、备忘录和建议书的书写能力						
技术能力						
培训指导他人的能力						
与工作相关的新知识接受能力						
掌握一项新的工作技能的能力						
接受指导、适应新的工作流程的能力						

　　从"合计"栏的总分情况可以看出团队内部的优势和弱势所在，把这些优势和弱势分别总结出来，写在下面，制订出一套行之有效的方案来继续加强和充分利用团队各方面的优势，同时改进和提高团队各方面的弱势。

团队优势主要体现在以下几个方面：
_____
_____
_____
_____

团队弱势主要体现在以下几个方面：
_____
_____
_____
_____
_____

为了充分利用团队优势，我们将采取如下措施：
_____
_____
_____
_____
_____

为了改进团队弱势，我们将采取如下措施：
_____
_____
_____
_____
_____

22 你的团队能否高效运行

Valerie MacLeod[1]

☑ 概　述

"团队高效运行的评估工具"中列出了 12 个评估标准，用于检验团队是否能够高效率地运行，这些评估标准构成了一个高效运行的团队的基础条件。该评估工具有助于团队发现自身不足，并加以改进和提高，与此同时还能为团队员工提供参与制订计划和监督计划执行的机会，从而确保团队高效运行。

无论对于新组建的团队，还是对于有一定运行经验的团队，"团队高效运行的评估工具"都不失为一个有价值的管理工具。在团队成立初期，可以考虑运用该工具来决定如何合理支配时间，以确保团队能够在最短的时间内达到最佳工作效率；有一定运行经验的团队也可以运用该评估工具将团队运行效率大大提高上来。

任何团队都应该尽最大努力来保证运行效率的不断提高，即使业绩最突出的团队也需要在以下 12 个评估领域中继续改进和提高。完成"团队高效运行的评估工具"后团队应该：

- 选中 1~3 个迫切需要提高的标准加以改进。
- 为选中的需要提高的标准制订行动方案。
- 监督行动方案的实施，确保团队运行效率的大幅度提高。

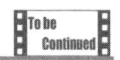

1　联系方式：403-236-3928, Vmacleod@teleplanet.net

团队高效运行的评估工具

说明：如下表所示，每个标准中都有 5 个（1~5）档次的评分，其中对 1，3，5 这 3 个档次的评分做出了具体解释和描述。

该评估工具从 12 个方面反映出每个团队成员对于团队运行效率的不同看法，任何评分结果无所谓正确与否，只是为团队成员提供一个发表个人见解的机会。

团队成员在进行评分时，首先要仔细阅读表中代表 1，3，5 这 3 个评分档次的行为描述，然后才能做选择。举例来说，在你对"团队目标"这一标准做选择时，如果你认为你不仅仅是"理解团队目标"（评分 3 的行为描述），但是又没有做到"理解团队目标与组织策略之间的关系"（评分 5 的行为描述）时，你就可以选择评分 4。

团队高效运行的标准	1	2	3	4	5
团队目标	不了解团队目标		理解团队目标		理解团队目标与组织策略之间的关系
职责分工	不了解我在团队中的具体职责是什么		知道我的职责		对所有团队成员的职责都了如指掌
基本规则和标准	在工作中，我们从未制定或从未执行过基本规则和标准		我们制定了工作中的基本规则和标准，但多数情况下只是在团队成员会议上偶尔采用		我们在工作中总是用基本规则和标准来约束自己的行为
设备、资金和人力资源的配置	设备、资金和人力资源的配置对工作没有任何作用，甚至会阻碍工作的进展		设备、资金和人力资源的合理配置使我们完成了大部分目标任务		设备、资金和人力资源的配置对于我们完成和超额完成目标任务起到了举足轻重的作用
团队会议	纯粹浪费时间		例会通常是有意义的		能达到沟通信息和解决问题的最好效果
矛盾争端	矛盾争端从不被重视		有些矛盾争端由领导负责处理		所有团队成员都积极参与，并能够有效解决矛盾争端
信任	我们更喜欢独立工作，协同合作时相互检查对方的工作		我们自由选择是否需要协同合作，偶尔情况下会相互检查		我们更喜欢协同合作，并且充分相信对方能做好自己的工作

续

团队高效运行的标准	1	2	3	4	5
重视差异	我们从不重视员工之间的差异性		我们逐步理解并接受了员工之间的差异性		我们利用彼此之间的差异来创造更好的解决问题的途径
培训和发展	很少制订培训和发展计划		有一些培训和发展方案,但不属于团队总体发展方案的一部分		分别制订当前、未来的培训和发展方案,作为团队总体发展方案的一部分
改进和提高	工作过于繁忙以至于无法改进和提高		工作中获得了一些改进和提高		始终坚持不懈地寻求更好的工作方法
效果跟踪	不重视任何工作的执行效果		工作完成之后,通常要对执行效果进行跟踪		对工作效果进行跟踪是我们工作任务的一部分

■ 评分说明及讨论

把每名团队成员的打分情况按照12个评估标准逐项加总,然后除以团队成员人数,得出每个评估标准的平均打分值。举例来说,有6名团队成员对于"团队会议"的打分分别是1、4、3、4、3、4,那么平均每个团队成员的打分为3.2。

在关于打分情况的讨论过程中,不要仅仅考虑平均分数。我们仍然举"团队会议"这个例子来做说明,平均分是3.2,表面上看似乎还能够被接受。然而,请注意有一名员工打分是1,也就是他认为团队会议"纯粹是浪费时间"。讨论活动要紧紧围绕着这12个标准展开,越细化越好。

完成了对这12个评估标准平均打分情况的分析,并且讨论了每名成员的具体打分情况之后,团队就应该根据具体情况,选择出1~3个标准来加强和改进,下面的问题将有助于团队来决定怎样进行选择:

1. 12个团队高效运行的标准中,哪一个平均分值最低?
2. 哪一个标准在团队成员中引起最热烈的讨论?
3. 哪一个标准是客户最希望我们能有所改进的?
4. 哪一个标准是股东最希望我们能有所改进的?
5. 哪一个标准给我们带来的麻烦最大,最容易引起矛盾争执?
6. 哪一个标准最容易在短期内获得提高和改进?

■ 行动方案

参照下面的表格，对于将要着手改进和提高的每个标准制订出切实可行的、具体的行动方案，包括起始时间、负责人姓名和一些必要的资源。

提高团队运行效率的行动方案 ——重视差异					
具体行动	责任人	开始时间	完成时间	必要的资源	进展状况

团队应该对行动方案的执行情况定期进行考核，并需要团队成员在考核周期的问题上达成一致意见。每天考核一次未免过于频繁，然而等到年底才进行考核又没有任何意义。团队可以考虑每周、每半个月，或者每个月进行一次考核，这种考核周期是比较合适的。

■ 行动方案的进一步跟踪

许多团队在制订完行动方案之后就置之不理，一个高效运行的团队能够对行动方案的执行情况进行自始至终的跟踪。

团队在结束对评分情况的讨论，并制订出切实可行的改进方案之后，就必须确定行动方案执行效果的考核周期，也就是说，行动方案的执行情况需要在定期考核会上接受评审。但是考核的时间不必太长，特别是在方案进展顺利的情况下，更应该将讨论的时间尽可能缩到最短。只有当出现的一些实质性问题影响方案执行效果时，才需要在团队成员之间展开长时间的讨论。

"团队高效运行的评估工具"还可以用来衡量团队的进步程度。请记住每名员工对12个标准的打分值，在定期考核中，你会看到，每个评估标准对团队来说都具有非常重要的意义，团队成员正在积极地、逐步地改变着现有状况。在改进方案执行结束的时候，最初的打分情况将发生很大的变化，团队的运行效率也会取得突飞猛进的提高。

23
团队联盟的组建

Cynthia Solomon[1]

☑ 概　述

团队联盟是专门为满足若干个团队的统一需求而组建的联盟组织。本章介绍了组建团队联盟的过程和意义，并对有经验的团队联盟组建者提出了一些有益的忠告，同时，也对加盟团队的管理者提供了一些颇有价值的帮助，使他们能够充分利用团队联盟的初创阶段，协助和配合组建者的工作，从而为团队联盟发展到更成熟的运行阶段奠定良好的基础。

→ 什么是团队联盟

团队是指人们为了共同的目的而形成的组织。在组织内，人们按照同一程序开展工作，共同参与目标任务的完成，相互交流沟通，对组织负有义务和责任，彼此信任。然而，并非所有的团队都能达到理想的运行效率，事实上，团队的成功并不是一件轻而易举的事情。正因为这样，许多团队都在寻求一种更为成功的运行模式，即团队联盟。只要各个团队的文化相同或者相似，它们就可以有目的性地结成联盟组织，相互协调、相互融合、相互支持，从而使每个团队的工作效率达到最佳状态。团队联盟组建者需要一位有经验的人来担当，能够了解并支持每个加盟团队的需求，负责与各个加盟团队一起

1　联系方式：865-408-1520，nomolos55@msn.com

完成团队联盟的组建工作。团队联盟在形成过程中要经历各种复杂的讨论，做出一系列相关决策，并且需要经历剧烈调整阶段、规范化运作阶段以及业绩提升阶段。

团队联盟的组建是一个有计划的过程，组建者首先要协助每个加盟团队做好自我定位，明确各自的目的，并对加盟条件和运行程序做详细解释，同时规定，每个加盟团队必须把组建会议当作新的团队联盟会议来看待。

→ 为什么要加入团队联盟

团队联盟要经历 4 个阶段，即初创阶段、剧烈调整阶段、规范化运作阶段以及业绩提升阶段。（梅尔·希尔伯曼在他的 Team and Organizational Development Sourcebook 一书中对这四个阶段做了具体解释，并且详细介绍了团队如何准确理解和把握这四个阶段，从而顺利完成团队联盟的组建工作。）

在团队联盟的初创阶段，每个加盟的团队都会带来不同的人才、技能、经验和特长，每个成员对于成立大会都会表现出热情，以便明确自己的职责和团队联盟的运行规则。如果对初创阶段的各项工作缺乏足够的重视，团队联盟就没有一个公认的、协调的运行程序和统一的规定，在接下来要经历的剧烈调整阶段、规范化运作阶段及业绩提升阶段就将面临一系列问题和矛盾。

组建团队联盟的初创阶段需要大量的时间投入，以确保这个全新的组织有一个很好的开端，同时，还需要建立强有力的支持体系，以确保团队联盟在运行过程中顺利渡过各种难关。既然投入了大量的时间和精力，团队联盟的组建就应该能够保证每个加盟的团队生命力更加顽强，更有能力克服各种困难障碍、解决更为复杂的工作问题。然而需要明确的是，如果一些短期的、相对简单的项目完全可以由单个团队来完成，就没有必要组建团队联盟，也就是说，组建团队联盟的前提是要确保投入成本一定要低于所有加盟团队单独投入的成本总和。

概括起来，团队联盟的优越性有以下几个方面的体现：
1. 每个加盟团队都有机会发现，自己能够在团队联盟的整体运行过程中发挥出什么样的作用，别的团队发挥出什么样的作用。
2. 每个加盟团队都有机会表达自己的期望，提出自己的需求，为此，他们愿意以百分之百的热情投入团队联盟的工作当中。
3. 团队联盟能够准确预测发展过程中面临的各种困难，并提前做好周密安排，帮助各个成员有效避免和克服各种障碍。事先预测突发性事件，并积极采取预防措施能够保证团队联盟在遇到各种问题时沉着应对，避免做出紧张、轻率和不理智的决定。
4. 团队联盟有利于制定出有效的会议制度、沟通制度、信息共享制度、资源整合制度，明确各个成员的责任和义务、熟悉客户，并全面掌握客户的期望和需求。
5. 每个加盟团队都有机会讨论和决定各种矛盾冲突的化解方法，各种难题的解决途径以及决策程序的制定，并提出各自的要求和期望，这是团队管理的有效工具，团队运行的成功与否在一定程度上取决于这些工具是否有效使用。
6. 加盟团队之间有机会相互沟通、相互了解，尊重和欣赏彼此特有的能力和特长。

➔ 组建团队联盟的重要原则

团队联盟的组建过程要遵循以下几个重要原则：
1. 加盟团队必须确保在目标任务、工作程序、责任义务、沟通交流、参与意识、彼此信任等方面有本质上的一致，而且都迫切希望能够成为联盟中的一分子。
2. 加盟团队必须承认并渴望实现结盟之后的种种优越性，相反，如果某个加盟团队缺乏对这种优越性的认识，就会出现团队联盟把意志强加给这个团队的现象，其结果必定会造成一种缺乏信任、保守僵化、没有创造力的组织环境，这样的环境将要面临的风险是不言而喻的。
3. 加盟团队在一定范围内有自主权，决定自己作为一个相对独立的团体如何运行。但是每个加盟团队都要准确理解团队联盟的规定，必须遵守团队联盟的各项规章制度，在此前提下，他们可以自由界定和安排自己的工作程序，营造适合自己的工作氛围。
4. 团队联盟的组建基于每个加盟团队之间的相互信任。也就是说，各个加盟团队必须做到彼此信赖，避免相互之间存在各种偏见，避免以敌视的态度互相对待。充满信任的团队才是高效运行的团队。

➔ 组建团队联盟的基本要求

■ 组建团队联盟的准备工作

首先，团队联盟组建者需要从客户端入手，获取各个加盟团队的相关基础性信息，但是大部分基础信息的来源是各个加盟团队的管理者，另外，组建者还可以向要求组建团队联盟的相关领导寻求相关信息。除此之外，一些相关的指导摘要和组建前与团队成员的会谈也将有助于团队联盟组建者更全面地了解各个团队的具体情况，掌握他们各自的需求和当前存在的问题，从而确保在组建过程中能够有目的性地为各个加盟团队提供支持，确保团队联盟组建工作的顺利开展。

- 对要求组建团队联盟的相关领导提出的问题
    1. 团队联盟有哪些成员？
    2. 为什么要选择这些团队？他们是自愿要求加入团队联盟的吗？
    3. 团队联盟的既定目标是什么？
    4. 希望团队联盟完成哪些工作？要求它提供什么产品与服务？
    5. 团队联盟内各个加盟团队必须在多长时间内结束磨合期，彼此协调地开展工作？
    6. 就目前情况来看，团队联盟在运行过程中将受到哪些方面的制约和限制？
    7. 团队联盟在运行过程中有哪些可预见的障碍和困难？
    8. 团队联盟将拥有哪些优势来保证成功运行？

- 对团队联盟的各个成员提出的问题
    1. 团队联盟的总体目标是什么？
    2. 你将为团队联盟做哪些工作？
    3. 你认为其他人能为团队联盟做哪些工作？
    4. 你的客户有哪些？客户有什么样的期望与要求？
    5. 依你的估计来看，有哪些困难将对团队联盟的成功产生阻碍作用？
    6. 你希望自己能够从团队联盟中获取哪些帮助来保证你成为一名成功的员工？

■ 安排联盟会议议程

团队联盟的准备工作是决定其能否成功运行的关键所在，任何一个团队联盟都必须切实满足每一个加盟团队的需求。完善的准备工作意味着要全面收集和认真分析背景资料，要妥善准备联盟会议上的讨论议题。

首先，要列出一份讨论议题清单，开始讨论的问题要尽量简单，力求对所有的加盟团队都没有任何威胁性。然后由浅入深，引导大家讨论一些具有实质意义的问题，讨论过程中要营造出彼此信任、相互坦诚的气氛。下面是一份讨论议题的范例，充分体现了由浅入深的特点：

> A. 团队成员做自我介绍。
> B. 了解客户关系，明确客户要求和期望，理解组建团队联盟的目的和意义。
> C. 了解团队成员的特点和专长。
> D. 强调团队联盟成立后的优势所在。
> E. 分析团队联盟成立后的困难和障碍。
> F. 重要议题：职务分工和责任义务、会议制度、解决问题的途径、化解矛盾和争端的方法、沟通机制、各个岗位责任人之间的协调配合等。

> G. 总结。

根据你自己的计划来决定会议时间的长短，并根据会议时间来合理安排会议议程，一般来讲，会议时间以 4~8 小时为宜。然而一些技术性团队联盟的会议时间相对较长，因为这些工程项目往往涉及分包商的问题，还要考虑到行业内的许多成文规定。为了保证效率，团队联盟会议时间不宜过短，但同时，组建者也要注意严格把握会议时间，避免拖沓冗长、缺乏效率。总之，合理控制会议时间能够使讨论过程更加高效，从而保证会议按时结束。

准备主要讨论议题也是组建团队联盟的一项重要工作。如果有可能，你可以将会议议程提前发给参加会议的每个人，以便他们对会议内容有所了解，对自己在会议中需要做哪些事情有心理准备。另外，在会议议程上还要列出参加会议的全体人员名单，并对会议的主要宗旨做出简单陈述，例如："在这次团队联盟组建会议中，我们将进行一系列的讨论，做出一系列的决定，来帮助每个加盟团队明确自己该怎样做才能符合团队联盟的要求，才能更有效地完成各自的目标和任务。"

■ 团队联盟组建者的工作职责

团队联盟组建者最好不是该联盟的成员，但他必须熟知每个加盟团队的情况，这是对他最基本的要求。在组建会议上，组建者不应该用自己的想法去影响团队成员，更不应该对团队成员的意见随意做主观的评价。与此同时，团队成员也不能在会议上对组建者指手画脚，所有收集信息和研究讨论的工作都应该在前期准备过程中完成。

团队联盟会议并不是一个培训性质的会议，任何必要的团队培训都需要在组建会议上得到确认后，再召开另外的会议进行规划并组织实施。举例来说，在组建会议上，组建者可能认为对决策方法进行指导和培训十分必要，那么在组建会议结束时，组建者就应该告诉大家，团队联盟会利用一些时间来组织学习决策方法，以便更有效地开展工作。

组建者还应该准备一些活页卡片、标识物、录音磁带、及时贴以及其他一些有用的工具，并把议室的桌椅摆放成圆桌会议的形式，这样会让参会者感觉到人人平等。团队的管理者要与普通员工坐在一起，不要单独坐在前面，给人一种高高在上、遥不可及的感觉。

组建者应该把事先确定好的讨论议题写在活页卡片上，这样可以方便会议过程中的记录。组建者可以自己记录会议内容，但如果讨论气氛很热烈，多数成员都争先恐后地献计献策，组建者就应该让别人来记录会议内容，以便自己能够腾出时间支持会场上的讨论。

组建者还应该将所有的活页卡片以及其他会议上的记录内容整理好，以报告的形式提供给团队联盟的全体成员。另外，为了方便以后工作中的修改，该报告最好以电子文件的形式提供。

■ 与团队管理者的合作秘诀

在组建团队联盟之前，组建者应该深入研究组建的目的，明确与团队管理者之间如何进行有效配合。为了使团队联盟的组建工作顺利而有效，作为团队的管理者，应该首先理解并接受团队联盟的一些基本理念和原则，具体包括以下几个方面：

1. 团队联盟一方面要求所有成员具备积极参与的意识，另一方面要求创造出一个自由开放的团队环境，在这样的环境中，团队成员可以自由坦诚地发表个人见解，将个人创造力淋漓尽致地发挥出来，而不必担心来自管理者的种种责难。
2. 团队管理者对于团队联盟的组建活动应该给予相应的支持，明确指出保持团队联盟的活力和效率具有非同寻常的意义，管理者的基本管理思想是确保团队联盟的优势和效率远远大于每个加盟团队的单个效率之和。
3. 团队管理者应该出席团队联盟的组建会议，但只能作为会议成员这样一个普通角色，不能影响会议议程。在会议期间，管理者要避免为会议内容做任何决策，更不能代替组建者行使权力。
4. 团队管理者应该欣赏和尊重每名团队成员，以便建立一种相互信任的关系。

■ 组建团队联盟

组建者首先需要解释团队联盟成立的目的，向全体成员阐明团队联盟的成立宗旨，以及如何运作才能圆满完成使命。

组建者必须能够营造出一个开放、公正、轻松而又富于建设性的讨论氛围，以确保全体成员能够彼此信任、互相尊重。在必要的情况下，组建者还要建立团队联盟的基本规则。

会议过程中应该鼓励每名成员展开自由讨论，充分发表个人见解。同时要安排一名员工对讨论内容做记录，并对记录情况做详细整理，形成一份总结性的报告，以便日后对报告内容进行讨论、分析，必要情况下做出相应修改。

→ 组建过程中的问题讨论

下面提供了 16 个讨论问题，以便那些有经验的组建者充分考虑各个加盟团队的特定需求、不同的文化背景，以及整个组建过程中的时间限制，来合理安排团队联盟的成立程序。选择一些最适合的问题进行讨论对于组建团队联盟具有非同寻常的意义。太多的讨论题目会造成会议时间拖沓冗长，讨论内容也缺乏应有的意义。因此，组建者应该根据团队联盟的特点和文化背景来精挑细选每个讨论问题。下面提供一些团队联盟组建过程中的讨论问题，这些题目涉及不同的背景，如商业、疗养院和院校，以便为团队联盟的组建者提供一些经验。

1. 我们的目的是什么？

    为了帮助团队成员真正了解团队联盟成立的目的，组建者可以向所有成员解释团队联盟的使命、展望团队联盟的前景，并对团队联盟成立的重要意义做出详细陈述。

2. 我们的任务是什么？

    将团队联盟生产的产品或者提供的服务一一列举出来，例如，教会的宗教课程方案设计、疗养院医护人员职业技巧的提高、建筑公司承揽新型建筑项目、为新产品线提供市场开拓方案等。

    讨论过程中，组建者不仅需要根据产品或者服务内容来对工作任务做详细说明，还要大胆构想和分析各种产品或服务的特点，有的成员甚至有兴趣讨论为了团队联盟本身的发展壮大，大家需要做出哪些努力。例如，如果一个团队联盟成立的目的是制订整个公司的公共关系方案，那么，成员们首先就希望在团队联盟内部建立良好的工作关系。此外，一些团队联盟为了达到提高员工个人技能的目的，还在员工之间开展交叉培训的活动。

3. 我们有哪些目标客户，他们的需求和期望是什么？他们希望我们提供什么样的产品或服务？

    专门安排一些时间协助团队成员列出完整的客户清单。举例来说，大学医疗系的教师最初只是简单地将学生列为自己的客户，在团队联盟组建者的指点下，他们会列出一份更加完整的客户清单，包括学生、毕业生的老板、其他关注医疗事业的专业人士、毕业生的患者、保险公司、关心自己健康状况的当地居民。

    团队联盟的成员应该分别向每一位被确认的客户了解需求和期望，但组建者必须首先做出分析，判断这样做对于团队联盟的整体运行来说是否有价值。仍然用大学医疗系的例子来说明这个问题，学生们希望自己能够在支付能力所及范围内接受最好的教育，而且能够顺利通过所有课程；纳税人希望能够充分利用纳税金额，尽量没有任何浪费；老板们则希望毕业生能够拥有各种技能，胜任目前的工作。

4. 我们用来评价成功与否的标准是什么？

    组建者需要列出一些成功与否的评估标准，下面是来自各种不同性质的团队联盟的评估标准：

    - 对于疗养院来说，如果护士助理与那些来疗养的客人之间的摩擦很小，就说明疗养院的服务很让客人满意，那么，疗养院就是成功的。
- 对于一所大学来讲，如果在成立之初的前5年，招生办公室能保证每年5%的入学人数增长率，那么这所大学的招生办公室就成功地完成了自己的任务。
- 工程公司是为客户提供工程设计的，如果设计结果的修改率降低25%，就说明这家工程公司是成功的。
- 建筑公司的成功标准之一是没有建筑事故的发生，没有伤亡事件的发生。

5. 每名成员能为团队联盟的发展做出怎样的贡献？

对于这个问题的讨论能够让团队成员彼此了解各自的工作技能和经验，组建者通常会巧妙地采用一种更熟练的方式来代替公开讨论，这样对于每位成员来说更容易接受。例如，在产品市场部的团队联盟组建过程中，成员们纷纷展示自己的技能和经验：美术设计、字体模仿、广告业务关系、技术校对、消费者心理分析、财务与预算支持以及销售管理等。

在个人能力与经验的讨论过程中，成员们能够不断寻找自身差距，发现那些目前尚不具备的但对团队联盟的成功运行将起到至关重要作用的技能、经验或各种资源。接下来，大家就要讨论：究竟如何才能获得这些技能、经验或资源？或者只能让团队联盟去适应目前的状况，在现有状态下运行？

6. 要想让自己在工作上富有效率，拥有更多的参与机会，而且颇受他人欢迎和重视，你需要从团队联盟中其他成员那里获得些什么？

关于这个问题，一些潜在的答案是：需要一些时间来加强团队联盟内部联系；需要事先掌握一些技术信息以保证及时提交工作汇报；希望其他成员能够有更多的忍耐性，因为这样对我们来讲会有更多的活动空间；需要确切掌握其他成员的决策内容，以保证自己向公众提供的信息是有现实意义的；如果需要对发布的信息做出答复，希望能够尽快获取相关资料；希望会议时间能够有一定的自由度，因为我有自己的日程安排。

7. 团队联盟成员对于什么样的工作环境感到最满意？

这个问题用于讨论团队联盟成员的工作环境。有的团队联盟需要在会议室里开展工作，有的则喜欢在会客厅、餐厅或厨房的餐桌边讨论工作；有的希望工作程序随意自由，没必要受正式程序的约束，有的则希望拥有一套正式的工作程序；有的需要成员之间独立工作，有的则需要团队成员相互协作，共同商讨问题，共同做出相关决策。

8. 什么样的环境将引起员工的不满，造成员工之间的相互疏远？

这一讨论题目必须在一种相互信任的氛围下提出来，对于这个问题的讨论有助于员工开诚布公地讲述自己的挫折和不满，以及如何才能从困境中解脱出来。通过讨论，能够了解到究竟什么样的工作环境让员工满意，什么样的工作环境让员工失望，在此基础上为员工营造出良好的工作环境，最大限度地让员工满意，为员工将来开展工作提供强有力的支持。

9. 就目前来看，成员存在哪些差异？我们如何利用这些差异来发展壮大我们的团队联盟？

讨论这个问题的前提是必须承认团队联盟是由个体成员组成的，每个成员在才华、能力、特长、经验以及个性上都存在很大差异。鼓励成员们讨论怎样才能充分发挥出每个人的聪明才智，从而使团队联盟具有更强大的实力，而不应该担心这些差异会造成团队成员之间的分歧。一个高效运行的团队总是重视团队成员之间的差异性，并寻求有效途径加以利用，从而使团队业绩显著提升。

10. 我们需要建立什么样的工作程序才能既保证目标任务的按期完成，又能在最大限度上让每名成员满意？

团队联盟工作程序的确定涉及以下方面：正式会议与非正式会议；按照议程安排举行会议、举行自由讨论式会议；会议主持人；会议尽量简单化；会议的时间、地点；会议记录员、会议决策人。

并不是所有成员都习惯于同一种工作程序，正因为这样，团队联盟应该能够发现哪些员工喜欢非正式化的、自由开放的会议程序；哪些员工更倾向于一种制度化的、正式的会议程序。

11. 成员之间如何进行沟通？

在对这个问题进行讨论之前，团队联盟组建者应该清楚地了解哪些员工之间需要建立必要的沟通关系，以什么样的频率进行沟通，各自习惯于采用什么方式进行沟通。在此基础上考虑团队联盟内部成员之间如何互通信息？如何从外部获取信息？怎样才能获取别人更多的支持？如果组建者在团队联盟创建初期就能够建立这些基本规则，就一定会有效避免一些潜在问题的发生。

12. 为完成团队联盟总体目标，如何有效分配每个成员的任务和职责？每项任务的负责人分别由谁来担任？

讨论这个问题的目的是要确定团队联盟成员的职责分配。组建者可以让成员列出所有需要设置的岗位名称，然后与大家一起来决定每个岗位上的人员配置。此外，组建者也可以通过一些翔实的调查，来客观地安排团队联盟中每名成员的岗位职责。对这个问题的讨论，有助于确保团队联盟在有序的状态下运作，同时也能够确保内部沟通渠道畅通无阻。

13. 团队联盟如何处理决策问题？如何解决矛盾争端？如何实现有效沟通？

    有经验的团队联盟能够有效解决这些问题，然而，对于新成立的团队联盟来说，这些就不是很容易的事情了。为此，在团队联盟成立会议上，组建者应该宣布另外召开一次会议，来专门解决如何做决策和如何解决矛盾冲突的问题。

14. 为完成任务，我们需要采取哪些必要的行动？

    事实上，对于这个问题的回答就构成了团队联盟规划的基础内容。为完成任务，团队联盟采取的主要行动包括以下几个方面：制定团队联盟的工作程序，为团队联盟步入正式操作阶段而采取的主要措施，以及团队联盟的持续发展规划，等等。

    团队联盟的规划工作包括收集相关资料和实施一系列行动，在实施行动的过程中，需要确定主要责任人、日程安排以及必要的资源。

15. 我们将采用什么方式来定期检验所有成员的工作进展状况？检验员工是否对目前的工作环境满意？采取什么方法来判断当前的工作程序在哪些方面需要做出修改，哪些方面需要重新探讨，哪些方面需要给予补充？怎样才能及时纠正工作中的偏差，提高工作效率，使团队联盟在高效的轨道上成功运行？

    在对这些问题进行讨论的过程中，组建者应该适时地提出，以工作汇报、业务分析或者其他一些必要的方法来定期进行员工的自我评估。但是组建者不应该占用团队联盟组建会议的时间来对员工进行评估方法的培训，而是应该在日后安排专门时间，来指导全体成员如何进行自我评估。

16. 通过召开这次组建会议，我们发现团队联盟还有必要采取哪些措施来提高运作效率？

    利用这个问题的讨论，组建者可以帮助团队联盟制定出更加富有创新性的持续发展规划。

➜ 团队联盟组建会议后的工作

- 将会议过程中所有议题的讨论情况打印出来，并为每名成员分发一份复印件。需要注意的是，该会议报告并非团队联盟的正式文件，组建者也不应该在会议报告中加入任何个人分析，该会议报告只是团队联盟成立之初的基础性文件资料，很多内容有待于进一步调整，它的作用是促使团队联盟不断探讨发展过程中的新思路，以便能够顺利通过剧烈调整阶段、平稳步入规范化运作阶段，并在最短的时间内达到业绩提升阶段。

    会议报告不必事无巨细地将组建会议的全部内容一一体现出来，而是对会议期间主要议题的讨论决定进行归纳汇总。会议报告的基础资料来自活页卡片上的记录。另外，对于会议中那些大篇幅的叙述可以采用简洁明了的纲要式记录，这样的报告使人看上去一目了然。

下面向你推荐一份会议报告的基本框架：

　A. 团队联盟的名称；会议日期、时间、地点。

　B. 参加团队联盟成立大会的人员名单。

　C. 对于每个议题的讨论结果做纲要式记录。

- 与团队管理者或者全体员工一起讨论会议报告草稿。
- 鼓励全体成员根据会议报告的决定来定期进行自我评估，组建者可以利用这一机会来指导团队成员利用业务分析和自我评估等方法来促进自身发展，也就是说，组建者可以把会议报告作为对团队成员进行定期考核的工具。
- 提出并讨论对团队联盟发展有利的其他建设性建议，或者提议一些能够促进团队联盟发展的新举措。

24
明确团队成员的岗位职责

Edwina Haring[1]

☑ 概　述

　　本章旨在提供充足的理由和有效的方法，使你的团队成员岗位职责明晰化。本章提供的工具有 3 种使用方法：1）利用本章结尾处提供的操作工具，为你的团队量身设计出切实可行的行动方案；2）从本章提供的 3 个具体的行动方案中选择出一个，进行修改，然后加以运用；3）直接从本章提供的 3 个具体行动方案中选择出一个加以运用。

　　本章分析了使团队成员职责明晰化的必要性，介绍了切实可行的实施工具，并以 3 个实际例子推出具体行动方案，从而帮助你设计出符合团队实际情况的行动方案，达到明确团队成员职责的目的。在讨论"为什么要明确团队成员岗位职责"的过程中，我们描述了一些岗位设置重叠、职责不明确的现象，并且强调组织之所以需要采取措施使团队成员岗位职责明晰化，就是为了消除这些不利于组织发展的现象存在。接下来，我们考察了在明确团队成员岗位职责的活动中需要考虑的一些因素，以及为什么需要采用一种新颖的方式来确保目标团队中每个成员的岗位职责明晰化。本章中提供的 3 个实例是从作者多年的咨询工作经历中总结出来的，是作者在为形形色色的团队设计和组织一些成功的、新颖独特的活动，明确其团队成员岗位职责的过程中积累而成的。对于每个实例，作者都从活动的设计、组织，到活动总结等各个阶段，循序渐进地做出介绍，提供了一个个完整的方法供你使用。最后，我们还为你提供了一个工具，利用它，可以轻而易举地制定出使团队成员的岗位职责明晰化的策略。

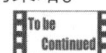

---

[1] 联系方式：302-455-1727，Erharing@magpage.com

24 明确团队成员的岗位职责

→ 简介

团队的发展壮大及其目标任务的不断实现得益于很多因素，其中包括：组织结构划分合理而有效；团队发展目标明确并得到员工一致认可；岗位职责明确、分工合理，等等。也就是说，确保每名团队成员职责明确是团队运行成功的重要因素之一，这不仅有助于每名团队成员各司其职、各尽其责，还有助于有效避免同一岗位人员重叠或者责任人不到位的现象发生。对于新组建的团队来说，明确团队的岗位职责是建立信任与开放的组织环境的基础性工作。对于那些效率不高、无法按期完成任务的团队来说，如果能明确成员的岗位职责，其运作效率将大大提高，然而来自员工的一些反馈信息表明，尽管这些团队一直要求员工明确自己的岗位责任，但从未采取过任何举措。

→ 为什么要明确团队成员的岗位职责

在《团队建设：提高效率与提升满意度的行动计划》（Team Building: Blueprints for productirity and Satisfaction，W.Brendan Reddy，1998年出版）这本书中，作者利用"团队运行模式"对团队发展过程中各个阶段进行了完整的描述。其中前两个阶段体现了同一个主题，即"团队成员在共同工作过程中所关心的一系列问题"，具体来说，就是"进行自我定位"（我为什么在这里）与"建立彼此信任"（你是谁）。解决好这两个问题对于提高团队业绩具有十分重要的作用，反之，就会使团队成员陷入自我定位不清、畏缩不前、彼此缺乏信任、虚伪冷漠的状态之中。

对于单一项目团队而言，如果其成员具有相似的背景，或是由来自公司内部同一部门的员工所组成，那么员工很容易熟悉彼此的岗位职责。然而对于那些多职能的团队来说，情况就大不一样了。这种团队往往由公司内部不同部门的员工组合而成，背景各不相同，或者干脆由不同的公司合并而成，员工分别带有不同公司的文化背景。无论是哪种情况，这种多职能团队很难达到内部员工之间的相互了解和熟悉程度。此外，同一公司内的多职能团队在运作方式上也会存在很大差异，将一个团队中某位成员的成功经验推广到其他团队中加以运用未必会产生同样好的效果。

在多职能团队中，明确员工的岗位职责还有利于发现运行过程中的岗位空缺，从而保证团队能够及时制定出应对策略，采取相应的预防措施来保证团队目标的按期实现。此外，使团队成员岗位职责明晰化还有助于发现并起用那些被埋没的优秀人才，使他们的成功经验在最大程度上得以利用，这对于团队目标的实现将起到举足轻重的作用。与此同时，明确团队成员的岗位职责还能够使员工之间相互协作的能力显著增强，这也是建立团队内部相互信任的人际关系的良好开端。最后，使团队成员岗位职责明晰化还有助于全体成员明确个人的业绩目标是什么，为达到这一目标应该做好哪些方面的工作，尽到哪些责任。

→ 在什么情况下需要采取措施来明确团队成员岗位职责

毫无疑问，团队在采取措施对某项工作或者活动进行干预和调整之前，必须对现有状况进行可靠的分析。从目标客户以及其他利益相关方了解到的大量信息表明，使团队成员岗位职责明晰化是一项切实可行的干预活动。一般来讲，团队在以下两种情况下，会采取适当的措施来明确成员的岗位职责：第一是团队运行过程中出现纰漏和偏差；第二是团队具有很强的前瞻性决策能力。

举例来说，当单一项目团队无法实现既定目标时（例如，超出预算资金限额，无法按期完成任务，不能保质保量地向客户交货，等等），就会采取适当措施来调整团队成员的岗位职责，出现这种情况的原因，通常是项目的主要责任人不明确，员工各自的责任更是无法清楚地界定。另外，下述情况下也需要采取措施来保证团队成员的岗位职责明晰化，即作为多职能团队的成员，其将以往工作过程中一些岗位职责不明确的负面经历带到了一个新的团队中（无论是有目的性的，还是没有任何目的性的）。这些负面的经历与一些积极正面的经历一样，都会影响这些团队成员在新的团队中的思维方式和工作方式，从而对团队的整体发展带来一定的影响。此外，团队内部出现明争暗斗、难以化解的矛盾争端、栽赃陷害、流言蜚语、派系斗争等现象时，也表明需要采取措施来明确团队成员的岗位职责。

作为新组建的团队，使团队成员的岗位职责明晰化有助于员工明确个人目标、不断进行自我反省，以及加强相互之间的协作能力。使团队成员的岗位职责明晰化能够有效促进员工之间的相互了解，从而在最短的时间内实现团队的高效率运作。如果一个多职能团队是由一些缺乏多职能团队工作经验的员工所组成，那么，明确员工的岗位职责还有助于他们更好地理解多职能运作方式对于项目的成功所起到的重要作用。此外，只要没有反对意见，出于团队成员或者团队管理者的要求也完全可能促使团队采取措施，来明确成员的岗位职责。

当团队成员的构成发生巨大变化，或者团队目标有所调整的时候，使团队成员岗位职责明晰化的措施也将有助于新的团队成员之间相互协作，确保每个团队成员拥有发挥自己能力的空间和舞台，有助于团队新的目标的设立，并为团队发展指明方向。

此外，当多职能团队面临复杂而独特的项目任务时，或者即将采用新的工作方式时，需要采取适当的措施来明确团队成员的岗位职责。

→ 明确团队成员岗位职责需要考虑哪些因素

我们知道，在对团队进行任何干预和调整活动之前必须进行典型因素分析，对于岗位职责明晰化这项活动也不例外。通常情况下，需要考虑的因素有：团队的组建时间、目前面临的困难和挑战、团队当前的分工情况、团队的工作气氛、每名团队成员的个人喜好，等等。另外，对于每名员工的详细情况进行分析也很重要，如年龄、教育程度、当前职位、在公司内任职的期限等。除此之外，还要充分考虑到一些条件保障方面的因素，例如，分配给该项活动的时间有多长，投入的人力有多少，等等。

■ 采用新颖的方式明确团队成员的岗位职责

当设计一种新颖的方式来明确成员分工的时候，你必须充分考虑团队成员的涉世状况和成熟程度，仔细考虑他们在以往进行岗位职责分配的时候通常表现出来的态度。在此基础上，再决定究竟是有必要采用一种更加独特新颖的方式，使每名成员的职责更加明确，并且在最短的时间内建立团队成员之间良好的协作关系，还是只需要对现有的岗位职责做出界定，抑或仅仅对员工的岗位职责做出相应的调整，必要时增加一些岗位职责的设置。除此之外，你还应该采用一种与众不同的操作过程来对员工进行职责分配，从而避免落入俗套，致使员工产生抵触情绪。

以往的经历使员工对一些陈腐的问题感到厌烦，他们希望能够换一种方式来接受提问。对于下面几种提问方式，员工已经再熟悉不过了：

- "你最喜欢的动物（或者鸟类）是什么？为什么？"
- "假如你能成为一棵树，你希望自己是哪种树？为什么？"
- "说出你的姓名、职位和所负责任。"

在本章接下来的内容中将为你列举几种切实可行的实施方案，由于这些方案是在充分考虑到团队的运作特点、满足团队的一些特殊需求的基础上设计的，因此，它们所能给你带来的效果将比以往的任何惯用方式更加有效。这些方案鼓励对员工进行公正的考查，发现员工的优点，鼓舞员工施展自身特长和发挥个人优势。这些方案确保员工岗位责任的高度透明化，为员工利用最短的时间实现相互了解提供了最好的机会，也充分体现了除技术能力之外，分工协作能力对于团队的发展也同样起到不可低估的作用，与此同时，还体现了同一员工在不同的项目或者不同的团队中将起到不同的作用。最后，需要重点强调的是，这些方案将使你拥有非常有效的措施来实现团队内的分工合理、职责明确。

→ 实例

该部分通过 3 个实例来详细分析如何确定团队成员的岗位职责。每个例子的第一部分简单介绍了目标团队的基本特征、团队成员的基本概况，即团队构成；第二部分是该活动练习所要达到的目标；第三部分是该活动练习的设计和操作步骤。"活动组织者"中的内容对传统的组织者的职责给予了相应补充。"活动总结"是活动的结束部分。活动组织者可以灵活运用自己的语言，或者提出一些相关问题，来对整个活动或活动过程中的每个环节做出总结。

为了帮助组织者锁定最佳行动方案，我们把 3 个设计方案的实例进行以下分类：

团队 A：已成立的团队。该活动练习的重点有二，一是根据团队目标来确定团队成员的岗位职责，二是使团队成员之间相互尊重、相互欣赏。

团队 B：新成立的团队。该活动练习的重点在于让团队的所有成员明确自己和他人的岗位职责。

团队 C：特别项目临时工作组。该活动练习的重点是根据特别项目工作组的目标任务，来明确合作各方的岗位职责，加强相互之间的了解和沟通。

→ 团队 A：已成立的团队

■ 团队构成

跨国公司（3 个国家，5 种风俗文化）；有 1 位成员讲英语（其在工作中用英语交流）；多职能团队；产品生产型团队；团队成立时间是 10 年；前几年由于团队成员纷纷到其他项目组工作，因此人员变动非常大；向客户交货时会发生一些冲突，也有可能延期交货；团队成员共有 13 人（3 位女性成员，10 位男性成员）；团队管理者是男性；团队的平均年龄是 45 岁；团队成员年龄偏高；多数成员拥有博士学位；私营企业；多数成员之间已经在一定程度上相互了解；多数成员拥有团队管理工作经验。

■ 目标

1. 加强团队成员之间在工作和个人性格方面的相互了解。
2. 使团队成员相互表达对彼此才华和技能的欣赏。
3. 寻找团队成员之间的利益共同点，加强相互之间的团结。
4. 纠正团队成员对自己或他人岗位职责的错误认识和理解。

24 明确团队成员的岗位职责

■ 设计和操作步骤

1. 指导每名团队成员在一张活页纸上用概况图（见图 24-1）表示出自己的岗位职责状况，包括他们在团队工作过程中的人际关系能力和专业技术能力，还包括他们期望能够与其他成员共同分享的一些个人信息。规定所有团队成员在 20 分钟内独立完成自己的岗位职责概况图，然后将所有的图表张贴在墙上。

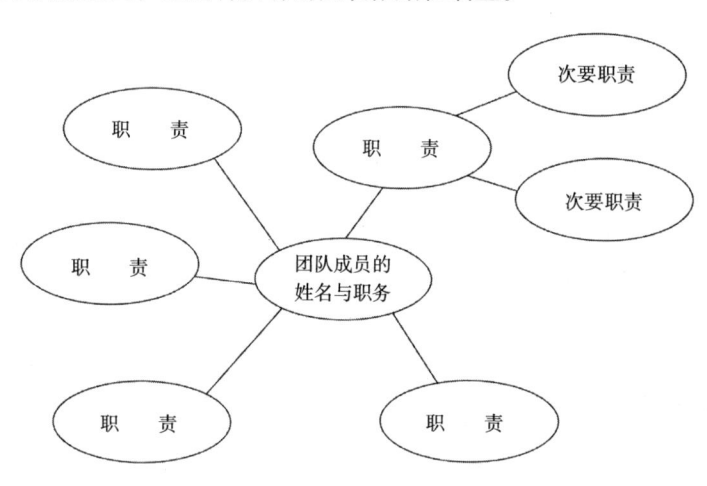

图 24-1 团队成员岗位职责概况图

2. 让团队成员逐个阅读并认真思考其他同事的岗位职责概况图。然后请团队成员逐一为所有其他成员的概况图做评注，包括：对同事的个人品质方面的称赞和肯定，增加一些他个人认为应该补充上去的岗位职责，同时还可以提出一些问题。鼓励员工充分利用规定的时间，评注过程中要尽量保持安静。另外，还应要求员工在为别人做评注的时候使用不同颜色的彩笔，以保证与原有的文字相区别。根据活动人数的多少来规定每位成员的时间，例如，规定每人 5~8 分钟的时间，如果团队成员总人数为 12 人，则该环节至少需要 1 小时的时间。
3. 让每名成员回到自己的岗位职责概况图前面，仔细阅读其他成员为自己做的评注，认真核对附加上去的评注的准确性，在此基础上还可以进行自我补充。让每名成员利用 5~8 分钟的时间做好准备，然后进行自我介绍。
4. 本着自愿的原则，让团队成员依次进行自我介绍。请团队成员站在自己的岗位职责概况图旁边，向大家介绍自己的岗位职责情况、专业技术能力、人际关系能力，同时，还要对其他成员为自己所做的评注加以评论。鼓励员工之间就评注内容进行提问，从而确保员工能够真正理解和接受团队其他成员的意见和建议，在提问与回答的过程中，请所有其他员工保持安静，认真倾听。规定每位员工的自我介绍时间是 15~20 分钟。

■ 活动组织者

活动进行的过程中，对每个过程和步骤做出解释（而不要在活动开始之前对整个过程做说明），这样有助于避免团队成员在活动过程中对他人提供意见和建议时出现一些不诚实的现象。在一名员工结束自我介绍的时候，询问在场的其他成员是否有问题需要提出，或者对于该员工的发言内容有哪些需要加以澄清和明确的，然后请下一名员工做自我介绍。

■ 活动总结

活动组织者通过提出一些问题，为整个活动做总结，例如："该练习对你起到什么作用？你学到了些什么？对于自己的岗位职责，你有什么认识？以前对于自己的岗位职责有哪些不正确的认识？对于团队中其他成员的岗位职责的一些新的认识将怎样帮助你在今后的工作中与其他成员更好地相互协作？"

➡ 团队 B：新成立的团队

■ 团队构成

跨国公司（6个国家，6种本地风俗文化）；有4位成员讲英语（在团队中的工作语言是英语）；多功能团队；产品生产型团队；新成立的团队；团队发展处于探索阶段：目前尚没有产品投放市场；大多数员工没有在产品生产型团队工作的经验；少数成员在以前的工作中曾经有过令人不满意的团队工作经历；团队成员共有15人（3位女性成员，12位男性成员）；团队管理者是男性；团队的平均年龄是45岁；团队成员年龄偏高；多数成员拥有博士学位；私营企业；大多数成员相互之间不了解；多数成员拥有团队管理工作经验。

■ 目标

1. 让团队成员明确相互之间的岗位职责，确保团队工作有个良好的开端。
2. 判断当前每名团队成员对于岗位职责的了解程度，纠正一些错误的认识。
3. 使团队成员相互表达对彼此才华、技能和经验的欣赏。
4. 加强团队成员之间在工作和个人性格方面的相互了解。
5. 建立一支团结合作的组织队伍。
6. 对那些对团队目前的产品构成和多职能团队工作特点缺乏了解的员工进行培训和指导。

24 明确团队成员的岗位职责

■ 设计和操作步骤

首先，活动组织者必须营造出一种极其和谐、宽松的活动气氛，能够容忍团队成员对于岗位职责认知上的一些错误。员工也只有在这种不受责备、很容易被谅解的氛围中才能感到心情舒畅，才愿意参加这种岗位职责明晰化的活动练习。

1. 将每名团队成员的职务分别写在纸上（每张纸上只写一位成员的职务名称），并折叠好，以免露出上面的文字内容，然后将所有折叠好的纸放进一个帽子里，或者放进一个透明的玻璃缸内。让所有成员取出一张纸条。（如果他们取出的纸条上写的是自己的职位名称，就放回去，重新取一张。）
2. 让团队成员根据自己取出的纸条上所写的职务名称，在一张活页纸上画出岗位职责概况图，如图 24-1 所示。鼓励团队成员畅所欲言，只要认为属于该职务的责任尽可能全面地写出来。与此同时，还要提醒所有员工，通过这次活动，能够检验出他们能否对其他员工的岗位职责状况有一个准确的认识，但是即使在认知上存在一些错误和偏差，也不会受到任何指责和批评。规定所有成员在 10~15 分钟内完成岗位职责概况图，然后将所有的图表张贴在墙上。
3. 让所有成员环绕房间，认真观察其他员工的岗位职责概况图，仔细阅读并思考概况图上对于每位员工的岗位职责状况的具体描述。然后让团队成员使用色彩对比度相差悬殊的彩笔逐一为所有其他成员的概况图做评注，增加一些他个人认为应该补充上去的岗位职责，同时还可以提出一些问题。根据活动人数的多少来规定每位成员的时间，一般每人使用 5~8 分钟的时间比较合适。
4. 让每名成员站到自己的岗位职责概况图前面，仔细阅读图上对于岗位职责状况的描述，必要情况下做出相应的补充和修改，从而确保概况图的准确无误。让每名成员利用 10 分钟的时间来做好准备，然后进行自我介绍。
5. 本着自愿的原则，请团队成员依次进行自我介绍。请团队成员站在自己的岗位职责概况图旁边，向大家介绍自己的岗位职责情况，同时，还要明确指出并否定那些不属于自己职责范围的描述（并说出这些不正确的描述究竟应该属于哪个职务的责任范畴），对所有属于自己职责范围内的责任进行详细的分析和解释。鼓励员工之间就概况图上的评注内容进行提问，从而确保员工能够真正理解和接受团队其他成员的意见和建议，在提问与回答的过程中，请所有其他员工保持安静，认真倾听。规定每位员工的自我介绍时间是 15~20 分钟。

■ 活动组织者

活动进行的过程中，对每个过程和步骤做出解释（不要在活动开始之前对整个过程做说明），这样有助于避免团队成员在活动过程中对他人提供意见和建议时出现一些不诚实的现象。活动过程中，要注意掌握各个环节的进度，不要操之过急，应该给团队成员留有一定的时间进行思考。当活动进行到一大半的时候，让员工坐下来放松一下，聊聊与该次活动没有关联的其他话题。然后接着开始活动。在一名员工结束自我介绍的时候，询问在场的其他成员是否有问题需要提出，或者对于该员工的发言内容有哪些需要加以澄清和明确的，然后请下一名员工做自我介绍。

■ 活动总结

活动组织者通过提出一些问题，为整个活动做总结，例如："该活动练习对你起到什么作用？你学到了些什么？对于自己的岗位职责，你有什么认识？以前对于自己的岗位职责有哪些不正确的认识？对于团队中其他成员的岗位职责的一些新的认识将怎样帮助你在今后的工作中与其他成员更好地相互协作？"

→ 团队C：特别项目临时工作组

■ 团队构成

为完成某一项目而组建的特别项目组，事先规定有明确的截止日期，即项目结束时该团队即可解散；该团队涉及三个合作组织，分别是执行任务方、管理方和大客户；尽管团队成员来自不同的组织，但是这三个组织以前曾经有过业务上的合作；在以前的合作过程中，在决策问题上三方曾经有过一些摩擦；团队成员共有23人（1位女性成员，22位男性成员）；团队管理者有3人，都是男性；团队的平均年龄是45岁；合作三方分别是军事化企业、半军事化企业和私营企业；成员之间的文化程度差别很大；多数成员拥有团队管理工作经验。

■ 目标

1. 明确合作各方在该项目中充当怎样的角色，承担什么责任。
2. 通过明确合作各方的责任，使团队工作有个良好的开端，减少和避免一些潜在问题的发生。
3. 确保合作各方真正了解在该项目工作组中各自的职责任务是什么。

■ 设计和操作步骤

1. 安排合作三方分别坐在房间的不同位置，分别提供活页纸和彩笔。

2. 让合作三方分别在活页纸上写出自己一方在项目合作过程中承担怎样的岗位职责（不要求写出工作中和合同上的要求，而是要写出在团队合作过程中，他们各自拥有并要施展出哪些专业技术能力）。规定合作三方在 10 分钟内完成，然后将活页纸张贴在墙上，不能让其他两方看见纸上所写的内容。
3. 让每一方在其他两方中选择出一方，在纸上写出其岗位职责。规定时间是 5 分钟。
4. 让每一方写出最后剩下的一方的岗位职责。规定时间仍然是 5 分钟。
5. 让合作三方相互交换手中的岗位职责描述的活页纸。（每一方都要保留第一张活页纸，即自己对自己一方岗位职责的描述，并将第二张和第三张活页纸，即对其他两方的岗位职责描述活页纸分别交给对应各方。这样，每一方都仍然拥有三张活页纸，其中一张是自己对自己一方的岗位职责描述，还有两张是另外两方对自己的岗位职责进行的描述。）指导各方分别把从另外两方那里得到的岗位职责描述活页纸依次张贴在墙上（依次贴在自己对自己一方的岗位职责描述活页纸的后面）。

  注意：交换岗位职责描述活页纸的方法不宜在一些相互间充满敌意的、不愿意正面解决问题的合作各方之间使用，只有在那些能够和谐融洽地开展合作、相互促进、共同健康发展的合作各方之间使用才是最有效的。如果你感觉到合作各方之间并不友好，而且彼此不愿意面对面去解决一些问题，那么最好让合作各方口头解释相互之间是如何看待对方的岗位职责的，或者干脆放弃该活动练习，选择其他的活动方式。

6. 让合作各方将自己对自己一方的岗位职责描述与另外两方对自己的岗位职责描述情况进行对比，看看有哪些共同之处，哪些描述是错误的。对每一方规定时间为 10 分钟，分别在相应的活页纸上做出正确与否的标记。
7. 让各方就出现错误描述的原因进行激烈的讨论，规定时间是 10 分钟，然后，将讨论结果写在与第 6 步相对应的活页纸上。
8. 指导合作各方寻找纠正错误认识的方法。规定时间是 15 分钟，然后将讨论结果写在与第 6 步、第 7 步相对应的活页纸上。
9. 请每一方选出一名代表就讨论结果进行发言，说明哪些认识是正确的，哪些认识是错误的，引起这些错误认识的原因是什么，计划采取哪些方式来纠正这些认识上的错误与偏差。规定每组发言时间是 10~15 分钟。

■ 活动组织者

  对活动做出解释，强调人们在工作中对于岗位职责存在这样或者那样的认识和理解是正常的，人们依据自己的认识和理解决定行为方式。对于任何一个团队来说，如果员工不能正确认识相互之间的岗位职责，必将导致彼此之间沟通不畅，最终会严重影响团队整体任务的完成。

  在组织该活动的过程中，让各方在有序的状态下，一步步地展开活动内容，避免任何一方在某一步骤中耗费时间过长。鼓励各方在对其他两方的岗位职责进行描述的时候尽量保持诚实中肯的态度。在进行活动的过程中，对每个过程和步骤做出解释（不要在活动开始之前对整个过程做说明），这样有助于避免团队成员在活动过程中向他人提供意见和建议时出现一些不诚实的现象。

当每一方的代表发言结束的时候，活动组织者通过提出一些问题，为其发言内容做总结，例如："当了解到其他两方是如何描述你们的岗位职责的时候，你们感到很惊奇吗？你们对自己一方岗位职责的认识是否准确无误？你们打算纠正哪些不正确的认识？你们打算采取哪些措施去纠正那些不正确的认识？"

■ 活动总结

活动组织者需要与团队成员进行交流和核实，确保每个人都很满意，不存在一些悬而未决的问题，也没有愤愤不平的情绪。活动组织者通过提出一些问题，为整个活动做总结，例如："该活动练习中哪些地方取得了很好的效果？哪些地方存在一定难度？你认为该活动这样设计的原因是什么？你从这次活动中得到哪些收获？你认为这次活动在哪些方面还有待进一步完善？"

→ 总结

团队内部的矛盾冲突与沟通不畅往往归因于团队成员彼此之间在认知上存在一些差异，也就是说，团队成员与其他成员对于自己岗位职责的理解会存在一些差异。这种认知上的差异不仅是导致团队内部矛盾冲突与沟通不畅的直接原因，还会导致团队成员之间提出一些不合理的要求，从而不可避免地产生失望感，丧失一些机会，重复性工作，或者出现工作中的缺口现象（work gaps）等。如果不能帮助团队成员解决这些基础性的问题，例如，帮助他们正确认识团队中各个成员的岗位职责，或者帮助团队成员建立相互信任的关系，那么就会在较长的时间内给团队运作效率带来不利的影响，甚至会危及团队整体任务的顺利完成。

经过精心设计的、具有较强实用价值的活动方案不仅能够在短期内产生一些直接效果，还能为团队带来更多、更长久的效益。通过该活动练习，活动参加者能够纠正自己在认知上存在的一些错误和偏差，同时也能对其他成员的岗位职责有更清楚、更准确的认识。另外，通过参与该活动练习，团队成员还有机会从其他成员身上学到更多的技能、经验和才能。从长远的观点来看，通过该活动练习还有助于使团队成员逐渐走出自我封闭的状态——这是建立团队信任、营造开放融洽的团队关系的第一步，同时也为团队的成功运行奠定了良好的基础。

24 明确团队成员的岗位职责

对于本章中所提供的 3 个活动方案的设计，采用过的组织给予了相当程度的肯定，团队成员声称该活动十分有效，操作起来也相当简单，有很强的趣味性，活动方式独特而新颖，他们参与该活动的积极性很高。显而易见，这项活动能够产生事半功倍的效果。

岗位职责明晰化活动的设计工具

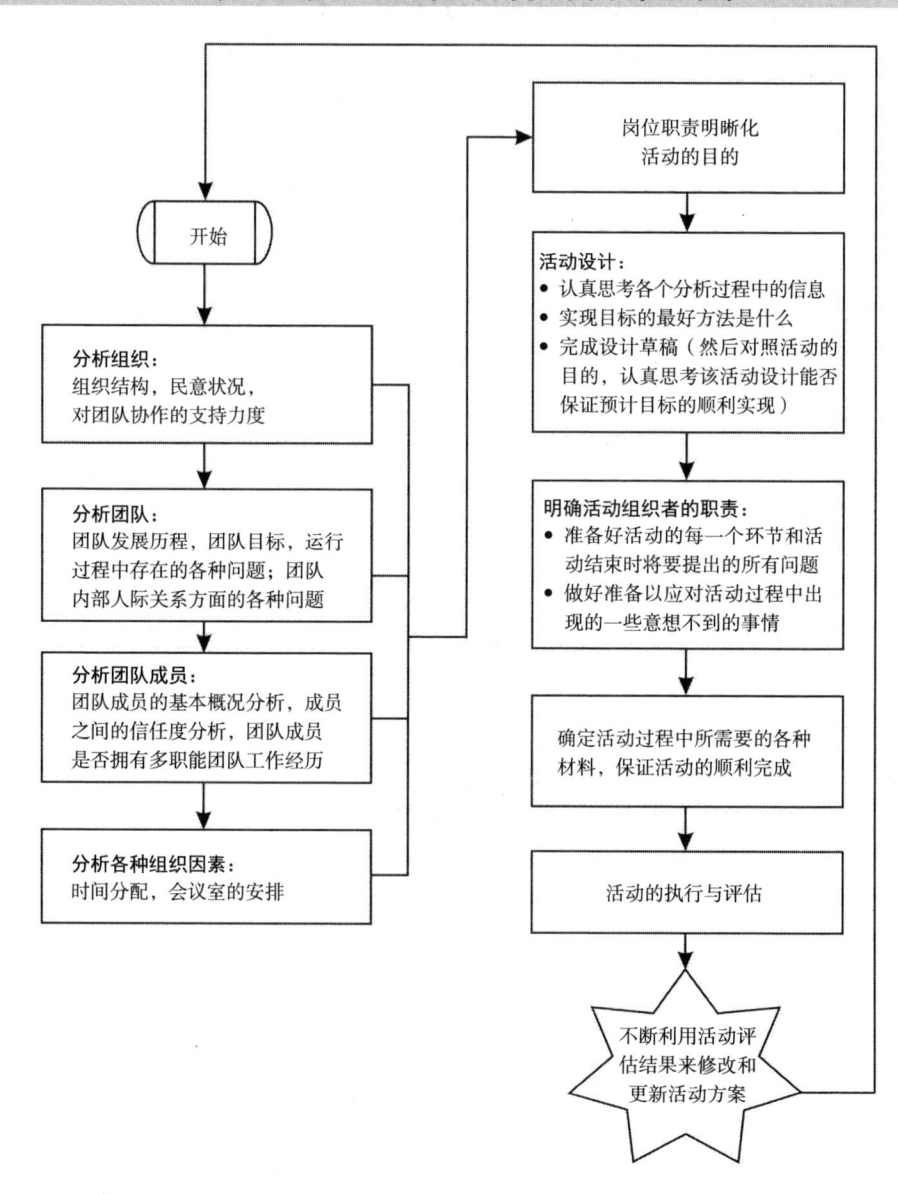

```
                              开始
                                │
   ┌────────────────────────────┘
   ▼
分析组织：
组织结构，民意状况，
对团队协作的支持力度
   │
   ▼
分析团队：
团队发展历程，团队目标，运行
过程中存在的各种问题；团队
内部人际关系方面的各种问题
   │
   ▼
分析团队成员：
团队成员的基本概况分析，成员
之间的信任度分析，团队成员
是否拥有多职能团队工作经历
   │
   ▼
分析各种组织因素：
时间分配，会议室的安排
   │
   ▼
岗位职责明晰化
活动的目的
   │
   ▼
活动设计：
• 认真思考各个分析过程中的信息
• 实现目标的最好方法是什么
• 完成设计草稿（然后对照活动的
  目的，认真思考该活动设计能否
  保证预计目标的顺利实现）
   │
   ▼
明确活动组织者的职责：
• 准备好活动的每一个环节和活
  动结束时将要提出的所有问题
• 做好准备以应对活动过程中出
  现的一些意想不到的事情
   │
   ▼
确定活动过程中所需要的各种
材料，保证活动的顺利完成
   │
   ▼
活动的执行与评估
   │
   ▼
不断利用活动评估结果来修改和
更新活动方案
```

25
加强虚拟团队的建设

Debra Dinnocenzo[1]

☑ 概　述

在创建和发展虚拟团队的过程中，提高分散于不同地区的员工的工作效率、加强不同地区之间的业务联系，以及通过其他虚拟工作方式来提高团队的运作效率都具有十分重要的意义。尽管团队成员不在同一地点工作，在空间和时间上存在一定的差异，相互之间的联系在很大程度上只能依赖于通信技术，团队的运作效率却不能因此而降低。随着团队工作场所的不断扩散和更新，虚拟团队也将日益发展。因此虚拟团队很有必要对内部成员的关系、工作方式和相互之间的沟通效果进行评估，在此基础上确保团队目标的顺利实现，同时提升员工的满意度。

本章为虚拟团队的成员提供了行之有效的工具，帮助他们更清楚地认识所面临的沟通方面的困难和障碍，并采取积极有效的措施加以克服以取得良好的效果。当前，无论团队属于哪个行业，承担什么职能，组织结构状况如何，几乎都需要去解决一些虚拟化运作问题。本章探讨的议题富有很强的现实意义，应用本章所提供的工具能够大大提高虚拟团队的运作效率。可以将本章所提供的训练内容合并整理成一份培训方案，或用于团队会议，或作为团队管理者对员工进行培训的资料。

---

[1] 联系方式：724-934-9349, ddinnocenzo@allearnatives.com

25 加强虚拟团队的建设

➔ 目的

随着组织工作场所的日益分散化，大量的虚拟团队应运而生。在经济发展日益全球化的当今社会，由来自不同地域的员工所组成的团队必将面临一系列严峻的挑战，如何及时有效地完成任务是虚拟团队需要认真思考的问题。无论虚拟团队是以一个正式的组织形态存在，还是为完成某个具体项目而临时组成的松散的项目小组，都要求其成员具备一些重要的基本技能，只有这样，才能保证虚拟团队按时完成预定目标。合格的虚拟团队成员应该做到以下几个方面：

1. 理解并支持你的团队。
2. 与同事保持相互联系。
3. 利用一些有创造力的方式增强相互之间的亲近感。
4. 熟练掌握一些有效的配合技巧。
5. 与远方任务代表交流工作进展情况。
6. 达成共识，确保各方履行责任、协同合作。
7. 建立相互信任的基础。

➔ 练习

利用以下各种练习，一方面，能够帮助虚拟团队内部成员提高对虚拟团队的认识，加强各方面技能的提高，巩固团队内部的相互关系；另一方面，能够为那些与虚拟团队有业务往来的团队成员提供一些有价值的帮助和指导。

■ **理解并支持你的团队**

本章中的"正式组织"是指通过直接交往协同合作的员工所组成的团队，或者员工为了完成同样的项目、同样的任务或因承担同一职能而组成的团队。正式组织是企业固有的内部结构，企业的目标正是建立在一个个正式组织的工作之上的。团队在发展过程中，始终需要积极支持并加强团队成员之间的相互合作关系。从一定程度上来说，利用各种积极有效的方式加强内部成员（包括团队内的正式组织和非正式组织成员）的相互关系建设，提高员工之间的沟通技巧和互动能力，能够使虚拟团队的各项工作产生非同寻常的效果。因此，理解并支持虚拟团队内部的成员关系是十分重要的。

练习：理解团队组成。

目的：帮助团队成员认清正式组织与非正式组织的成员有哪些，与此同时，帮助团队成员真正认识到任何一名员工对于团队的成功所起到的不可低估的作用。

过程：团队成员要进行下列问题的讨论：
- 你们的正式组织是由哪些员工组成的？
- 除了正式组织的成员之外，还有哪些人对你们的成功做出了很大的贡献？有哪些人为你们提供了一些重要的支持、一些必要的资源和信息？
- 明确说出正式组织成员为你和你的团队顺利完成任务所做过的一些具体的事情。
- 制订切实可行的行动计划来真正认识非正式组织的重要作用，理解非正式组织对于你来说是一项极其宝贵的资源，理解非正式组织的贡献是你能取得成功的一个重要因素。

■ 与同事保持联系

由于虚拟团队的成员每天将大量的时间投入完成分内工作任务，与客户和上级主管进行沟通交流，致力于与工作相关的一些重要的技术和管理上的问题，因此，他们很难找到，甚至根本找不到时间与自己的同事进行交流。同事之间正常的工作联系固然很重要，但是保持良好的日常交往也是不可缺少的，这不仅能够稳固和加强团队成员之间的关系，还能够确保那些相距遥远的团队成员之间能够达到面对面沟通的效果（即使用一种虚拟的方式进行交流也能达到这种效果），从而真正相互了解、相互帮助、相互领会对方所关心的问题。与此同时，保持良好的日常交往还能够最大限度地减少员工相互之间的埋怨，使身处异地的员工之间保持良好的沟通关系。

练习：保持联系。

目的：帮助团队成员理解同事之间保持良好的沟通具有非常重要的意义，并帮助员工探索出一些具有创造力的新方法来扩大网上沟通交流的机会。

过程：团队成员要进行下列问题的讨论：
- 你采用哪些有效的方法与团队成员保持良好的联系？
- 思考一下你的会议安排、旅行计划、公司会议，以及其他一些与同事之间很自然的交往机会，你是否能够充分利用这些机会与同事进行面对面交流？
- 如果你在外地工作，你会通过哪些特殊的方式与团队内的正式组织成员、非正式组织成员之间保持很好的联系？

25 加强虚拟团队的建设

■ 利用一些有创造力的方式增强相互之间的亲近感

工作的要求、生活的压力以及员工之间的距离等因素都使得虚拟团队成员之间的关系面临极大的挑战。尽管虚拟团队的成员之间存在着地域上的距离，但是建立员工之间的亲近感，创造出员工之间相互接近的工作方式对于团队的成功具有至关重要的作用。毫无疑问，生动的、即时的、面对面的沟通通常会产生最好的效果，但是这样的交流机会越来越受到限制。因此，虚拟团队必须齐心协力地寻求一种有创造力的方式来克服员工之间相互接近的障碍，弥补由于时间和距离等因素导致的疏远感。

练习：利用一些有创造力的方式增强员工之间的亲近感。
目的：帮助团队成员发现一些有效的方式来增强相互之间的亲近感，积极思考能够提高相互之间亲近程度的方法。
过程：团队成员要进行下列问题的讨论：
- 明确说出你用来与团队同事、上级主管、客户以及其他支持部门的员工保持亲密关系的各种方法。
- 认真思考一下，别人是否采取过一些合适的方式来增强与你的亲近感？评估一下在别人提出对有关信息及其他方面援助的要求时，自己的响应程度如何。
- 明确说明你将用来提高自己与同事之间亲近程度的有效方法，认真思考一下你将采用哪些技术资源和特殊的行动方式来达到预想效果。

■ 熟练掌握一些有效的配合技巧

对于那些认为只有面对面相互配合才能达到最好的沟通效果的员工来说，在虚拟团队里工作的确面临着一些特有的挑战和困难。尽管没有人否认员工之间通过面对面沟通交流才会产生最理想的效果，然而这种机会毕竟越来越少了。合并、收购以及全球化竞争已经不可避免地引起员工工作地点的极大分散。基于这一发展趋势，作为虚拟团队的成员，为了顺利完成工作任务，熟练掌握一些基本的沟通技巧是十分重要的。

尽管不能从目光接触、肢体语言、手势、语音语调等方面获取最敏感的沟通信息，然而尽可能减小远距离对话的负面影响也能够在一定程度上提高虚拟团队员工之间的沟通效果。一些重要的交流和配合技巧包括：认真倾听对方谈话，明确阐明个人观点，双方达成共识，核实自己对对方谈话内容的理解是否正确，双向交谈，杜绝注意力不集中的现象。

练习：虚拟配合技巧。
目的：帮助团队成员理解远距离对话过程中存在的一些障碍，并寻求一些能够克服这些障碍，实现有效虚拟沟通的方法和途径。

过程：团队成员要进行下列问题的讨论：
- 虚拟团队成员之间的有效沟通包括哪些重要内容？
- 在与远距离的同事进行沟通交流的时候，如何确保自己能够使用一些恰当的倾听技巧？
- 在远距离对话中，采取哪些方式能够确保自己理解对方的谈话目的，领会对方所期望的结果，如何进行一些必要的深入了解？
- 在以往的虚拟沟通或虚拟会议上，是否发生过注意力不集中的情况？是什么原因引起的？你又是如何彻底排除或尽可能避免这种情况的？

■ 与远方任务代表交流工作进展情况

在虚拟团队中，那些被委派到遥远的外地进行工作的员工通常会发现，自己的成功很大程度上得益于使用了一些恰当的执行任务的技巧。对于有些员工，特别是那些工作中喜欢循规蹈矩、按部就班做事情的员工来说，自己被授权独立完成一项任务，或者由自己去独立承担一些责任无疑是一件令他们感到焦躁不安的事情。虚拟团队的员工由于工作地点的分散性，从而拥有一定的自由度，这反而会让他们产生一种失去控制的感觉，因而情绪更加沮丧，整日惴惴不安。然而只要能够妥善处理好自己的任务，并且及时向上级主管汇报任务的完成情况，远方任务代表不一定会冒更多的风险，也不会被一些突发性事件所困扰。当员工被委派到遥远的异地执行任务的时候，要按时向上级主管汇报自己任务的完成状况；随时将自己所面临的困惑和遇到的麻烦反映给其他同事，并且要认真倾听别人的意见和建议；经常性地与其他同事讨论各种重要的问题，不仅要阐明个人观点，还要尽可能达成共识，并采取适当的跟进措施；建立与其他同事进行沟通交流的机制，采用一些有创造力的方式增强与其他员工的亲近感。

练习：与远方任务代表的沟通。

目的：通过讨论远方任务代表如何处理自己在工作中遇到的一些问题，帮助他们理解对任务执行情况进行有效跟进和监督的重要意义所在。

过程：认真思考目前你接受授权的一项任务，授权方是你的正式组织或者非正式组织的成员，由于你在异地接受任务，因而无法与他面对面进行沟通交流。明确自己在以下问题的讨论过程中将要发表哪些看法：

1. 描述你目前正在执行的一项授权任务或正在承担的一项责任，解释它的重要性。
2. 根据这项被授权任务的具体需要，请求一些必要的帮助、支援，或者要求提供一些反馈信息。
3. 就一些重要问题进行讨论，明确领会相关人员对自己工作所提出的要求。

4. 就跟进措施、监督方式和沟通方法达成共识。
5. 说明你会采取哪些积极有效的方式来获取一些必要的帮助，如何表达自己对提供帮助方的感激之情。

■ 达成共识，确保各方履行责任、协同合作

团队成员根据自己所承担的责任和义务的具体情况，与同事、上级主管以及其他支持人员达成明确的共识能够最大限度地减少工作中出现的各种困难和不满情绪，尽可能避免一些费时耗力的问题出现。相反，如果不能够达成一致意见，就会大大降低工作标准，不能按期完成工作任务，拖延货物交付时间，无法全面彻底地完成任务，令客户深感失望，增加自己工作中的压力和挫折，最终将导致工作效率大大降低，无法完成既定目标。高效的虚拟团队必须建立明确的标准，以确保各方能够达成共识，确保团队成员遵守承诺、协同合作、执行协议内容。

练习：达成共识。
目的：指导团队成员就如何确保员工能够达成一致意见，如何解决矛盾冲突，从而使员工真正认识到在日常工作中使用这些技巧的重要意义展开讨论。
过程：团队成员要进行下列问题的讨论。
- 在你向别人寻求支持以确保自己能够按时完成任务的时候，是否存在一些混乱不清、模棱两可或者犹豫不决的现象？如果有，利用下面列出的讨论题目，认真筹划并组织一次讨论会，解决这些问题：
  1. 明确说明自己的需求和期望。
  2. 解释为什么这些需求和期望是至关重要的，如果不能满足会产生什么样的后果。
  3. 描述一下一旦对方的意见按计划得到采纳，将会是怎样一种情形。
  4. 就一些重要的问题以及令自己焦虑的问题向别人请教，获取一些额外的信息。
  5. 认真倾听别人意见，做出适当的反应，定期与别人讨论有关问题，并总结。
  6. 相互支持对方的观点、要求和解决方案。
  7. 将协议的内容做出记录，并分发给所有相关各方。
  8. 制订跟进计划，检查进展状况，必要时对协议内容做出合理的修改。
- 目前，是否存在一些矛盾冲突影响你的工作或者团队的工作效率？如果存在，你最好尽快将这些情况反映出来。在与矛盾各方的相关人员进行讨论之前，认真思考一下自己将提出哪些解决方案，有哪些困难、障碍或令你焦虑的问题需要别人来提供帮助。

■ 建立相互信任的基础

成功的人际关系无一例外地都建立在相互信任的基础之上。没有信任，人们就会变得相互猜疑，不重承诺，做事情心不在焉，暗中诋毁别人的声誉，或者厌倦于做任何事情，所有这些都将导致人们之间关系的严重恶化。沟通效率的极其低下，继而会进一步破坏组织的工作环境，使员工情绪低落，使客户的积极性遭到挫折，使管理者备感失望，使组织的收益连连降低。对于虚拟团队来说，由于员工之间工作场所分散化，相互之间无法面对面进行沟通交流，由此所导致的信任危机是十分严重的，因此员工与员工之间、员工与上级主管之间建立牢固的信任基础具有至关重要的意义。

员工在工作中相互信任能够充分提高虚拟团队的运作效率，信任的基本要素有以下几个方面：值得信赖、始终如一、诚实而正直。了解这3个因素如何影响着团队成员之间的信任感对于虚拟团队的成功运行具有十分重要的意义。

练习：创建信任。

目的：帮助团队成员理解信任的3个构成要素，理解信任在团队关系中所起的决定性作用，特别强调信任在虚拟团队成员的关系建设中所起到的重要作用。

过程：团队成员要进行下列问题的讨论：
- 明确说出如何建立和加强工作关系中的信任感，如何建立信任的3要素：
  - ✓ 值得信赖
  - ✓ 始终如一
  - ✓ 诚实而正直
- 认真思考你将立即采取哪些措施使自己更加值得信赖，并且能够始终如一地坚持下去。
- 对自己的工作方式、参与能力、与同事之间的沟通能力进行评估，同时，回忆别人对于你的工作效率是如何评价的，对你能否固守诺言是如何评价的。你将采取哪些措施来提高自己的工作效率和对问题的反应能力，从而为团队工作做出更大的贡献？

26
加强团队合作意识

Mel Silberman[1]

☑ 概 述

本章提供了颇有价值的建议，每个人都可以利用它实现与他人之间更为有效的合作。你不妨与团队中的所有成员来共同分享。

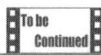

→ 简介

我们每个人都置身于某个团队中，在团队环境下完成自己的工作。作为团队的一员，我们需要与许多同事协调关系，而不仅仅是协调一对一的简单关系。事实上，团队工作考验着我们每一个人，这是因为我们无法完全用个人的想法来控制事情的发生。在大家观点不一致的时候，我们很难劝说别人接受自己的观点，很少有机会让事情按照自己的想法去发生，因此，我们难免会有挫折感。另外，能够为团队的业绩发展尽一份力量，即使遭受一些挫折，在通常情况下，我们也能备受鼓舞，从而大大提高自己的工作效率。

作为一名团队成员，在很大程度上，个人的工作是为了实现团队的总体目标，而不是其个人目标，这对于在过分注重表现自我价值的环境下成长起来的人们来说，不能不说是一个令人畏惧的挑战。我们需要有态度上的巨大转变，也就是必须从"以自我为中

---

[1] 联系方式：609-987-8157, mel@activetraining.com

心"的思想中走出来，从急于让别人接受自己的观点，转为愿意积极地为集体献计献策。这一转变在一项被称作"破碎的正方形"的典型的团队活动中得到了最生动的证实。活动的内容是这样的：5人组成一个小组，将5个正方形撕成碎片，分别分给5位活动参加者，每个人的任务是独立完成一个正方形的拼接。这时，每个人首先想到的一定是先把自己的正方形拼接好，别人的事情由别人自己去完成。事实上，只有5个人协同合作、相互帮助、相互配合才能够完成这5个正方形的拼接，然而这一过程又是极其艰难的，这是因为每个活动参加者不得不将自己已经拼接好的正方形拆解开来，以便整个小组能够顺利完成所有正方形的拼接。无论如何，结果却是令人欣慰的。在通常情况下，每个小组在完成全部任务的时候，都会高声欢呼，以示庆贺。然而在现实生活中，当需要将人们的才能汇聚到一起，以便获取一项比赛的胜利，或者完成一项大型项目，或者仅仅是为了相互之间提供一种支持和援助的时候，人们的反应就大不相同了，没有人心甘情愿地这样做。

因此，每个人都必须培养以下3种能力，使自己成为一名合格的团队成员。

1. 与其他成员团结协作：寻找一些有效方式，以使自己能为团队整体发展尽一份力量。
2. 积极促进团队协作：利用一些技术手段来提高团队工作效率。
3. 达成共识：帮助其他成员制定出一些人人都支持的决策。

让我们对以上3种能力一一做出解释。

→ 与其他成员团结协作

20世纪80年代是"体现自我价值"的年代，20世纪90年代则是"体现集体价值"的年代。在新世纪的第一个10年里，随着团队与团队合作的迅速发展，我们延续并增强了20世纪90年代的发展势头，我们不再期待着自己能单枪匹马遥遥领先，而是期待着我们的团队作为一个整体能够节节获胜。

作为一名团队成员，我们每个人都拥有自己所特有的才能，拥有将自己的才能与周围其他成员的技能相融合的能力。除此之外，我们还拥有一些个人想法和喜好。团队成员需要在自己的合理权益与他人的合理权益之间寻求一个平衡点；团队成员应该将自己和他人当作团队的整体资源而不是一个个单独的个体来看待；团队成员的言行举止都体现出自己是团队集体智慧、技能和观念的一部分，并且他们也能够成功地影响其他成员，使其他成员也同样做到这些。

与其他团队成员团结协作的主要步骤有：观察并了解团队当前的基本状况，在需要的情况下提供自己的帮助，营造对话气氛。

26 加强团队合作意识

■ 观察并了解团队当前的基本状况

在团队环境下工作的大多数人容易忘记周围所发生的事情，他们将更多的精力用于关注自己的事情，很少去细心观察周围环境的变化。但或许有的人是例外，或许有的人有一些不错的想法，只是没有机会将它们很好地表达出来而已。也有可能是因为团队突然改变思想行动，让成员们措手不及；或者团队本来试图通过"头脑风暴"活动获取一些新思想，结果却陷入毫无结果的辩论之中。

你可以根据下面列出的一些具体情况，对你所在的团队进行观察：
- 所有人对团队目标都有相同的理解吗？所有人都支持团队目标吗？
- 所有团队成员看上去都能够畅所欲言，自由表达个人想法吗？
- 团队成员能够认真倾听彼此谈话吗？
- 在团队中，每个人都有平等的参与机会吗？
- 团队是否缺少活力，经受着一次又一次的失败？
- 团队成员能否相互促动，使彼此的思维能力不断获得提高？
- 团队内部的矛盾冲突能否被接受、能否得到妥善处理？
- 团队成员是否相互了解彼此的需求？

仔细观察你的团队，认真思考以上几个问题，对于团队的整体发展将大有裨益。

■ 在需要的情况下提供自己的帮助

你可以想象有这样一支篮球队：每名队员都在独自寻找进球机会，却没有人愿意将球传给其他队员，没有人去为队友做好防守，没有人坚守在自己的位置接好反攻回来的球。正如我们前面所说的：那些缺乏团队整体观念的人往往只注重个人需求，而忽视其他人的需求。不管怎样，只要认真观察并了解团队当前的基本状况，你就能够发现许多机会来为团队的整体发展贡献出自己的一份力量。在篮球比赛中也是如此，只要清醒地认识到场上的基本情况，你就能够感觉到自己需要为团队的成功提供哪些帮助，尽什么样的力量。

你可以在下述方面尽到自己的一份职责：
- 在适当的时候，为别人提供帮助。
- 在会议上为别人提供充足时间发表个人观点。
- 能够心平气和地听取其他成员的意见。
- 能够客观地描述出团队内部的各种不同观点。
- 将那些相互之间存在矛盾冲突，又不便诉说自己内心委屈的团队成员叫到一起，进行调和。
- 对别人所取得的成就表示祝贺和赞赏。

- 积极促动团队成员就某个问题展开自由讨论。
- 与大家一起分享你在工作中所取得的荣誉。
- 对团队讨论会进行总结。
- 将你所掌握的解决问题的方法和技巧提供给大家。
- 通过讲笑话缓解紧张感。
- 在自己即将做出某项决定的时候，应该反复思考、仔细斟酌，判断是否会因此而影响其他成员的正常工作。
- 将信息对所有人平等开放。
- 广泛向他人收集信息，征询专家意见。
- 与他人交流自己的工作和活动状况，以获取更多的公众意见。
- 坦诚地告诉其他团队成员，你在工作中需要他们提供哪些帮助和支持，并希望他们能够伸出友爱之手，提供这些帮助。

■ 营造对话气氛

当我们想对"言论自由"这一观点表示支持的时候，常常会引用这样一句话："每个人都有权力来发表个人意见。"然而在团队环境下，这种权力不可避免地会受到许多社会性因素的制约。在通常情况下，团队的讨论会会变成团队成员之间针尖对麦芒的争辩，人们总是根据自己的意愿来提倡一些事情，并希望能从别人那里获得更多的支持，这种气氛带有极其强烈的政治色彩。相反，当团队营造出一种对话的气氛时，团队成员之间就能够认真倾听对方的谈话，对对方的观点做出适当的反应，并坦诚地提出一些建设性的意见，寻找和理解不同观点之间的差别所在。

"对话"意味着"两种思想并存"，其目的是扩大而不是缩小人们的思维。你可以采用以下几种方式帮助团队营造出对话气氛：

- 通过提问来确认自己真正理解了别人的谈话内容，与此同时，请别人也采用提问的方式来确认自己的观点真正被别人所理解。
- 坦白地告诉大家你隐藏在观点背后的一些东西，例如，你假设的一些事情，你的目标是什么。诚恳地邀请别人也这样做。
- 请求别人对你提出的观点提供一些反馈意见。
- 对别人提出的观点提供一些建设性的反馈意见。
- 提供一些参考意见来支持别人的观点。
- 提供个人建议的时候，要综合考虑其他人的观点。
- 掌握不同成员在表达个人观点的时候，其共同的出发点是什么。
- 鼓励团队成员积极对已有的观点提出各种补充意见。

26 加强团队合作意识

→ 积极促进团队协作

如果你是一名团队管理者,你应该利用一些时间来评价一下自己的领导风格。假如你认为自己是一名具有传统管理风格的团队领导,你一定习惯于使用指挥、控制和监督等方式进行管理;相反,假如你是一名具有现代管理风格的团队领导,你的管理方式已经发生了很大的转变,是习惯于指导员工、激励员工和权力下放。同样,你可能已经习惯于培养团队中某些成员的个人特长,然而,作为一名团队管理者,你应该充分调动和培养团队内所有成员的优势和特长。

你不必一定要成为团队的领导者才能够有效促进团队协作,作为一名普通成员,你同样可以发挥出积极的作用。任何一名团队成员都能够提供一些合理化建议,来帮助团队更有效地开展工作。下面的例子就证实了这一点:

一个宗教组织请求市政当局允许其为那些因受到虐待而离家出走的女青少年安置住所,这个组织计划购买该城市主要街道沿线上众多公寓楼中的一幢。一天晚上,这项计划被提交到市议会上进行讨论,一些毗邻而居的住户直言不讳地对这项议案提出反对意见,虽然他们人数并不多,但是个个非常激动、言辞激烈。这些邻居抱怨该宗教组织不会拥有充足的资金来对房屋进行保养和维修,而那些女青少年又个个恶习成性、偷盗成瘾,这必将对年幼的孩子们,特别是跟她们同龄的男孩子们产生极坏的影响。此外,她们还有可能通宵聚会,这些都将不可避免地破坏邻居们的正常生活。为此,这些邻居拒绝接受宗教组织的该项计划,他们甚至对该宗教组织的代表冷言相讥。

在这种情况下,市议会中的一位成员清楚地认识到:无论如何,这次会议都不会有一个令人满意的结果,倘若一味地继续下去,只能是适得其反。因此,他建议由市议会从人群中选出3个代表,安排他们与宗教组织进行会谈,以达到化解矛盾的目的,这样就可以利用一些时间使这些持反对意见的邻居冷静一下情绪。当双方会谈的时候,一项令人满意的协议顺利达成了:宗教组织为女青少年安排好住所,邻居们也得到了他们所需要的各种安全保护措施。

促进团队协作的3个重要步骤是:建立共同的目标、鼓励员工积极参与团队讨论、激发员工的创造性思维。

■ 建立共同的目标

当人们组成一个团队的时候,或许还没有一个明确的发展目标可以将他们紧密联系在一起;或者,即使已经制定好了目标,但是不同的成员却有不同的理解;还有一种情况也可能存在,即人们为了实现个人目标才加入团队中,个人目标有可能支持团队目标,但也可能不支持团队目标。由于存在以上种种可能，大多数团队在运行初期并没有一个共同的目标。

高效团队基于一个共同的目标而团结一致。明确而又鼓舞人心的团队目标能够充分调动团队成员协调合作的积极性。在团队建立共同目标的过程中，无论能够做哪些工作、提供什么样的帮助，对于团队发展来说都具有极其宝贵的价值。下面为你提供一些建议：

- 如果你是一名团队管理者，提出几项能够激发团队成员积极性的发展目标，并征询员工的意见。不要以普通标准来制定团队业务的发展目标，而要以高标准来制定目标，只有这样，才能真正激发团队成员的工作积极性。你可以为即将到来的一年制定一些特殊的发展目标，或者明确指出需要团队成员来完成的一些特殊项目，或者宣布你将要对工作环境进行变革的决定。
- 如果你是一名普通员工，你感觉到团队没有制定出明确而又鼓舞人心的发展目标可以让所有成员团结一致、协调合作，可向管理者提出请求，允许你利用一些时间为团队建立一个共同的目标。
- 无论你是一名团队的管理者，还是一名普通员工，都可以参与到下列问题的讨论中。
  ✓ 想象我们的团队已经完成自己的使命，即将解散，你希望看到我们取得了哪些成就？
  ✓ 想象自己忐忑不安地加入团队工作中。以后将会发生什么事情？工作地点是什么样子的？团队成员正从事哪些令人振奋、颇有意义的事情？
  ✓ 倘若我们能够协调合作，最终结果会是怎样的？你能否用一两句话做出简单陈述？

下面是一些简单陈述的例子：
——对于客户服务部门来说，可以这样陈述："我们要使消费者愿意购买我们的产品。"
——对于医院透析科来说，可以这样陈述："正是由于我们的不懈努力，患者更有尊严感，并且对生活充满了希望。"
——对于制造业工厂来说，可以这样陈述："当客户使用我们的机器时，他们确信自己正在操作的是目前所能购置到的最好的机器。"

■ 鼓励员工积极参与团队讨论

如果员工不愿意参与讨论团队工作，或者由于某些人自始至终控制着讨论会的整个过程，别人根本无法参与进来，那么团队的任何讨论都不可能达到预期效果。你可以采用许许多多的方法，来鼓励员工积极参与团队讨论。只要你使用其中的几个方法，并且坚持不懈地进行下去，就能够充分调动每个团队成员的积极性，激发他们的参与热情。下面将提供几种切实可行的方法。

1. **公开式讨论**：向全体团队成员提出一个问题，要求大家进行自由讨论，不必采取任何其他方式对员工的讨论进行组织和安排。

　　当你能确认有多少成员将参与讨论的时候，可以采用公开式讨论的方式，该方式所体现出来的随意、自愿的特点对于参与者具有非常大的吸引力，但是不要过多使用该方法。否则的话，你会把那些更习惯于举手发言的员工排除在参与者之外。如果参与者队伍庞大，担心讨论时间过长，你可以事先这样对大家说："我想请 4~5 人一起讨论关于……"如果你担心没有人愿意参与讨论，或者参与者人数过少，你可以对大家说"你们当中有多少人对……问题有一些想法"而不要说"关于……问题谁有一些想法"。

2. **卡片回答**：为每名员工发一张索引卡，要求大家匿名回答你所提出的问题。

　　利用卡片回答问题的方式不仅可以大大节省时间，还能够通过匿名的方式保护答题者的身份，避免暴露个人姓名。另外，卡片回答问题的方式还能为那些性格腼腆的员工提供很好的发表个人意见的机会。除此之外，可让员工在卡片上简明扼要地表明个人立场是该方法的另一个优点。你可以这样对大家说："我希望你们首先将自己的想法写在卡片上，然后我们将做进一步的讨论。"为每位参与者发一张索引卡，在参与者回答完问题之后再收回来。使用该法时需要注意的是，你所提出的问题要明确、清楚，同时还要鼓励参与者回答问题时要简洁、有条理。

3. **小组式讨论**：使团队成员以 3 人或 3 人以上为一个小组，组成若干个小组进行讨论，确保相互之间信息共享。

　　当你认为有充足的时间讨论问题的时候，可以采用小组式讨论的方法，这是确保人人都有机会参与讨论的主要方式之一。你可以将员工随意分组（如按人数分组），或者有目的性地进行分组（如按性别分组）。然后提出一个问题让每组进行讨论，或者安排一项任务让每个小组去完成。通常情况下，小组在讨论过程中，最有效的方法是首先确定好角色分工，如组织者、计时员、书记员、主讲人等。最好是请大家毛遂自荐，保证各个角色人员到位。此外，还要确保参与者在讨论过程中要面对面相互沟通，尽量让小组与小组之间保持一定距离，以避免相互打扰。

4. **伙伴式讨论**：要求团队成员以两人为一组，指导他们共同完成一项任务，或者讨论一些主要问题。

　　如果你想让每个人都有机会参与讨论，但又没有充足的时间来组织小组式讨论，可以采用伙伴式讨论的方式。将团队成员每两人组成一对，既可以按照员工私人关系的亲密程度进行自由组对，也可以有目的性地事先做好计划，进行特定的安排。一般情况下，伙伴式讨论方式没有必要要求大家相互交换座位来进行组对。你可以对每对伙伴提出很多要求，例如，阅读并讨论一份简短的文件，然后回答你提出的问题；或者为某个问题提供解决方案，等等。

5. 巡回式讨论：让全体成员轮流发表个人见解，保证从每个参与者那里都能够获取简短的回答。

　　如果你想听到每个人的见解，并为每个人提供平等参与的机会，可以使用巡回式讨论的方式。通常情况下，在实施巡回式讨论的时候，使用一些固定句型（例如，"我们所能做的事情是……"）是非常有效的，然后让参与者接着这个话题轮流发表个人见解。为了避免一些重复性的回答，应该要求参与者每一轮都提出一些新的看法和见解。

6. 邀请下一位发言者：向大家说明，如果想发表个人意见就请举手示意，同时，要求发言者在结束发言的时候从举手示意的员工中邀请下一位发言者（取代活动组织者来做这一项工作）。

　　你可以这样对大家说："在这一次讨论中，我希望你们能够相互邀请，来发表个人见解，而不是由我来指定下一位发言者是谁。当你发言结束的时候，看看有谁在举手示意，请其中的一位来发言。"（不要让发言者对那些没有参与讨论意愿的员工发出邀请。）在确信讨论过程会充满乐趣，并且希望能够借此促进员工之间的互动能力的时候，可以采用该方法进行讨论。在认为有必要由自己来担当组织者的角色时，告诉大家你打算恢复到正常的讨论形式。

7. 观摩式讨论：让一部分团队成员围坐成一个小圈进行讨论，形成讨论圈，其余成员围坐在讨论者的外围，形成一个大圈，即听众圈。

　　使用观摩式讨论有助于强化讨论过程中的重点问题，尽管该方法耗费时间比较长，却能够最有效地综合大范围讨论与小组式讨论的优点。当一个小组结束讨论的时候，安排另一个小组坐在讨论圈中，继续讨论。使用该方法的前提是，不断有一些成员自愿报名参与讨论，或者你能够安排某些成员作为讨论者。为了满足讨论圈成员不断变化的需要，你可以从听众圈中邀请不同成员坐到讨论圈中进行讨论，但同时要保证听众座无虚席。

　　请牢记：你可以综合使用以上各种方法，来达到让全体成员共同参与的效果。例如，提出一个问题，首先采用"伙伴式讨论"的方式进行讨论，然后采用其他方法让全体成员参与讨论，例如，采用"公开式讨论"或者"邀请下一位发言者"的方法，在使用"伙伴式讨论"方法开始讨论的时候，只要同伴之间能够相互交换意见和看法，就会有越来越多的人愿意参与到接下来的全员讨论过程中。也可以首先采用"卡片回答"的方式开始讨论，接下来采用"巡回式讨论"或者"小组式讨论"的方法。

■ 激发员工的创造性思维

　　团队的创造力往往能够被一些超常规的思维方式激发出来。"头脑风暴"是人所共知的一种方法，利用该方法可以让团队成员自由发挥个人想象力，在团队目标、项目发展、解决方案以及其他各个方面提供新颖、独特的个人见解。大多数人都认为"头脑风暴"应该是一个快节奏的过程，以便在最短的时间里得到最多的新观点，然而"头脑风暴"也同样可以以一种悠然从容的节奏来进行。你可以在下面两种方式中任选其一。

（1）"快速头脑风暴"通常被比喻成"爆玉米花"。人们来自内心深处的思想精髓像是一个个火种，一经点燃，便燃亮成绚丽的火花（这些爆发出来的具有创造力的观点和想法被比喻成一粒粒"玉米花"）。如果组织得当、进展顺利，就能够从"快速头脑风暴"的活动中获得许多创造性的新方法，直到人们"江郎才尽"，再提供不出任何新的想法。通常情况下，"快速头脑风暴"的过程应该遵循以下几个指导方针：

- 要求参加者尽可能追求数量的最大化，新想法越多越好。
- 鼓励参加者自由发挥个人想象力，在某种程度上，想法越怪诞越好。
- 要求参加者只要脑海中出现新的想法就要立刻毫不犹豫、无所顾忌地说出来。
- 要求参加者在头脑风暴活动结束之前不要对任何人提出的新想法做出评论。

倘若你能够按照以上几点要求对团队成员组织一次头脑风暴，那么，所有员工在活动的过程中一定会激情饱满、无拘无束、畅所欲言。

（2）"慢速头脑风暴"则是以另一种节奏进行的，让你有一种截然不同的感觉。在这一过程中，要求参加者在深思熟虑的基础上做出回答。毫无疑问，这一要求的结果一定是只有少量的新想法得以产生，然而或许正是因为这样，每个想法的质量都相对较高。通常情况下，为了确保"慢速头脑风暴"的质量，应该按照以下规定来组织活动：

- 要求参加者在说出自己的想法之前，先停顿一会儿，仔细思考。
- 在有些情况下，可以要求参加者在说出自己的想法之前，先在纸上写下来。
- 有时可以硬性要求所有参加者每人提供一个新的想法，然后允许有的员工提供更多的想法。
- 要求参加者通过提问的方式确保自己真正理解别人的新想法。当某位活动参加者提出自己的想法时，其他人可以对其进行提问，以便了解到更多、更具体的信息，但要注意提出问题时不要带有个人感情色彩。例如，你可以这样问："你估计这样做需要投入多少成本？"（用友好的语气来询问），而不应该这样问（用讥讽的口气来询问）："难道你不认为这样做成本太高吗？"
- 鼓励参加者随时对自己的观点做出补充（"或许我们还能够……"）。

无论是"快速头脑风暴"，还是"慢速头脑风暴"，最重要的是活动参加者要有创造性的思维能力，并且相互之间要进行开放、自由、没有偏见的沟通交流。当然，在新的想法产生之后，必须将它们一一做好记录，组织活动参加者进行讨论，并且对这些想法进行评估。对于利用"头脑风暴"所获得的所有新想法，活动参加者会有不同的反应，可以按照以下三个类别进行快速分类：

- 坚持（立即实施）
- 疑惑（需要进一步认真考虑）
- 排斥（立刻放弃）

一般情况下，利用"头脑风暴"获取一些解决问题的新想法是有一定难度的，这是因为需要解决的问题的大小会直接影响团队成员思维的活跃程度。克服这个困难的最好方法是将需要讨论的问题、议题，或者目标进行分解，然后各个击破。这样，活动参加者就能够充分放松情绪，从而真正产生更多的、具有创造力的、别出新意的想法。

活动开始的时候，向大家陈述需要讨论的问题、议题或目标，接下来请活动参加者认真思考分解后的各个要素和组成部分。（应该在活动开始之前就将讨论主题的分解工作做好。）

举例来说，你提出的讨论主题是规划一次成功的募集资金的竞赛。可以从以下几个方面来考虑，对该讨论主题进行分解：

- 标语。
- 对竞赛进度的控制。
- 竞赛起止日期。
- 竞赛时间。（星期六比星期日更好吗？如果赶上雨天是否要延期？利用周末假日时间是否合适？）
- 奖励方式。
- 报名截止日期。
- 出现紧急情况时需要提供的服务。
- 竞赛前、竞赛过程中以及竞赛后的宣传活动。

你可以安排活动参加者按照以上问题逐个进行讨论，认真思考一下究竟应采用"快速头脑风暴"还是"慢速头脑风暴"。"头脑风暴"所产生的新的想法具有很高的质量，另外由于所有活动参加者看问题的角度不同，最终必将形成各种不同的方案。

激发员工创造性思维的第三种策略所采用的方法被称作"情节思考"。该方法要求活动参加者不考虑当前的现实状况，而是尽可能多地去构思一些新的可能出现的事物。

选取一个议题，或者一个新型项目，让活动参加者进行讨论。例如，团队有可能正在讨论有关员工士气、员工逃避责任，或者客户服务等方面的问题，告诉团队成员，你希望他们不要去考虑这些问题的现有状况，而是要利用"情节思考"的方式来设想未来有可能出现的许多新事物，从而解决这一问题，或者为新型项目提供解决方案。你可以这样来提示和引导员工："我们对待这个问题，能不能这样……这样……这样……这样……"

将下面列出来的各个句型提供给活动参加者，并对他们说："让我们一起去设想。我们怎样才能扩大自己的思维？"鼓励所有参加该活动的员工选择下列句型，对自己的想法进行表述：

  我想知道……

  如果……怎么样？

  也许，我们……

  我有一个梦想……

  只要我们……

  我希望……

  为什么我们不能……

  允许活动参加者随时说出自己的观点，陈述自己新的想法。同时，鼓励活动参加者在别人讲话的时候要保持安静，认真倾听他人提出的新观点，然后在允许的时间内展开自由讨论。

→ 达成共识

  现在到了最关键的时刻，团队需要对所有的建议进行深入分析，讨论确定最终的方案。在这一阶段，有些建议将被取消。做出最终决定是一个极其艰难的过程，需要依据各个建议的重要程度进行严格筛选。在这一过程中，要保证所有成员对团队的最终决定持赞同态度，并且愿意为团队的任务努力工作。

  大多数资深专家都赞同团队在做出一项重要决策的时候，要尽可能争取让所有成员达成共识，反对采用简单投票表决的方式来做决策。所谓"达成共识"，是指所有团队成员都积极支持团队做出的决策，并且愿意为之而努力工作，或许这并不是所有人的第一选择，但是最终他们能够接受并支持团队的决定。只有当团队内部达成共识，员工们才更有决心、更愿意执行团队的决策。采用投票表决的方式来做决策，通常会引起少数不满者极大的抵触情绪，他们在执行决策的过程中，也会缺乏热情、行动散漫。

  然而，尽管大多数人原则上都很赞同"达成共识"具有非同寻常的意义，实际运作中他们却有可能持反对意见，这往往是因为这些人亲身感受过团队在"达成共识"的过程中所经历的种种艰难，从而对是否能够真正实现"达成共识"的目标而产生极大的怀疑。事实上，有很多方法可以用来排除这些忧虑与担心。

  为了在团队内部达成共识，可以采用如下3个步骤：缩减备选方案的数量，进行民意调查，确定员工责任。

■ 缩减备选方案的数量

  多项投票法（multivoting）是缩减备选方案数量的最有效方法。只有减少备选方案的数量，才更容易达成共识。对于一个复杂的问题，不仅要求团队成员提出一些切实可行的解决方案，同时还要求他们通过投票的方式来否决一些相比较而言不甚合理的方案，从而缩减备选方案的数量，直到最终只保留少数几个最可行的、经过投票者筛选出来的、得到大多数人支持和肯定的解决方案。这种方式不仅有效避免了大量有价值的解决方案的流失，还可以成功避免单项投票法（single voting）所产生的一系列问题。

将所有可供选择的解决方案列在提示板上，并附上每个方案的优势和劣势分析。假如两个或多个不同方案具有很强的相似性，与团队成员商量并取得一致意见后，将它们进行合并。让所有团队成员认真思考如何在备选方案中做出自己的选择。然后分发投票用纸，让团队成员选择，并告诉大家无须受数量的限制，只要自己认为是合适的方案，即可选择并投票。但同时还要让大家知道，只有投票过半数的备选方案才可以保留下来，进入第二轮的投票程序。

根据第一轮投票结果确定可以保留下来的解决方案，然后举行第二轮投票。同样，只有在第二轮投票中过半数的备选方案才可以继续保留下来。这时候，需要根据实际情况来判断是否有必要再进行一轮投票来继续缩减备选方案的数量。

在备选方案数量很多的情况下，要想挑选出真正切实可行的解决方案，最有效的方法就是让团队成员依据一些特定的标准来进行比较。根据具体情况，这一过程可以简单，也可以复杂；既可以在规模较小的团队中采用该方法，也可以在规模较大的团队中采用该方法，无论如何，其目的都是尽可能在团队内部达成共识。

将团队成员所提出的所有解决方案都列在一块大提示板上。在进行删减之前，将一系列评估标准提供给大家，以便团队成员对备选方案进行筛选。也可以让团队成员开动脑筋，自己确定评估标准。评估备选方案的标准通常包括成本、可行性、完成时间、完成效果等几项指标。让团队成员根据你所提出的评估标准对备选方案逐一进行分析、讨论，确保每个备选方案都被讨论到，然后整理讨论结果。讨论时需要注意的是，应尽可能避免为了某个特殊的备选方案而使整个讨论过程陷入争斗的混乱之中。

■ 进行民意调查

民意调查是获取团队成员支持的一个最好方法。在对团队成员进行调查的时候，你能够更准确地发现员工对于一项建议或者行动方案所持有的支持和反对态度之间的差别程度，从而判断其实施的可行性。民意调查的结果可以为你提供一些有价值的信息，例如，是否还需要进一步讨论，持有反对意见的团队成员是否有继续寻求其他解决方案的打算。

当再也没有人提出新的建议，团队成员只是不断地重复着同一个主张或观点的时候，你就应该宣布讨论暂时告一段落。接下来的时间是进行民意调查，以此来判断是否在团队内部已经达成共识。向团队成员解释，从 A 到 E 几种不同的描述，分别代表大家对于一项决策的支持或反对程度：

A. 我愿意接受这项方案。
B. 我承认这项方案是一种相对不错的解决方式，但是我并不十分满意。
C. 我不是很赞同这项方案，也认为有必要解释一下理由，但是我又不愿意花费时间和精力来阻止这项方案的实施。
D. 我反对这项方案，并且将尽己所能阻止它的实施。
E. 我认为团队成员坚决不可以在这一方案上达成共识，为此我会想出更多的办法来影响其他员工的决定。

让团队成员做出自己的选择，既可以举手回答，也可以让员工将答案写在卡片上，然后统一收上来统计。从员工的选择结果中，你可以判断是否还有必要做进一步的努力。如果大多数员工的选择是 A 和 B，就表明目前团队内部已经达成共识；如果大多数员工的选择是 C 和 D，还有的员工选择 E，就表明需要做进一步的讨论。

■ 确定员工责任

在努力使团队内部达成共识的过程中，为个别员工提供一些发表意见的机会也是很有必要的，虽然通过这种方式只能收集到一些零零散散的建议，但或许这些建议对于解决问题能起到至关重要的作用。与此同时，认真倾听个别员工的心声也是团队在"达成共识"的过程中一个必经的过程，它决定了团队成员在未来的工作中是否能够相互协调、彼此配合。

当团队成员对具体的行动方案进行讨论的时候，你可以这样问大家："对于这项方案，是否还有人存在一些担心与顾虑？谁还有问题需要提出来？"然后留出一些时间让员工发言。另外，你还可以专门安排时间让员工畅所欲言地发表个人意见，最好是在你认为团队内部即将达成共识的情况下，利用 15 分钟或者半小时的时间让他们谈谈自己的想法。听完这些员工的发言之后，问问大家心里的担忧与顾虑是否已经有所缓解。

最后，当团队内部终于达成共识的时候，让所有成员认真思考一下，为了很好地实施决策方案，每个人应该怎样做，应该负有什么样的责任。假如团队成员的责任确认还需要一系列的会议讨论方能落实，你可以考虑先将这次会议中的讨论要点用电子邮件的形式发给员工；假如团队成员责任已经明确，并且开始实施决策方案，那么就应该鼓励他们随时与你保持联系，以便在他们有困难的时候提供自己最专业的指导与帮助。

→ 常见"病症"及"处方"

为了成为一名合格的团队成员，我们需要努力与其他员工协调合作，这时，我们会发现，前进的道路曲折而艰难，我们很难摆脱以往已经习惯了的一些行为方式、思考方式。通常，我们在工作中会有以下几种不正确的想法，只有彻底改变这些想法才能更好地进行团队合作。

- 我认为任何举措对于我们团队来讲都是无济于事的，实在是太晚了。

  处方：对于一个成立已久的团队来说，想改变其原有的行事方式就如同让一个人改变自己的习惯一样，并不是一件很容易的事情。尽管如此，我们还是应该持有一种良好的心态，要相信：只要下决心立即采取行动，一切都来得及。不要只是一味地抱怨自己的团队如何缺乏效率，这样做所产生的不利后果是使有些员工对你产生反感，有些员工则因受到你的影响而纷纷辞职。相反，你可以对团队成员提出一些问题，让员工自己评价一下自己所在的团队，例如：
  - ✓ 团队是否能够满足你的要求？满足程度如何？
  - ✓ 你从团队中能够学习到哪些东西？
  - ✓ 我们是否真正实现了协同合作？哪些事情对于实现协同合作是有益的？哪些事情是有害的？
  - ✓ 如果团队的各项工作都需要重新启动，依据现有情况判断，我们应该做些什么？

- 我没有权力去改变一些事情。

  处方：请记住，在有些情况下，即使仅仅提供一条建议，也有可能为事情的发展带来巨大的转机，千万不要放弃这样的机会。同时，你还可以与自己的上级主管或领导进行交流，为他们提供一些合理化建议。

- 虽然我们工作于同一个团队，但是大家不是出差，就是因一些其他的原因不在办公室，因此我们很少有机会见面。

  处方：这是大多数公司都存在的一种司空见惯的现象。可以通过发送电子邮件的方式提高彼此间的交流效率，或者利用视频会议等方式来确保团队成员之间保持良好的沟通。

- 我很想与我的同事协同配合来完成工作，可是他们看上去似乎只忙于自己的事情。

  处方：制订一个小规模计划，以便与一位你喜欢的同事一起来完成，要确保该计划制订合理性，以至于当你邀请另外一位同事加入进来的时候，他会欣然应允。说不定，一位伟大的领导者就从此诞生了呢。

- 我对所有的工作都大包大揽。

  处方：所有团队成员已经习惯了你随时来帮助他们排除困难，寻找一个你认为合适的机会，坚决要求其他团队成员不要吝啬于为集体做出自己应有的贡献，你可以以一种积极的态度说："我非常需要你们的帮助，如果由我来独立完成这项工作，我会感到愤愤不平，我希望能够在工作中感受到和谐、融洽的同事关系。"

27 时间、资金与信息的权衡

Sivasailam Thiagarajan

☑ 概 述

本活动要求团队解决一个逻辑推理难题。在活动过程中，团队成员将学习如何在时间、资金与信息之间进行合理权衡。该活动可以应用于团队动态活动的许多方面，如领导能力、团队协作、参与能力等。

☑ 建议用时

45 分钟

☑ 所需材料

- ✓ 表 A（团队会议：一个逻辑推理难题）
- ✓ 表 B（12 个问题及答案）
- ✓ 表 C（核对矩阵）
- ✓ 表 D（活动规则：如何支配时间、资金）
- ✓ 表 E（标准答案表，供活动指导者使用）
- ✓ 分别为每个团队发一个信封，里面装有 20 000 美元的道具纸币

☑ 活动过程

（1）将参与人员分成若干个团队，每个团队 3~7 人。

（2）为每个团队分发一套活动用表，包括表 A、表 B、表 C，一个装有 20 000 美元道具纸币的信封。

（3）解释活动规则，与活动参与者一起逐条理解表 D 中的指导说明。

（4）活动正式开始，宣布限定时间，并启动计时器。

（5）每结束一分钟就要向每个团队收取 1 000 美元。

（6）当有团队提问的时候，首先要按照规定收取相应费用，然后根据标准答案表给出"是"或"不是"的答复，在执行该项操作的时候一定要注意严格保密，不能向其他团队透露信息。

（7）当某个团队将完成的答案表交给你时，你要与标准答案表进行核对，核对过程中同样要注意保密，不能向其他团队透露信息。如果该团队的答案不正确，让他们拿回去重新做出正确的答案，但是不要给他们提供任何反馈信息。反之，如果该团队的答案完全正确，向他们表示祝贺，并让他们好好保存现有的剩余资金。

（8）你可以在活动开始的 20 分钟后结束活动，也可以在所有团队都给出正确答案时结束活动。确认获胜团队，也就是剩余资金最多的团队。

（9）在听取参与者的活动结果汇报时，你应该采用"……什么""……怎么样""……现在该如何"这种递进式询问方式。具体来讲，按照以下顺序进行提问：首先，让参与者相互交流在活动过程中都发生了些什么；接下来，请参与者来谈一谈"……怎么样"的问题，即该活动反映出他们各自所在团队的合作能力是怎样的；最后，请参与者认真思考一下"……现在该如何"的问题，请他们谈谈自己从该活动中吸取到哪些对工作有用的经验。

27 时间、资金与信息的权衡

团队会议：一个逻辑推理难题（表A）

格伦·巴克博士正在组织一支高业绩团队召开会议，他邀请了5位颇有声望的研究员，他们分别是阿姆斯特朗博士、班尼特博士、柯林斯博士、达尔顿博士和艾德沃兹博士。会议上，这5位来自不同院校（麻省理工学院、斯坦福大学、耶鲁大学、哈佛大学和普林斯顿大学）的不同系别（商学系、人类学系、社会学系、心理学系和政治学系）的研究员展示了各自专业领域的最新研究成果，包括组织目标的设定、矛盾冲突的解决、组织信任的建立、组织决策的制定，以及组织成员多种能力的协调运用。

根据表B中的"12个问题及答案"所提供的信息正确填写下表：

姓名	系别	院校	课题
阿姆斯特朗			
班尼特			
柯林斯			
达尔顿			
艾德沃兹			

12个问题及答案（表B）

1. 问题：柯林斯博士的演讲内容是关于"矛盾冲突的解决"的吗？
   答案：是！

2. 阿姆斯特朗博士来自政治系吗？
   答案：不是！

3. 达尔顿博士来自心理学系吗？
   答案：是！

4. 阿姆斯特朗博士的演讲内容是关于"组织决策的制定"吗？
   答案：不是！

5. 艾德沃兹博士来自耶鲁大学吗？
   答案：是！

6. 达尔顿博士来自斯坦福大学吗？
   答案：不是！

7. 人类学教授是在展示关于"组织决策的制定"这方面的研究成果吗？
   答案：是！

8. 艾德沃兹博士是来自人类学系吗？
   答案：不是！

9. 来自普林斯顿的教授是社会学系的吗？
   答案：是！

10. 来自麻省理工学院的教授是人类学系的吗？
    答案：不是！

11. 来自麻省理工学院的教授展示了关于"组织目标的设定"这方面的研究成果吗？
    答案：是！

12. 来自斯坦福大学的教授展示了关于"组织信任的建立"这方面的研究成果吗？
    答案：是！

核对矩阵（表C）

使用说明：将从表B中获得的信息填入矩阵表中相应的小格内，用"×"代表"不是"，用"•"代表"是"。当你填入"•"之后，就在该分类中同一行和同一列的其他4个小格内填入"×"。

为了帮助你理解该矩阵表的使用方法，现将12个问题中的前2个问题答案填写在矩阵表中作为示范。

	矛盾冲突的解决	组织决策的制定	组织成员多种能力的协调运用	组织目标的设定	组织信任的建立	哈佛大学	麻省理工学院	普林斯顿大学	斯坦福大学	耶鲁大学	人类学系	商学系	政治学系	心理学系	社会学系
阿姆斯特朗	×												×		
班尼特	×														
柯林斯	•	×	×	×	×										
达尔顿	×														
艾德沃兹	×														
人类学系															
商学系															
政治学系															
心理学系															
社会学系															
哈佛大学															
麻省理工学院															
普林斯顿大学															
斯坦福大学															
耶鲁大学															

活动规则：如何支配时间、资金（表D）

你有：
- 一道逻辑推理难题
- 20 分钟的活动时间
- 20 000 美元的资金

活动过程中，每过一分钟我们将向每个团队收取 1 000 美元，哪个团队正确地解决了这个问题，哪个团队就可以停止支付。举例来说，如果你用了 10 分钟的时间将问题正确解决，那么你的剩余资金就是 10 000 美元。

20 分钟的活动结束时（或者当所有的团队都成功地找到正确答案时），剩余资金最多的团队为优胜方。

需要注意的是，并非解决问题的速度最快的团队就一定是优胜方。在活动过程中，你也可以利用资金去购买一些附加信息，从而帮助你尽快解决问题。与表 B 中"12 个问题及答案"的提问形式相似，你在获取附加信息的时候，需要向指导者提问，然后，指导者会将正确答案提供给你。

获取附加信息时需要支付一定数量的资金，下面是信息报价表：

第 1 个问题：1 000 美元。

第 2 个问题：2 000 美元。

第 3 个问题：3 000 美元。

第 4 个及第 4 个以上的问题：4 000 美元。

例如，假设你一共问了 4 个问题，你将支付 10 000 美元，但同时，你解决问题的速度也将因此而大大加快。

你可以在活动过程中的任何时间进行提问，但必须保证拥有足够的资金来支付信息费，而且必须在获取答案之前支付费用。

标准答案表（表E）

该标准答案表供活动指导者使用。

姓名	系别	院校	课题
阿姆斯特朗	商学系	斯坦福大学	组织信任的建立
班尼特	人类学系	哈佛大学	组织策略的制定
柯林斯	社会学系	普林斯顿大学	矛盾冲突的解决
达尔顿	心理学系	麻省理工学院	组织目标的设定
艾德沃兹	政治学系	耶鲁大学	组织成员多种能力的协调运用

28 了解你的团队成员

Gina Vega[1]

☑ 概　述

在团队成立初期，投入适当的时间和精力组织一些有意义的活动，加强员工之间的相互了解是十分必要的，这样可以有效避免团队在以后运作过程中有可能出现的一些潜在的问题。安排每个小组中的3个成员分别扮演透露信息、认真倾听并且复述信息内容的角色，然后对复述的准确性做出评论，并且纠正错误的陈述。该活动的宗旨是加深员工之间的沟通理解。

☑ 建议用时

30分钟

☑ 所需材料

- ✓ 表A（收集信息）
- ✓ 表B（统计数据背后的故事）
- ✓ 表C（旁观者记录单）
- ✓ 表D（采访者复述故事）

---

[1] 联系方式：978-837-5000，gvega@merrimack.edu

☑ 活动过程

1. 活动规则：向活动参加者解释"决定性事件"（对相关各方均有重要影响的事件）的含义，说明"开放式问题"与"封闭式问题"的区别所在，强调采用"深入提问"的方式有助于对"决定性事件"的来龙去脉产生更全面、更直观、更形象的了解和认识。

2. 将表 A 复印若干份，向所有活动参加者每人发一份。鼓励大家简要讨论一下在对一件事情进行调查的时候采用什么方法。

3. 将表 B 复印若干份，向所有活动参加者每人发一份。向大家说明究竟怎样才能获取最丰富的信息——运用一些有效的行为方式，了解事情发生的环境和背景，在此基础上收集到的信息是最丰富的，这些丰富的信息有助于加深对个人行为的理解。

4. 将活动参加者分成若干小组，每个小组 3 名成员，为每名成员安排一个角色：一位是采访者、一位是被采访者，最后一位是旁观者。将表 C 复印若干份，为每名旁观者发一份。

5. 访谈与小组讨论：采访者开始向被采访者了解"决定性事件"的具体情况。规定访谈时间为 5 分钟。指出被采访者有可能发现自己很难为采访者提供事情发生过程中的具体细节，采访者也有可能不加深究地接受被采访者的陈述。鼓励采访者灵活使用表 A 中提供的深入调查工具。

6. 访谈过程中，旁观者应该认真填写表 C，除了要记录下"决定性事件"的来龙去脉，还要对访谈过程本身作详细的记录。

7. 在访谈即将结束的时候，旁观者将填写好的表 C 展示出来，3 人小组就表 C 中的内容进行讨论。

8. 将表 D 复印若干份，为每名被采访者发一份。请采访者向被采访者复述"决定性事件"，在此过程中，被采访者需要回答表 D 中的问题。然后，请被采访者将填写好的表 D 作为反馈信息提供给采访者，并与采访者进行沟通交流，纠正采访者一些不恰当的结论、假设、观点和想法。

9. 综合讨论：组织大家展开全面讨论，讨论的内容包括：访谈过程困难还是容易，如何设计问题，如何深入提问，怎样使整个访谈过程保持健康有序，等等。你可以向参加者提出一些问题，例如：
   - 你们得到了哪些反馈信息？
   - 你们在访谈过程中遇到了哪些共同的问题？
   - 整个访谈过程中最困难的环节是什么？
   - 采访者对于整个事件的复述有多少出入？

最后对整个活动做出总结，强调不断地探询和求证事实具有十分重要的意义，沟通交流的过程中，应该避免一些想当然的个人假设，使相互之间的交流更加准确、顺畅。

28 了解你的团队成员

☑ **角色互换练习**

该活动可以在小组内部重复进行，以使每位成员都有机会扮演 3 种不同的角色，但要注意，重复活动的时间不必按照首次活动的时间来要求，这是因为随着每位成员对活动内容的熟悉程度渐渐加深，重复表演的时间可以适当缩短。

To be Continued

收集信息（表 A）

访谈开始

设计一些能够引起回忆或唤起感情的问题：
- 请讲讲你做出重要决定的一次经历。
- 请讲讲你在同事关系方面遇到麻烦的一次经历。
- 你怎样制定工作内容清单？又是怎样逐项完成这些任务的？
- 在对新的工作人员进行培训的时候，你遇到过哪些比较棘手的问题？

采访者进行深入调查的各种方式

- **基础式深入调查**——重复最初的问题。(在被采访者的回答有些脱离话题的情况下使用。)
- **说明式深入调查**——澄清含混不清的观点：
  - 你说这些的目的是说明什么问题？
  - 什么原因促使你这样说？
- **集中式深入调查**——获取具体明确的信息：
  - 什么类型……
  - 什么时候……
- **沉默式深入调查**——等待被采访者对问题做出回答。(在被采访者缺乏积极主动的情况下使用。)
- **鼓励期待式深入调查**——重复被采访者刚刚说过的最后几句话，然后用期待的目光看着他。(在被采访者停止提供任何新的信息的情况下使用。)
- **建议式深入调查**——提出一些事情引起被采访者的思考：
  - 你有没有想过……
  - 你是否曾经试过……
  - 你知道不知道有关……

- **反应式深入调查**——用你自己的语言来重复回答者（被采访者）的话。（通过这种方式可以促使被采访者再一次对自己所提供的答案进行仔细斟酌。）
    - 你刚才所说的意思是……

统计数据背后的故事（表B）

要想收集到丰富的信息，不仅需要在访谈过程中提出一些直接性的问题，还应该充分关注访谈过程中的每一个细节，获取一些间接性的信息。事实上，收集丰富信息的过程是相当有趣的，因为这要求你试着站在对方的角度思考问题。在这一过程中能够得到大量的信息，例如，原因、影响因素、政治观点、某个特殊行为背后的个人情感和喜好、行为方式，或者大量的统计数据。

■ 了解背景与环境的3种简单方式

1. **表情是微笑还是痛苦？** 可以通过观察被采访者的表情是微笑着的，还是痛苦的，来判断被采访者从自己所讲述的事情中受到什么样的影响。
2. **充分运用自己的感知能力去体会对方的情绪。** 注意被采访者看上去是焦虑不安、尴尬狼狈，还是沉默寡言，所有这些都是了解事情发生的环境与背景的重要线索，是相当重要的信息。
3. **理解言语背后的深层次含义。** "这份工作由一个人来完成，实在是压力太大了"这句话所要表达的有可能只是其表面意思，即这份工作由一个人来完成，实在是压力太大了。但也有可能有其他含义，例如，"我是多么能干，我对待工作是多么努力认真，我一个人能够做两个人的工作"，或者"我实在是不喜欢我的工作，压力太大了，也没有人重视"，或者"我真希望能够加班加点地完成这些堆积如山的工作"，或许还有许多其他的解释。仔细体会对方的情绪，认真观察对方的肢体语言。无论如何都要首先确认自己真正理解了被采访者所要表达的意思，而不要片面地用自己的想法去理解对方的谈话内容。

■ 有效的行为方式

- 关注事情的整体经过。要把握好全局性，全盘考虑问题。
- 使用归纳推理的方法。基于事情发生的具体情况形成自己的观点，而不要凭借以往的经验进行主观判断。
- 验证主题。向被采访者验证访谈主题，并了解访谈主题对于被采访者来讲是否有意义。请务必记住，你与被采访者之间是伙伴关系。

旁观者记录单(表C)

　　请认真倾听双方的访谈,采用一种挑剔的眼光来观察采访者与被采访者之间的谈话。将你对这次谈话的印象写在下面横线上。请注意,你需要关注访谈的整个过程:哪些问题引发了所需要的信息?这些问题属于表A中的哪种类型?是否有一些问题扰乱了被访谈者的思路?这些问题分别是什么?采访者采用了哪些有益的方式来推动访谈效果?

采访者复述故事（表D）

请采访者复述故事，由被采访者给予解释和确认，这样有助于发现采访者有哪些错误的理解，哪些复述与事情本身毫无关系，是否在用其个人的主观想法理解事情，对事情的理解有没有达到与被采访者一样的深度。在采访者复述故事的过程中，请用一种挑剔性的态度来认真倾听，然后对下面各问题做出回答。

- 采访者对哪些事实的理解是错误的？为了让采访者对事情有更准确的了解，需要对哪些事实做出补充？

_____
_____
_____
_____

- 采访者所表现出来的情绪能否准确地代表你的个人情绪？他在哪些方面存在错误？

_____
_____
_____
_____

- 你对自己有何评价？你具备足够的能力将这件事情讲述清楚吗？

_____
_____
_____
_____

- 采访者还应该提出哪些问题？

_____
_____
_____
_____

29
关于团队信任的游戏

Ed Rose[1]

概　述

本章所提供的游戏是我众多经典的"零和游戏"中的一个，例如，我在"囚徒博弈"中揭示了团队的最终胜利取决于成员之间的相互合作，而不是彼此竞争。将所有参加该游戏的成员分成4个团队，每个团队的成员人数不限，分别命名为红队、蓝队、黄队和绿队。每个团队的目标都是通过一系列的报价交易，尽可能获取最多的现金量。

该游戏的目的是：
- 证明团队动态变化具有非常重要的影响；
- 强调两个独立的业务单元在工作过程中应该相互配合；
- 强调团队之间的关系应该建立在相互信任的基础之上。

建议用时

90分钟（其中60分钟用于游戏，30分钟用于活动总结）

所需材料

- ✓ 竞价：黄队与绿队（表A）
- ✓ 竞价：红队与蓝队（表B）
- ✓ 世界范围内报价（表C）

---

[1] 联系方式：edrose@cfl.rr.com

- 报价卡（表 D 和表 E）
- 计分卡（表 F）
- 团队记录表（表 G）

☑ 活动过程

1. 组建 4 个团队，每个团队的人数不限。
2. 分别为每个团队发不同颜色的标签，代表不同的团队，即红队、蓝队、黄队和绿队。
3. 将表 A 和表 B 分别发给对应的各个团队（表 A 与表 B 中除了开头部分的团队名称不同之外，其余内容没有差别）。每个团队得到一张表。活动过程中有可能出现有的团队不积极合作的现象，但是不要采取任何强制性措施，对整个活动进行总结的时候再讨论这种现象。将表 C 复印 4 份，分别发给每个团队，表 C 中对报价的过程做出了详细的说明。
4. 宣布游戏规则：
   - 不经允许，任何团队不得与其他团队进行协商。
   - 所有团队在每一轮报价时都必须只出示一个报价结果。

   确保每个团队在市场公开报价之前，不得将本团队的报价情况泄露给其他团队。
5. 将表 D（报价卡）和表 E（报价卡）各复印 4 份，分别发给每个团队，正面朝下放置。
6. 将表 F 作为本次游戏的正式计分卡。活动的组织者可以将表 F 制成幻灯片，或者将表 F 中的内容重新写在一张活页纸上。将表 G 复印 4 份，分别发给每个团队，用于记录每轮报价的情况。再次向活动参加者强调不要将报价卡的内容提供给其他团队的任何成员。
7. 蓝队与红队相邻而坐，黄队与绿队相邻而坐。活动过程中不要一味地强调竞争的必要性，活动规则本身已经暗示着团队之间将要展开竞争了。然而该游戏的关键是，只有 4 个团队协同合作，才能保证取得全赢（也就是说，4 个团队都能够达到自己的目标）的局面。不要将这一点说出来，而是要让活动参加者从游戏中获得切身体会。
8. 让每个团队选出一名代表，作为本团队唯一能够与外界取得联系的成员。团队的代表可以与活动组织者取得联系，也可以与团队以外的其他人洽谈业务。
9. 团队代表必须与团队内其他成员进行协商，确保团队做出一致性的决策。在第 5 轮与第 8 轮报价中，每个团队将有机会得到 1 美元，出示低价的一方将损失 3 美元。让每个团队在表 G 中记录下本团队的报价结果。
10. 在每一轮报价结束的时候，组织者请每个团队的代表将他们的报价单交给你，并公布全部报价结果，利用表 C 计算报价过程中每个团队的获利情况：首先分别计算出示高价和低价的团队各有几个，然后对应表 C 中"报价结果"一栏确定每个团队的获利情况。如果 4 个团队都选择高价，那么根据表 C 中提供的获利标准，每个团队都将损失 1 美元；如果有 3 个团队选择高价，1 个团队选择低价，那么选择高价的团队将分别获得 1 美元，选择低价的团队将损失 3 美元。让每个团队在表 G 中记录下报价情况。

11. 从第 1 轮一直进行到第 4 轮。
12. 到第 5 轮的时候，组织者向每个团队传达一条信息，即每个团队的代表可以与其他团队（公司）的代表进行谈判，时间是 2 分钟。谈判地点选择在远离该游戏地点的走廊或者另一个房间内，以免被其他活动参加者听到。谈判之后，每个团队的代表可以与本团队其他成员进行协商，时间是 1 分钟，然后进行报价。
13. 在要求各个团队进行报价之前，组织者将截至目前各个团队在游戏中的情况做一个小结，说明每个团队现有的获利金额。需要注意的是，组织者一定要明确说出 4 个团队的名称，即红队、蓝队、黄队和绿队，并且尽量去影响每个团队，让他们有不惜一切代价要取得成功的想法。然而作为组织者，你绝不能直接把这种想法说出来，而是要采取一些暗示的方式间接影响他们。
14. 要求每个团队出示报价。
15. 继续进行第 6 轮和第 7 轮报价，直到第 8 轮（第二次有机会获得额外红利的一轮报价）。允许每个团队的代表与其他团队的代表进行沟通，时间仍然是 2 分钟。作为组织者，你将发现，只要任何一个团队的代表不去遵守四方的共同协议，就不会出现全赢的局面，一切情况都不会有任何进展，各个代表之间也不会再相互沟通。这时，如果你也在沟通现场，就提醒他们抓紧时间，不要超过 2 分钟。
16. 在每轮有分红的报价中，记住要向每个团队强调一个事实，即存在额外收益。在第 5 轮报价中，每个团队可以得到 3 倍于报价结果的现金收入；在第 8 轮报价中，每个团队可以得到 5 倍于报价结果的现金收入；在第 10 轮报价中，每个团队可以得到 10 倍于报价结果的现金收入。这时，最好再次总结一下每个团队目前的获利情况，并且要刻意大声说出红队、蓝队、黄队和绿队的名称，以便营造一种竞争的气氛。
17. 要求每个团队再次报价。
18. 直到最后一轮报价。提醒每个活动参加者，这一轮有非常重要的一次分红。在这一轮中，所有人都可以与其他团队、其他所有活动参加者进行交谈。然而你会发现，只要在前两次谈判会上有人不遵守相互之间达成的合约协议，那么在这一轮中就很少有人会进行交谈和沟通。在这种情况下，团队信任的重要意义以及信任感对于团队成员之间相互关系的影响力便充分显现出来了。
19. 让团队之间利用 2 分钟的时间进行交流。
20. 要求每个团队出示报价。
21. 将每个团队在这 10 轮中得到的现金数额相加，计算出各自的获利额，然后将 4 个团队的获利额相加，计算出总获利额，填写在表 F 中的相应空格内。

22. 组织者将最终结果公布于众，需要支付的总金额为每个团队（蓝队、红队、黄队和绿队）获取现金的总数。(这时，活动参加者会发现你把每个团队的获利金额相加，最后得到一个总金额，这是他们事先没有预料到的。)

23. 进行活动总结。这次活动揭示了一个主题：如果每个团队能够相互协作，最终结果一定是所有的团队都能够取得成功；如果其中的一个或者两个团队违背了合约协议，由他们的行为所导致的团队动态变化将严重影响每个团队的经营状况，带来极其惨痛的教训。下面提供了一些问题用来讨论，帮助活动参加者理解这些结论。组织者需要认真观察和倾听员工们的讨论，根据讨论过程中出现的具体情况，可以对以下问题做一些必要的补充，或者对讨论情况做出适当评论。

- 4个团队可能得到的最大获利总额为 10 000 美元。在活动中，每个团队实际上的获利额是多少？所有的团队都尽最大可能进行相互协作了吗？
- 在你与其他团队成员沟通的过程中发生了什么事情？
- 在本次活动中，信任具有什么样的作用？
- 如果信任遭到破坏，想重新建立来是否容易？信任感能够重新建立来吗？
- 你的团队如何对"成功"的概念进行定义？你们对于"成功"的理解有没有影响最终的结果？
- 你所在团队选出的代表是不是做到了严守自己的承诺？这给你们团队带来什么影响？
- 如果重新再做一次这样的游戏，你的做法会有什么变化？
- 你从这次游戏中吸取了哪些教训？
- 经历了这次活动，你认为信任是否具有很重要的作用？对于团队建设而言，信任是否具有很大的影响力？
- 如何将该游戏与现实世界联系起来？你是如何理解表 A 或表 B 中"尽可能地获取最大数量的现金"这句话的？
- 你们的团队目标明确吗？
- 在游戏过程中，某些团队行为是应该避免的，对吗？为什么？

To be Continued

竞价：黄队与绿队（表 A）

■ 背景资料

你是黄队或绿队的成员之一，你们的目标是尽可能地获取最大数量的现金。我们生存的这个世界已经发生了翻天覆地的变化，企业开展业务的方式也与以往大不相同了。你们团队的成员分别受到不同方面的商业培训，然而大家都有同一个目标——生存。在该活动游戏中，将"生存"一词定义为"尽可能地获取最大数量的现金"。在经济全球化的当今社会，我们必须学会一些新的方法来开展我们的业务。

■ 报价过程

你们将在世界范围内提供自己的服务，你们的目标是尽可能地获取最大数量的现金。你们提供的是咨询服务，全世界范围内只有 4 个团队在提供这项服务，即红队、蓝队、绿队和黄队。报价过程将遵循保密原则，由一位保持中立的局外人来组织。

报价过程相当简单：你们可以选择出高价或者低价，市场将依据表 C 中所提供的盈利标准来判断每个团队的现金收益或损失数量。

在报价过程中，你们所获取的现金量的多少对于团队未来的成功将起到至关重要的作用。你们应该在团队内部进行集体讨论，并且在大家意见一致的基础上决定价格。在向市场公布报价之前，你们必须对自己的出价严格保密，不能随意透露。需要再次强调的是，你们的报价必须体现团队成员的一致意见。在整个报价过程中，你们所采用的策略需要经过周密的考虑。请牢记：你们的目标是尽可能地获取最大数量的现金。

竞价：红队与蓝队（表 B）

■ 背景资料

你是红队或蓝队的成员之一，你们的目标是尽可能地获取最大数量的现金。我们生存的这个世界已经发生了翻天覆地的变化，企业开展业务的方式也与以往大不相同了。你们团队的成员分别受到不同方面的商业培训，然而大家都有同一个目标——生存。在该活动游戏中，将"生存"一词定义为"尽可能地获取最大数量的现金"。在经济全球化的当今社会，我们必须学会一些新的方法来开展我们的业务。

■ 报价过程

你们将在世界范围内提供自己的服务，你们的目标是尽可能地获取最大数量的现金。你们提供的是咨询服务，全世界范围内只有4个团队在提供这项服务，即红队、蓝队、绿队和黄队。报价过程将遵循保密原则，由一位保持中立的局外人来组织。

报价过程相当简单：你们可以选择出高价或者低价，市场将依据表C中所提供的盈利标准来判断每个团队的现金收益或损失数量。

在报价过程中，你们所获取的现金量的多少对于团队未来的成功将起到至关重要的作用。你们应该在团队内部进行集体讨论，并且在大家意见一致的基础上决定价格。在向市场公布报价之前，你们必须对自己的出价严格保密，不能随意透露。需要再次强调的是，你们的报价必须体现团队成员的一致意见。在整个报价过程中，你们所采用的策略需要经过周密的考虑。请牢记：你们的目标是尽可能地获取最大数量的现金。

世界范围内报价（表C）

■ 提示

在连续10轮的报价过程中，你和你的团队成员要么选择出示"高价"，要么选择出示"低价"，每一轮获利的多少取决于你们如何选择报价。

报价结果	盈利额
4个团队均出示高价	每个团队损失1美元
3个团队出示高价	每个团队赢得1美元
1个团队出示低价	损失3美元
2个团队出示高价	每个团队损失1美元
2个团队出示低价	每个团队损失2美元
1个团队出示高价	赢得3美元
3个团队出示低价	每个团队损失1美元
4个团队均出示低价	每个团队赢得1美元

在每一轮报价中，你都要与团队成员进行协商，取得一致意见之后方可报价。在第5轮、第8轮和第10轮报价中，你和其他团队成员首先要与其他团队进行协商，在此基础上再做出报价决定。

报价卡（表D）

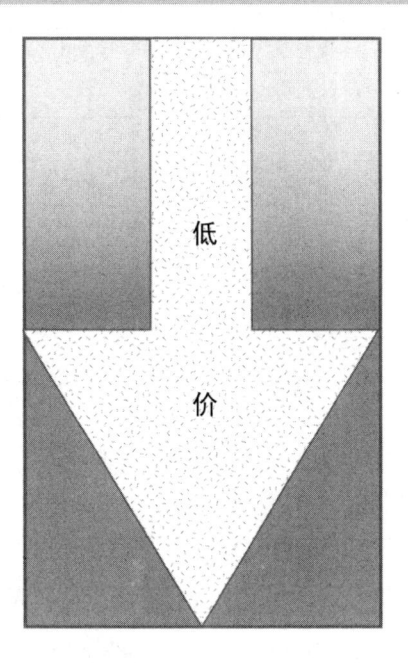

低
价

报价卡（表E）

高
价

The Active Manager's Tool Kit

计分卡（表F）

轮次	分红	红队	蓝队	绿队	黄队
1					
2					
3					
4					
5	（3倍）				
6					
7					
8	（5倍）				
9					
10	（10倍）				
合计					

世界范围内报价，尽可能地获取最大数量的现金！

团队记录表（表G）

	轮次	团队报价（画圈）	各团队报价结果（填写数字）	获利金额
	1	H　L	[　]H　　[　]L	
	2	H　L	[　]H　　[　]L	
	3	H　L	[　]H　　[　]L	
	4	H　L	[　]H　　[　]L	
有分红（盈利额的3倍）	5	H　L	[　]H　　[　]L	
	6	H　L	[　]H　　[　]L	
	7	H　L	[　]H　　[　]L	
有分红（盈利额的5倍）	8	H　L	[　]H　　[　]L	
	9	H　L	[　]H　　[　]L	
有分红（盈利额的10倍）	10	H　L	[　]H　　[　]L	

世界范围内报价

The Active Manager's
Tool Kit

第 4 部分

制订计划与解决问题的有效工具

30
如何使项目管理更加有效

Susan Barksdale[1]　Teri Lund[2]

☑ 概　述

在经济迅速发展的当今社会，我们需要处理一系列与职责有关的问题，其中大多数职责问题都是在实施项目管理的过程中产生的。请检查自己的工作，想一想你在这些工作上面花费了多少时间：

- 管理执行任务的其他人员（即使他们并不向你汇报工作）；
- 确保在一定的期限内或特定的预算金额内实现交付；
- 建立并维持与经销商的关系；
- 对各种活动、交付行为和结果进行跟踪，确保在特定的期限内得以完成，从而确保与之相关的其他活动、交付行为和结果能按时实现。

大多数人都在致力于整合企业内部及外部资源，以提供各种产品、解决方案和服务，因此，如今的各个大学都开设了关于项目管理的学位课程。

本章提供的工具主要说明了风险在项目管理中所承担的角色，怎样对风险进行监控以确保最佳效益的实现，以及怎样通过评估来为企业制订出一些具有重要意义的行动方案，从而在规定期限内达到预期的结果。本系列方法可以用于指导个人或团队了解项目风险的一般知识，还可以帮助他们准确识别具体项目中的风险，从而确保他们能采取一种积极的态度来对待有可能出现的各种风险，并采取相应的措施进行预防。

To be Continued

---

[1] 联系方式：503-223-7721，sbarksdale@att.net
[2] 联系方式：503-245-9020，tlund_bls@msn.com

→ 什么是"风险"

风险的形式多种多样，同时，不同的情况下风险又有着不同的含义。
- 在合同或保险单中，风险表示可能发生的损失的等级或概率；
- 从安全的角度来说，风险指可能出现的危害或可能发生的危险；
- 对于个人来说，风险存在于日常生活、自我认知或者安全意识当中；
- 在商业领域中，资本本身或商业活动都存在风险。

项目风险的含义与以上各种情况不尽相同。根据每个项目具体情况的不同，通常会表现出以上几个方面的特征，或者全部特征。事实上，在进行项目风险评估时，需要对以下几个方面加以确认：

1. 是否存在雇员风险？（是否会使员工的个人安全存在危险？如果没有达到预期的结果，是否会导致某个员工的职业生涯产生危机？是否会危及他人的安全和福利？）
2. 是否存在商业风险？（企业的声誉、客户基础或竞争优势是否会有风险？）
3. 是否存在财政风险？（企业的资本或财务状况、个人或集体的财务状况是否存在风险？）
4. 是否存在客户风险？

以上仅仅是项目风险的几个例子。在项目实施的初期阶段，对风险进行评估是非常重要的，只有这样，才能确保企业在市场中占得先机。风险评估是帮助你确认项目风险的最佳方法，利用该方法能够帮助你识别项目的哪些环节最有可能产生风险。

风险评估及风险矩阵图

说明： 阅读评估表中所列的 20 项陈述，并用数字 0～3 对其进行打分（0——零风险，绝对不会发生的风险；1——低风险，可能不会发生的风险；2——中等风险，可能发生的风险；3——高风险，最有可能发生的风险）。该评估可以由你自己来完成，也可以由团队成员集体完成。

这 20 项陈述都是项目经理在提交项目最终报告时必须回答的一些常见问题。在项目报告中，要求项目经理回答这些问题的目的是，准确识别对项目存在威胁的风险有哪些，存在哪些潜在的风险。大多数陈述之间都是有关联的，如果在项目管理的初期就能对风险进行识别并及时加以监控，将大大减少风险对整个项目的危害。

风险评估表

风险评估陈述	高风险	中等风险	低风险	零风险
1. 该项目在市场中面临着巨大的挑战，可能导致企业失去竞争优势	3	2	1	0
2. 该项目对产品数量要求很高，但是如果不在产品质量上打一些折扣，我们没有足够的资源来保证该项目的运作	3	2	1	0
3. 该项目的结果肯定会对客户产生某些影响，如果情况发展不好，将产生负面影响	3	2	1	0
4. 员工对本职工作、公司整体发展，以及经济发展形势持悲观态度，他们士气低落、萎靡不振	3	2	1	0
5. 对于该项目，没有一个明确的定义，也没有目标描述，其结果更是不得而知	3	2	1	0
6. 该项目没有明确的领导者，要么没有项目经理，要么该项目在企业中的所属部门不明确	3	2	1	0
7. 管理层对于该项目的实施目标和结果都不清楚	3	2	1	0
8. 需要引进新技术	3	2	1	0
9. 没有能够支持该项目的技术和知识（工艺技术欠缺、学科专家缺乏等）	3	2	1	0
10. 生产出来的产品没有明确的用户或市场	3	2	1	0
11. 股东或高层管理者对于该项目的实施结果有一种特殊的期望和要求	3	2	1	0
12. 对于该项目的实施有重要影响的一些分析资料存在偏差	3	2	1	0
13. 该项目的实施具有很强的政治色彩	3	2	1	0
14. 该项目可能对企业的关键系统产生影响	3	2	1	0
15. 对于该项目，没有一整套明确的方法可供使用	3	2	1	0
16. 该项目小组的岗位划分不明确，职责分工不具体	3	2	1	0
17. 该项目实施效果的好坏直接影响企业的声誉，决定了企业产品市场是否能继续存在	3	2	1	0
18. 如果不能正确地实施该项目，可能使安全受到损害	3	2	1	0
19. 不能成功实施该项目，企业会违反法律	3	2	1	0
20. 以前曾经实施过类似的项目，但没有成功	3	2	1	0

评估结束后,将得分为 3 的各项陈述挑出来,用风险矩阵图考虑其重要性。
1. 采取哪些策略才能最有效地控制这些高风险?
2. 评分为 3 的各项陈述之间存在什么样的相互关系?通常情况下,这些陈述之间的关联性越多,就表明其风险性越大。
3. 以前实施的项目为什么会失败?对该项目有什么启示?

下面是一个已完成的风险矩阵图范例。

风险(评分为3的陈述)	控制风险的策略	有关联性的其他风险陈述
该项目的实施具有很强的政治色彩	制订一个有力的(一目了然的)横向、纵向交流计划	股东或高层管理者对于该项目的实施结果有一种特殊的期望和要求

■ 确认风险控制

在风险评估和风险管理中,一个重要的策略就是加强风险控制。风险控制有助于最大限度地减少对项目的损害,避免因变故或问题的出现而导致企业名誉受损。

在后面的工作表中,列举和详细说明了 3 种主要的风险控制方法。仔细研究每种方法,然后考虑怎样运用这些方法(若适用)来减少项目中的风险。

风险控制工作表

风险控制方法	适合你的需求的具体方法
横向和纵向的交流 1. 制订一个定期交流计划,报告项目现状、潜在风险和其他重要信息,并与有关人员广泛交流 2. 设置一个单独的"警报"交流器(电子邮件或硬拷贝),以使各部门能够清楚地了解应特别注意的信息。确认所发生的情况,对项目产生的影响、潜在的风险,怎样管理风险,何时或何地可获得下一条信息	

续

风险控制方法	适合你的需求的具体方法
3. 设立一个热线或专门用于项目管理的房间,这样当风险出现时,能够更顺利地进行解答	
4. 确定一套 FAQ(常见问题),并把问题列表发给该项目中必须与之进行交流的人员	
5. 确定并对风险的关键决定点进行沟通,在做出决定之后,就这些信息与相关人员进行交流,以便及时更新	
6. 确定负责沟通交流的领导(特别是有国际项目的时候),每个领导都要把信息及时传送给所在区域	
7. 对风险产生的结果有可能引发的其他风险进行交流和沟通	
8. 在沟通交流的时候,所有参与者应该保持冷静的头脑,以一种谨慎务实的态度来寻求有效的行动方案	
9. 了解企业文化是如何反映该企业组织和传播信息的方式的	
10. 确认企业的重要客户、主要产品及服务	
基础控制	
1. 创立团队基础部门,使团队更加具有灵活性。当项目的要求有所变化时,能够比较容易地对团队成员的岗位职责做出相应的调整	
2. 确认由一名成员或团队中的几名成员所掌握的关键性知识和技能,明确如何让其他成员也能有机会掌握此种知识和技能	
3. 判断在项目执行的不同阶段是否需要不同的知识或技能	
4. 确认哪些知识对产生项目成果起到积极支持的作用,对风险起到防范监控的作用	
5. 确认哪些程序性知识对项目成果的产生起到积极支持的作用,对风险起到防范监控的作用	
6. 确认哪些关系(客户、经销商、相关部门)对项目成果的产生起到积极支持的作用,对风险起到防范监控的作用	
7. 确认哪些具体系统(计算机程序等)对项目成果的产生起到积极支持的作用,对风险起到防范监控的作用	
8. 确认哪些特殊能力或专业系统已被用于管理项目,确保项目结果的有效实现,并对各种风险进行防范监控	

续

风险控制方法	适合你的需求的具体方法
9. 确定是否应该以及怎样将对员工的奖励转变为发放工资的形式，以便通过变化管理（change management）来排除风险 10. 确定企业在以往的生产经营中是否积累了一些有关此类风险的经验，确保企业在需要的情况下可以借鉴	
支持性计划 1. 确定如果执行支持性计划需要哪种类型的支持 2. 确定企业在规避风险、避免不利后果的出现等方面的具体目标，以及如何才能达到这些目标 3. 确认支持性计划的可用资源 4. 指导项目团队掌握有关风险和支持性计划的相关知识，以及在什么情况下怎样实施支持性计划 5. 如果采用支持性计划，确定是否有特殊专业人才（工程师、财务分析家、专家）可提供有关信息和决策标准 6. 确定支持性计划会给项目成果带来什么影响，此种影响是不是在允许的范围内 7. 确定执行支持性计划的团队、管理人员、客户和其他主要人员 8. 确定对支持性计划的实施有阻碍和制约作用的所有因素，以及如何克服 9. 确认企业的利益相关方对支持性计划持有支持态度 10. 如果执行支持性计划，确定由谁来控制项目执行过程中所出现的各种变化	

→ 意外风险的3个"C"

所有精明的项目经理都知道，不论你怎样对风险进行预测，都难免会有意外情况发生。好的风险评估能够使人及时了解新风险的产生，并尽快地将其融入风险管理规划当中。意外风险产生的原因通常有3种，也就是我们所说的意外风险的3个"C"。

1. **变化（Change）是出现意外风险的最主要原因。**在发生变化的时候，需要项目团队做出及时的反应。有时候并不知道应该采取何种方式做出反应，这就使你面临着更高的风险。也就是说，由于这种突如其来的变化通常需要以一种无计划的或未曾预料到的方式对之做出反应，从而导致项目的风险性更高。变化似乎总是喜欢在你无法承受的情况下发生，而你总是陷入"处理与项目有关的琐事—遇到挫折—发生变化"这种日复一日的循环往复之中。由于变化通常能够影响所有的项目控制因素（时间、里程碑、资源、预算等），因此它对风险的影响也是巨大的。在应对变化时，必须评定此种变化会带来什么样的影响，会出现什么新的风险（这就需要再次使用风险评估）和怎样把新风险融入你的支持性计划当中。

项目小组成员可以应用下面所提供的变化管理工作表来建立变化"预警"系统。

变化管理工作表

说明：对变化进行管理的最简单的办法是创建一个"预警"系统，以有效预防其发生。本工作表由一系列的问题组成，项目小组可以用它来确认潜在变化并抢先对其进行管理。这样就限制了与变化有关的风险因素。第1栏是对项目小组提出的一些需要深入调查的问题，以明确在项目中最有可能发生的潜在变化因素。这些因素应被记录在第2栏中。例如，在对第1个问题进行回答的时候，确定的变化因素有竞争者的产品供应有所变化、新技术进步和经济变革等。在第3栏中，项目小组应该确定抢先管理变化的行动计划。例如，对于新技术进步这一变化因素来说，管理新技术进步的计划有可能与那些提供详细规范和技术信息的团队有关，这样，你就能够对计划做出相应的调整。

问 题	变化因素	管理变化的计划
1. 什么因素最有可能引发该项目的变化？是项目内部变化，如项目经理离开或者主要规格改变，还是外部变化，如新技术发展或者产品市场有所变化		
2. 在通常情况下，应该怎样与团队外的个体进行沟通，从而确保你能够得到那些最有可能影响项目变化的信息		
3. 项目计划中的哪几点容易产生改变？哪几点灵活性差？在项目计划期限内，应该怎样对这些变化进行管理		
4. 该项目的利益相关方是怎样支持你进行项目的变化管理的		
5. 哪些再设计技术可以用来减少变化对整个项目计划的影响？例如，你能详细描述变化吗？你能预知变化可能产生的副作用吗？你能预知项目变化的特点吗		

2. **意料之外的能力（Capability）差距有可能成为一种致命的风险**。能力风险是与项目参与人员有关的最常见风险。当被公认应该具有某种能力（技能和知识），他们却不精通或不具备这种能力的时候，这种风险就很大。此外，能力风险发生的另一种情况是，当项目执行过程中，某个系统或某个程序无法达到预期的水平和效果、无法支持整个项目的实施的时候。

下面所提供的能力管理工作表能够帮助确认最有可能影响项目的各种能力风险和意外风险。

能力管理工作表

说明：管理能力风险的最简单办法是对其进行预测和克服。第 1 栏是对项目小组提出的一些需要深入调查的问题，以明确在项目中最有可能发生的潜在能力风险因素。这些因素应被记录在第 2 栏中。例如，回答关于最关键能力的第 1 个问题时，团队确认能力要素是技术专长和产品知识。在第 3 栏中，项目团队制订出克服能力不足的行动计划。

问　　题	确认 能力因素	克服能力 不足的计划
1. 现在团队中缺乏的哪种最关键的能力可能导致该项目处于危险之中		
2. 系统、程序和资本来源是否提供了完成该项目所需的能力		
3. 项目计划中的哪些方面可能需要更高的能力		
4. 怎样更好地对项目的能力风险进行管理（进度变化、资源分配等）		
5. 项目的哪些关联因素依赖于能力因素		

3. **规模（Capacity）是 3 "C" 中的最后一个**。在这里，Capability 是指能力，Capacity 是指容量或规模：你是否有足够的资源？是否有充足的时间？是否有足够多的资金？项目的范围是否正确？管理规模风险的目的是确保管道或仓库足够大，不至于发生堵塞现象，这样就有充足的资源在规定的期限内实现目标和完成任务。

规模管理工作表能够帮助确认对项目最有可能产生影响的规模风险和意外风险。

规模管理工作表

说明：管理规模风险的最简单的办法是对其进行控制。第1栏是对项目小组提出的一些需要深入调查的问题，以确认项目执行过程中的潜在规模风险因素。这些因素应被记录在第2栏中。例如，在对第1个问题进行回答（缺乏哪些最重要的资源）的时候，项目小组确认为项目时间。在第3栏中，项目小组应制订如何克服规模不足的行动计划。对前一个例子做进一步的阐述，团队成员需要探询并确认能够节约时间的一些潜在捷径。

问 题	确认规模因素	克服规模不足的计划
1. 该项目在规模方面面临的最大问题是什么		
2. 如何对项目的资源、范围和期限进行控制		
3. 在规模问题变得严重之前，应该怎样进行沟通调节		
4. 项目或团队之外的哪些关联因素可能导致规模风险		
5. 有哪些措施可以用来鼓励团队成员对可能产生的规模风险加以有效控制		

→ 风险管理计划行为

确认风险和控制风险是风险管理的关键。但是怎样把二者结合成一个风险管理计划呢？项目风险管理中有哪些关键的行为呢？

在对各行各业的项目管理和风险管理经验进行学习和借鉴的基础上，我们确定了5种主要行为。如果能够事先实施这5种行为，可以大大降低整个项目的风险。

■ 行为1：确认最可能发生和最具危害性的风险

在此行为中，团队或项目经理根据项目计划对主要的项目成果进行审查，确定下面哪几项最有可能存在风险：

1. 资源
2. 成本
3. 期限
4. 成果

其中，什么是最具危害性的风险？管理者（或团队成员）有多少把握对这些风险进行控制，从而确保项目成果的按期实现？

■ 行为2：确定风险控制因素

第2种行为建立了控制风险的方法。团队首先要判断这些有可能发生的风险是否值得承担，在此基础上确定团队应该怎样进行决策，确定对风险进行评估时应使用什么标准，在对项目成果风险进行预测时应使用哪些分析方式（假设分析、情节分析等）。

■ 行为3：分析风险控制计划

在行为3中，团队成员或项目经理创建了一种方法来分析风险控制计划。风险控制计划应做成文件，包括需要的资源、成本以及完成计划所需要的各种支持。在行为3中，很重要的一项工作是对项目执行的最终结果进行检验，判断控制风险（采取行动来控制风险）的过程中所付出的代价是否相当于或少于不采取任何措施的情况下该项目执行结果的损失额。

■ 行为4：分析未来风险

在行为4中，需要分析在行为3中所采取的行动会产生哪些结果，并对这些行动可能带来的所有风险进行预测和分析，本章前面所谈到的一些方法和工具在本活动中会对你有所帮助。

■ 行为5：总结风险管理的经验教训

在项目完成后的总结阶段，对项目执行期间所采用的风险管理方法进行评估和总结是一项非常重要的工作。团队成员、项目经理、评估经理应该从执行计划的人员那里得到反馈信息，以确定风险管理是否成功，并判断在今后的工作中需要在哪些方面有所改进。

→ 结论

风险是不可避免的——我们每个人在每天都有可能面临着一些风险，不管是乘车旅行还是面对全球性的竞争者。正常的做法是，尽一切努力确保团队能够在困难的状态下保持一种有序的工作状态，确保能够控制住整体局面，降低风险。我们对于所面临的各种风险了解得越多，就越能够更好地对之进行防范和控制，而不会陷入一种被动的反应或不必要的过度紧张之中。采取正确的处理方式会大大降低风险发生的可能性，而被动反应或过度紧张通常会引发出一些新的风险。

31
团队会议中的 10 种角色

Mel Silberman[1]

☑ 概 述

　　这里为大家介绍一则众所周知的幽默故事，是关于团队成员如果不能对团队的成功负有同等责任，会发生什么样的事情。故事是这样的：

　　一个团队中有 4 名成员，分别叫作"每个人""某个人""任何人""没有人"。现在有一项重要的工作需要完成，"每个人"确信"某个人"会去完成，事实上，"任何人"早已经完成了该工作，可是，"没有人"却正在做这项工作。于是，"每个人"大发雷霆，因为他认为这明明是"某个人"的工作。故事的结局是这样的：当"没有人"重复地做了"任何人"早已经完成了的工作时，"每个人"指责"某个人"不负责任。

　　团队会议上，如果安排几位团队成员分别充当不同的会议角色，并且要求他们各司其职，那么团队会议将是积极而富有成效的。下面列举了团队会议上的 10 种不同角色，在组织团队会议时，考虑为每个角色安排合适的人员，在通常情况下，要根据员工的不同特长来安排他们所能胜任的岗位。

---

[1] 联系方式：609-987-8157，mel@activetraining.com

团队会议上的10种角色

1. **组织者**。组织者也就是团队会议的领导者,对会议全程负责(或对会议的一部分内容负责),例如,制定会议程序,提供指导帮助,鼓励员工积极参与解决各种问题,并且在团队内部达成共识。

2. **计时员**。计时员需要按照会议议程,严格把握好规定时间,随时提醒团队成员控制好自己的发言时间,当快到限定时间时,需要及时提醒大家。

3. **书记员**。书记员负责对讨论内容、会议决策等进行及时记录,并在会议结束后将记录内容形成报告,及时传达给相关人员。

4. **文档管理员**。文档管理员负责收集并管理团队会议有关的所有资料,如会议议程、会议记录、参会人员信息、会议报告、与会议有关的所有信件、数据资料以及其他各种文件。

5. **即时记录员**。即时记录员负责在事先准备好的活页挂图上或其他记录板上迅速而清晰地记录下会议过程中产生的各种新想法、新建议。

6. **调查员**。调查员负责对各种有用信息进行调查研究。

7. **激励者**。激励者采取各种方式激发会议参加人员的积极性,确保他们以一种放松的情绪来参与讨论。

8. **策划者**。会议策划者负责组织和协调会议幕后的所有工作。

9. **协调者**。协调者是会议参加人员相互沟通的桥梁,同时负责与所有对团队会议内容感兴趣的外部人员保持良好的沟通。

10. **旁观者**。旁观者认真观察团队会议的全过程,选择适当的时间,与团队成员交流自己从观察中得到的各种信息。

32

妥善安排会议程序

Scott Parry[1]

☑ 概 述

团队会议能否取得既定目标取决于"会议程序"与"会议内容"这两个方面能否有机结合。"会议内容"是指团队将传达什么信息、做出什么决定、解决什么问题等。"会议程序"是指团队怎样发挥作用，员工与领导者之间怎样保持联系，会议应该怎样进行，等等。本章描述了团队会议中有可能产生的种种问题，告诉你什么事情能做，什么事情不能做。

➔ 简介

团队成员对于当前状况的理解，各自的目的、经历及性格等方面都存在很大差异，4P［理解（Perception）、目的（Purpose）、经历（Past）和性格（Personality）］有可能导致团队会议无法按照既定程序进行。为了确保会议程序与会议内容有机结合，保证团队会议的质量，管理者与员工需要负有同等重要的责任。

大多数团队会议都有一个普遍的特点，即参加会议的员工只是全神贯注于会议内容，却忽视了自己在配合管理者维持会议程序方面所应该负有的责任。也就是说，虽然员工对会议内容颇感兴趣，并且有非常专业的理解和认识，在维持会议程序方面（例如，

---

[1] 联系方式：609-452-8598, jsparry@erols.com

推动团队成员互动反应的能力，综合分析团队成员各种意见和建议的能力）却相当缺乏经验。

在团队会议过程中，由于员工自身的原因而产生的种种问题大量存在，对于管理者来说，妥善解决这些问题是一项艰巨而复杂的任务。

→ 一言堂式与会者

■ 背景

整个会议由一名员工控制，他不停地发表自己的意见，不停地回答管理者提出的每个问题，会议的全部时间都被他一个人用光了。

■ 问题

倘若这位员工有非常好的经验奉献给大家，其他成员也对此很感兴趣，并且能够从中受益，那么，这种情况就根本不会成为团队的一个问题（除非这位员工认为前面发言的其他员工太自以为是，所以用这种方式来发泄自己的不满情绪）。

■ 应该怎么做

要想解决这一问题，有很多种方法可供选择。下面就根据处理方法的严厉程度不同分别列出来。你可以首先试着使用最简单的方法，必要情况下再考虑采用相对严厉的方法来解决问题。

- ✓ 当这位控制着整个会议局面的员工谈完自己的一个观点的时候，问问团队中其他员工有什么意见。例如："大家对于苏刚才所谈到的观点有什么看法？"大家的反应能够告诉你和苏是否出现问题了。
- ✓ 采用其他一些诱导式方法来摆脱苏对于当前会议局面的控制。例如："我希望大家以 3 人为单位，进行分组讨论。"接着对小组成员进行安排："你们 3 人为一组、你们 3 人为一组……"
- ✓ 避免与这位控制着整个会议局面的员工进行目光接触。当你提出一个问题的时候，看着其他员工，目的是希望得到其他员工的回答。假如苏并没有理解你的意图，仍然无所顾忌地开始回答，你可以复述刚才提出的问题，或者直截了当地说："苏，这次我希望听听其他人的意见。"
- ✓ 在会议休息过程中，找这位控制着整个会议局面的员工谈话："苏，我很高兴你来参加这个会议，因为我知道我总是可以从你那里得到许多意见和建议。但是我发现，团队中其他成员知道你总是会发表一些个人看法，所以他们越来越懒得主动思考了。因此，我希望你能够协助我，不要每个问题都由你一个人来回答，这样可以给其他员工留出一些时间，让他们也有机会来说说自己的看法和意见，你看可以吗？"

■ 不应该怎么做

对于这位控制着整个会议局面的员工，最好不要采取一些强制性措施来对他进行压制和攻击。否则难免会出现以下两种结果：1）他会以对待一场拔河比赛的态度与你进行力量对抗，变本加厉地控制整个会议局面；2）他会采取一种极其消极的方式彻底放弃回答问题，拒绝发表个人见解，变得沉默寡言、闷闷不乐等。这两种极端的结果都不是你所希望的，因此，最好试着采取一些其他方法来解决问题。

→ 一言不发式与会者

■ 背景

在以往的两次团队会议上，有一两位员工根本没有发言，没有表达个人意见。管理者决定采取措施来解决这个问题。

■ 问题

你所掌握的全部信息就是有两位员工没有积极参与会议讨论。但你并不能因此而判断这两个人一定是精力不集中，厌倦会议内容，对会议内容感到迷惑不解、不感兴趣或消极被动，或者其他一些可能的情况。有些人在众人面前总是三缄其口、沉默不语。因此，你所面临的问题是不了解这两位沉默的员工究竟是怎么想的，他们是否理解了会议内容。

■ 应该怎么做

你的目标是：
- ✓ 读懂这两位沉默的员工，明白他们在想些什么。
- ✓ 想办法让这两位沉默的员工以轻松的心态参与到团队讨论中来，避免使他们陷入尴尬的境地（否则的话，他们会更加不积极、更加退缩不前）。

要想发现这两位员工究竟为什么缄口不语，最妥善的方法是提出一个问题，或者布置一项简单的任务，然后将所有团队成员以 3~4 人为单位分成若干小组，让各个小组进行讨论。当你在各个讨论小组之间巡回走动的时候，你要对这两位沉默的员工予以特别关注，认真倾听他们的观点，看看是否存在什么问题。

让我们来谈谈你的团队中喜欢保持沉默的两位员工——汤姆和克里斯，他们在各自的小组中都很好地阐述了自己的观点。结束小组讨论后，将全体团队成员集合到一起的时候，你应该对小组讨论情况做出总结，可以请几位员工将自己的观点说出来，与大家一起分享，其中包括汤姆和克里斯。在对他们的观点进行总结的时候，你已经在很大程度上提高了他们在以后的团队会议上积极发言的可能性。

还有一种方法可以帮助你使他们融入团队中来，即在会议休息的时间里与他们进行交谈，就你马上要讨论的问题征询他们的意见。当休息时间结束，再次集合团队的全体成员时，你可以对大家说："会议休息时间里，我与汤姆讨论了这个问题，他的观点或许很具有代表性。那么汤姆，你为什么不把自己的观点说出来，让大家听听呢……"这样，这位沉默的员工就会事先知道自己的观点是合适的，并且对自己说出来之后会受到大家的欢迎很有把握。

■ 不应该怎么做

既然你不想让那些保持沉默的员工陷入尴尬的境地，就最好不要直接点名让他们发言（除非你是在按顺序点名，要求每个人都发言）。

切忌给那些保持沉默的员工施加任何压力，因为这样做于事无补。例如，你这样对克里斯说："克里斯，你对这个问题有什么看法？我们到现在还没有听到你的发言呢。"在这种情况下，你说这些话是在暗示克里斯，他还没有将自己的观点说出来给大家听，希望他最好能给出一个令人满意的回答。

→ 私下开小会者

■ 背景

两三位员工坐在一起低声说话，根本没有注意到你——团队管理者。这种情况大约持续了半分钟，你开始不耐烦了。

■ 问题

在这种情况下，你无法轻易判断是否出现问题了。你对此很生气，但是你又不知道这几位开小会的员工是不是干扰其他员工了。同样，如果仅仅是因此而判断这几位开小会的员工精力不集中也是很不合适的，因为或许他们正在讨论如何实施一项新的建议。

因此如果你试图通过直接打断他们的谈话，对他们的行为提出严厉批评等方式来要求他们加入到团队讨论中来，结果将是很糟糕的。

■ 应该怎么做

如果与会者围绕一张 U 形桌子而坐，或者围坐成一个圆圈，你可以慢慢地走向私下开小会的员工，眼睛却看着其他与会者。换句话说，不要让大家看出来你打算去指正谈话者的错误行为。如果他们的谈话内容是与会议有关的，他们就不会因为感到内疚而停止谈话。相反，如果他们是在谈论昨天晚上的电视节目，当你走近他们的时候，他们就有可能停止谈话，加入整个团队的讨论中来。

也可以采取一些其他措施来解决这个问题。可以向大家提出一个问题，然后将所有与会者以 2～3 人为单位分成若干小组，让大家分组进行讨论，这样你就可以把开小会的员工分到不同的小组里，避免他们继续谈论一些与会议内容无关的话题。

同样，你还可以请紧挨着开小会的员工而坐的与会者（坐在左边或右边的与会者都可以）回答你所提出的问题。这样做很有可能让开小会的员工停止谈话，重新加入团队讨论中来，当坐在他们身边的与会者需要思考并回答你提出的问题的时候，如果他们还是继续进行个人交谈，不仅会给人一种缺乏礼貌的印象，还会扰乱别人的思路。

当然，任何一位与会者如果受到这种私下交谈的打扰而无法进行思考，也可以采取适当的措施予以制止。他会这样对你说："很抱歉，我听不清楚你在说什么。"这可以让开小会的员工意识到自己的谈话已经打扰了别人。也可以采取一种更为直截了当的方式："对不起，我想你们两个是否可以停止谈话，因为我们已经听不清别人在说什么了。"

■ 不应该怎么做

尽管你对那些私下交谈的员工感到很生气，但一定要注意避免采用一种家长式教育方式来纠正他们的错误。例如，以下几种纠正错误的方式就是很不合适的。

- ✓ 责备他们："你们两个是打算把谈话的内容说出来与大家一起分享呢，还是想停止谈话，集中精力开会？"
- ✓ 让其中的一个谈话者回答问题，他最有可能这样回答你："你的问题是什么，可否重复一遍？"而当你重复问题的时候，本质上是对其他人的打扰和惩罚，对私下谈话者却是一种额外的关注和奖励。
- ✓ 降低你的说话音量，或者干脆停止谈话，以便引起私下交谈的员工的注意，因为这样做会在安静的环境里凸显出谈话者的声音来。

以上这些做法都是很不合适的，因为这样做会使私下交谈的员工感到非常尴尬。无论何时，只要与会者感到自己蒙受羞辱，或者当众丢面子，他们就有可能拒绝参加会议讨论，甚至会退出会场。同样，其他与会者一想到这种情况也有可能发生在自己身上，就会感到很不自在，于是他们也会拒绝参加会议讨论，甚至有可能退出会场。可想而知，其最终结果很有可能是面临冷场的局面。

→ 持敌对与消极态度者

■ 背景

有的与会者故意顾左右而言其他，冷嘲热讽，双手抱肩，采取一种不合作甚至敌对的态度，所有这些都表明他们的态度是非常消极的，这样做不仅不利于营造出一种健康的谈话氛围，同时还会让其他人感到很不愉快。

■ 问题

你不知道问题出在哪里。或许这些敌对者是在不得已的情况下参加该次会议；或许会议的主题与他们本没有什么关系；或许他们对生活抱有一种消极的态度，尤其是对自己；或许他们对你或者团队中其他成员感到不满。

而且，你也不知道团队中究竟有多少人存在这种消极的情绪。或许，这一两个敌对者仅仅是冰山的一角，还有很多与会者存在同样消极的情绪，只不过他们不像这一两个敌对者那样充分表现出来。

■ 应该怎么做

首先，你最好了解一下究竟有多少人抱有这种消极的态度（以便你知道需要投入多少时间来解决这个问题，或者是否有机会改变现状）。因此，只要一听到来自敌对者的意见，你就应该立即询问其他与会者："对于山姆的意见，你们是怎么看的？"如果大家对山姆的意见纷纷持有异议，或者认为山姆的意见是消极的，并且会带来一些不良影响，那么，大家的反应就会告诉你这究竟是不是一个问题。

还有一个排除敌对者的方法，就是为他们安排一些工作，例如，做会议记录，负责在挂图纸上及时记录重要观点，或者帮助你组织团队活动，等等。这些工作有助于他们将思维和精力集中投入团队活动中来。

如果以上所有的方法都不能奏效，那么你最好是在会议休息的时间里将敌对者叫到一边，与他们谈一谈。例如，你可以这样说："山姆，我感觉这次会议的内容无法满足你的要求，或者与你的需求毫不相干。我想与你讨论一下，因为我不想看到你浪费自己的时间。不知道我说得对不对？"

这一谈话将会导致两种结果：要么，山姆同意与大家一起为完成既定的会议目标、会议议程而协同合作；要么，山姆将退出会议，因为他认为自己实在不应该参加这种会议。

■ 不应该怎么做

明智的做法是不要与敌对者针锋相对。首先，你很有可能败下阵来；其次，口舌之争或许正是敌对者所希望的，不要给不受欢迎的行为提供表演的舞台；最后，过多的辩论与争吵没有获得双赢结果的可能，因此，争论将无休无止地进行下去，根本没有办法结束这场辩论。

即使敌对者令其他与会者感到烦恼，最好也不要采取强制性的措施来制止他们。当你试图将他们拉回集体队伍中，并与其他与会者协同配合的时候，只会加深敌对者对你和会议的反感情绪。而且，强制性措施是家长式教育方式，而不是一种成人与成人之间平等交流的方式。

→ 预防措施

下面，我们来介绍一下如何能够有效避免这些问题的出现。你在会前对与会者了解得越多，越有可能妥善解决各种问题。凡事要防患于未然。例如，山姆对这次会议中要讨论的问题并不认可，但是他仍然到会了，原因是他的老板要求他必须参加这次会议。如果你事先发现了这个问题，就会做好充分的准备来关注山姆的消极情绪。实际上，你可以在会议开始时强调："我知道，你们中的一些人对今天将要讨论的问题持保留意见，例如，山姆就是其中的一位（你重申山姆的立场），我想其他人也可能有相同的意见。山姆，我是不是正确地陈述了你的观点？"

你只要做两件事情就可以避免与会者无休无止的抱怨，避免与会者采取消极被动的态度来对待会议。首先，你可以巧妙地夺过山姆的发言权，避免他将敌对的情绪释放出来；其次，你要让与会者知道，对于正在讨论的这个问题，存在两种不同的观点，但是你并不打算将更多的时间和精力用于处理诸如"派系争斗""管理者的利益"，以及其他一些与此相关的问题上。

还有一种方法可以用来预防问题的发生，即在会议开始的时候就制定基本规则，以便让所有与会者都明确地了解到：1）什么样的行为是适当的，什么样的行为是不适当的；2）在场的每个人都有责任使会议取得圆满成功，达到既定的目标，任何不支持这一目标的人都有权质疑，有权对会议目标进行深入的了解。然后，接受会议目标的人留下来，反对者则可以离开。

基本原则或行动指南是针对所有与会者的，不管是普通员工，还是管理者，都需要严格遵守，本章的结尾部分将一一做出介绍。

→ 结论

从上文所介绍的例子中，我们可以推导出团队会议应遵循的一些基本原则，这些原则对于解决各种各样的问题都是行之有效的。

1. **透过现象看本质。** 与会者所表现出来的一些让人难以接受的行为应该被视作"现象"。有时候，在还没有真正了解问题的本质原因，甚至根本无法断定这究竟是不是一个问题的情况下，你就试图想办法处理这些现象是很危险的。
2. **让团队成员去对付那些对会议持不同意见的人。** 这样做不仅能够让你保持一个中立者的角色，同时还能为你和与会者提供及时的反馈信息。
3. **顾及面子。** 不要让任何人当众丢面子。当与会者被团队中其他成员看不起时，他们的成员资格和地位就难保了。你的职责是使团队更加团结、更加具有凝聚力，这意味着你必须指导团队成员理解并认同团队目标，相互协作，为实现这一目标而不懈努力。
4. **维持平等的人际关系。** 家长式教育方式在工作中是不可取的，对待问题，必须以一种理性的方式来处理，而不应该感情用事，同时，还要以事实为依据，而不能建立在主观猜想、假设的基础上，不能以一些不可靠、不全面的证据为基础等。

行动指南

1. 对于任何会议来说，确保团队成员在开始时就对会议目标持赞同的态度是非常有必要的。通常情况下，这意味着管理者需要花一些时间来了解团队成员的要求，并且要进行一次简要的讨论，以便让团队成员了解怎样做才能在目标的问题上达成共识。一般来说，最有效的办法是将团队目标用简洁、生动的语言写在会前宣传资料、会议公告或活页挂图上。会议期间，当任何一名成员有不清楚的问题，或者打算对正在讨论的内容进行提问时，他所思考、所提出的问题一定要与团队的目标密切相关。
2. 如果与会者彼此不熟悉，以前从未在工作中打过交道，最好是在会议一开始就利用几分钟的时间让他们相互了解，这也是会议的基本规则，这将成为会议过程中解决问题、达成共识、完成目标的有力工具。
3. 团队中，任何人都拥有平等表达自己观点的权力。团队成员应该客观而谦虚地倾听他人的谈话，听完所有的相关意见之后，再采取措施，并努力达成一致意见。

4. 任何人发现团队中有的成员被冷落、误解，或者没有得到应有的机会来表达自己的观点时，都应该把这种情况说出来，以引起大家注意，目的是给这位受到冷落的团队成员以应有的发言权。

5. 另外，当任何人感觉到有的成员的行为与团队整体目标相违背时，都应该尽一切努力纠正他的错误行为，或者看看是否其他成员也认为这种行为不利于团队目标的实现。

6. 任何成员要想发言必须经过管理者的同意，有时候，这一点是行不通的（例如，当讨论进行得很激烈，或者互动性很强的时候），因此，不管是管理者，还是团队成员，都有权提醒大家注意发言时间。（如果不这样做，当会议进入自由讨论的状态时，就没有人能够控制会议局面了。）

7. 如果人们想知道自己的建议是否被别人接受，特别是当他怀疑自己的观点不能被其他成员所理解时，得到信息反馈就是非常必要的。为别人提供反馈意见是一种很可取的做法。例如，"弗瑞德，看看我是否理解了你刚才谈到的观点。你好像说了三件事，第一……"

8. 任何成员如果感到会议程序与会议所要达到的目标不相符，都应该把这种想法及时说出来，无论是私下里向管理者反映，还是在所有团队成员面前公开指出这一点，都是一种合适的行为。例如，如果团队过早地（也就是说，没有掌握全部事实，没有在团队内部达成共识）对一项决策进行投票表决，任何成员只要发现了这一问题，都应该及时提醒大家注意，而不应该轻率地附和别人的意见。

33 用"名义群体法"解决团队问题

Theresa Musser

☑ 概　述

名义群体法（Nominal Group Technique，NGT）是团队用于解决问题、达成共识的一种方法，它包含7个步骤。该方法的突出优点是：一方面能够提高团队解决问题的效率，另一方面还能鼓舞所有团队成员自由表达个人见解，确保平等交流。本章将详细介绍名义群体法的每个操作步骤，并通过一些具体的实例来证明该方法的有效性。

→ 简介

不管是在工作中，还是在社会交往中，我们都有可能参加一些缺乏效率的会议，这种会议通常是有始无终，对任何问题的处理都是不了了之。或许你曾经试图通过团队讨论的方式来解决一个问题，结果却让你异常苦恼，因为任凭你怎样努力，团队成员只是一味地抱怨、责难，而不是采取一种积极配合的态度。没有人愿意白白浪费自己的时间。紧张而繁忙的工作留给我们自由支配的时间已经是少而又少了，我们没有理由将宝贵的时间投入一些无益的事情上。事实上，工作中不可避免地会出现一些难以解决的问题，出现问题并不可怕，可怕的是我们无法产生一些新的解决方案，或者无法收集到一些有价值的建议。为此，采用一种既能提高效率，又能加强团队合作的方式来解决团队问题是至关重要的，名义群体法恰恰能够满足这种需求。实践证明，这种看似陈旧的方法却能够确保团队在最短的时间内产生最优的解决方案。

名义群体法的设计初衷是满足团队解决问题的需要。在使用该方法的过程中，团队成员能够不断提出一些新的建议，并且达成共识。该方法最早是由德尔比克（DelBecq）等人在1975年发明的，是"信件调查"和"电话访谈"两种方式之外的另一种调查方法。实际上，该方法是建立在德尔菲法（Delphi Method）的基础上的。在人数相对较少的群体中进行决策时，采用名义群体法可以大大提高团队解决问题的效率。目前，名义群体法被广泛应用于调查研究、教学指导和活动评估等领域，具有很强的实用价值。

名义群体法包括7个步骤，允许每个群体成员首先独立地把各种想法排出次序，然后群体成员进行汇总讨论，最后采用的决策是综合排序最高的想法。采用名义群体法的最大优点是能够避免讨论过程中的"一言堂"现象，避免整个决策过程陷入对某个主题的无休止的争论之中。采用名义群体法进行决策需要1~2小时。

→ 如何使用名义群体法

使用名义群体法进行决策时，应该选择宽敞而舒适的会议室，足够容纳所有参加讨论的人员。会议室里摆放可以容纳8人的桌子若干张，每张桌子的成员组成一个讨论群体，各个群体之间间隔一定距离，从而保证其在讨论的过程中互不干扰。为每个讨论群体安排一位成员担任组长（或记录员），并为整个讨论会安排一位总协调人。分别为每个讨论群体分发以下必备工具：一大张挂图纸，每名成员4~5张5英寸×8英寸的卡片，一支粗头记录笔，一支涂改笔，一支铅笔和一个黑板架。

使用名义群体法需要遵循6个基本原则：
1. 需要事先做好充分的准备，在活动过程中要组织得当。
2. 对任务的陈述要准确、清楚，并且要写在纸上以便所有人员都能够看见。
3. 认真完成每个步骤，以避免减弱该方法的使用效果。
4. 监督每个讨论群体在规定的时间内完成每一步骤。
5. 整个活动过程要坚持公正平等的原则。
6. 确保活动参加者在讨论过程中提出的各项建议是积极而富有建设意义的。

下面对名义群体法的7个步骤做出说明，限定活动时间是2小时。根据具体情况，也可以将活动总时间缩减为1小时，但必须将各个步骤的时间同时缩减一半。

步骤1：名义群体活动（10分钟）

讨论群体的组长简洁、明确地陈述任务，并在黑板上或一张大纸上写下来，以便所有成员都能看见。每名活动参加者分得4~5张5英寸×8英寸的卡片，要求他们根据所要完成的任务的具体情况，简要写下自己的建议和想法。同时还要提醒所有人员：答案没有对错之分，每个人都必须保持安静，独立完成。实际上，这是一个头脑风暴活动，但要求所有成员独立思考、独立完成，不得进行集体讨论。

提示：简洁明了地对所要解决的问题进行陈述是至关重要的，为此，在对问题进行说明之前，你应该做出最缜密的思考，决定将要完成的任务是什么。

步骤2：说明个人想法（20分钟）

每名成员依次简要说明自己的想法和建议。需要注意的是，每人每次只能说出一条建议，而且在陈述过程中，除了澄清个人观点之外，不允许进行讨论。讨论群体的组长负责将每条建议记录在一张大纸或黑板上，并用数字标出序号，直到不再有新的建议产生为止。

提示：你一定要清楚地标注出每条建议的数字序号，以便在讨论环节中能够指明序号进行讨论。当一张记录纸用完的时候，将它扯下来，换上另一张纸继续记录。将记录纸在会议室四周墙壁贴好，使每个人都能够清楚地看见，以方便下一步的讨论。

步骤3：群体成员展开讨论（30分钟）

群体成员对于所有列出的建议展开讨论，包括澄清个人观点，就不同意见展开争论，劝说别人接受自己的观点等。

提示：对于内容相似或相关的建议，可以采取合并同类项的方式将其归集在同一个目录下，你也可以将某些完全重复的建议从目录清单里删除。应该充分发挥自己的组织才能，调动群体成员的积极性，确保所有成员都有机会发表个人见解，同时还要严格遵守时间规定。

步骤4：第一轮投票（10分钟）

每名成员拿出一张新卡片，在右上角写上"第一轮投票"字样。然后，从所有列出的建议中挑选出自己认为最重要的5条，按照重要性由大到小的顺序将其序号写在投票卡上。接下来，由组长负责为每张投票卡上所列出的5条建议进行打分，第1条打5分，第2条打4分，第3条打3分，以此类推。为所有的投票卡打完分之后，将每条建议的得分进行汇总，并根据总的分数由高到低排序。

提示：如果总的建议数量并不多（低于20条），你可以让每名成员只选择3条进行投票。

步骤5：对第一轮投票结果进行群体讨论（20分钟）

由组长协助群体成员对第一轮投票结果进行讨论。

提示：你需要提醒群体成员积极发表个人意见，在规定的时间内确保群体讨论的有序进行。

步骤 6：最后一轮投票（10 分钟）

每名成员再拿出一张 5 英寸 × 8 英寸的新卡片，并在右上角写上"最后一轮投票"的字样。然后根据对第一轮投票结果的讨论情况，按照重要性由高到低的原则选择 3～5 条建议。在这一轮投票中，群体成员将继续排除一部分建议，在个人观点上也有可能发生一些变化。所有成员必须保持安静，独立思考。

提示：仍然按照步骤 4 中所描述的打分方法对投票结果进行打分。

步骤 7：综合总结（20 分钟）

由组长对最后一轮的投票结果进行打分，并且按照分数由高到低进行排序，然后将最终排序情况公布于众，以便群体成员了解决策结果。最后，组长再次向大家说明利用这种方式来获取信息的重要意义所在，并感谢所有成员给予这次活动的大力支持和协助。

提示：将最终排序结果写在纸上或黑板上，以便大家一目了然。这时，你会发现群体成员对排序结果和投票过程进行非常热情的讨论。如果会议室里同时有若干个群体进行讨论，就应该将各个群体的讨论结果进行汇总，将综合排序结果写在纸上或黑板上，而不必分别记录每个群体的排序结果。也就是说，在活动结束进行信息汇总的时候，需要注意应该将所有活动参与者的投票结果进行汇总，而不必区分群体。讨论会的总协调人可以用一种自由轻松的方式对讨论情况进行总结。某几个群体的投票结果有可能一致或者相似，而某几个群体的投票结果则可能相差万里。

➔ 注意事项

利用名义群体法进行决策时需要考虑到一些注意事项，应确保做到如下几点：

1. 对活动的说明要简洁明了。
2. 讨论过程要组织得当。
3. 传递信息要准确无误。
4. 既要坚持个人观点，又要灵活变通，将二者有机结合起来，充分体现自信心。
5. 密切关注观众的一些肢体语言（姿势、面部表情、手势等），并用提问或者直接回答的方式及时给予反应。
6. 在不违背名义群体法基本原则的前提下，适当采取一些自由灵活的形式来回应观众。

→ 名义群体法的用途

名义群体法的作用通常会受到人们思维能力的局限，下面列举了该方法能够有效发挥作用的几种情况：

1. 制订长期计划。
2. 为那些相互之间很少打交道的员工提供交流的机会。
3. 激发员工的工作热情和责任心。
4. 鼓励员工之间协同合作。
5. 帮助员工深入探讨相关问题，获取不同意见。
6. 开展团队成员讨论会。

→ 结论

没有人能够保证某个群体决策的方法在任何情况下，对解决任何问题都是行之有效的。在工作中，我们通常运用群体交谈、群体调查、全面质量管理、改善决策流程以及座谈会等方式来提高决策效率。名义群体法是管理者（或组织者）工具箱中一个非常得力的工具，具有简单易行、效率高、质量高等优点，然而受到管理者（或组织者）思维定式的限制，名义群体法的优越通常不能淋漓尽致地发挥出来。在有些团队中，由于缺乏一位好的管理者（或组织者），使用群体决策法的时候，往往会让活动参加者感到烦恼不堪，甚至备受打击。但无论如何，只要管理者（或组织者）按照以上所介绍的使用方法一步一步进行操作，群体决策法还是一种相当可行的决策工具。现在，你可以试着去使用这种方法，然后就会发现，利用它来解决问题是积极而富有乐趣的！

→ 参考文献

DelBecq, A. L., A. H. Van de Ven, and D. H. Gustafson. 1975. *Group Techniques for Program Planning: A Guide to Nominal Group and Delphi Processes.* Glenview, IL: Scott, Foresman and Company.

34 提高团队解决问题的能力

Edwina Haring[1]

☑ 概　述

本章介绍了一种团队活动，通过该活动，你可以收到一举多得的效果。第一，它为团队成员提供了一个与日常工作交往之外的同事进行合作交流的机会；第二，它营造出平等合作的活动氛围，在活动过程中，每个小组、每名成员都是平等的；第三，它让团队成员在实践中掌握解决问题的方式；第四，它为团队成员提供了一个学习的机会——学习如何参与解决团队问题（即使所出现的问题与他们的工作任务并没有很明确的关联）；第五，在每一轮活动中，每个小组所要处理的工作内容都与下一轮截然不同，因此该活动能够增强团队成员使用这种方法来解决问题的技巧和能力，避免由于活动内容千篇一律而引起的效率低下的现象（用这种方式吸引初学者按照活动程序一步一步进行下去）；第六，这项活动是充满乐趣、富有挑战性的，而且是积极有效的。

☑ 建议用时

3～3.5 小时

☑ 所需材料

✓ 表 A～表 D（解决问题的方法演示），每张表复印 4 份，然后分发给各个小组。

---

[1] 联系方式：302-455-1727, Eharing@magpage.com

34 提高团队解决问题的能力

- ✓ 表 E（解决问题的步骤），将表 E 复印若干份，为每名初学者分发一份，最好用色泽鲜艳的彩纸复印。
- ✓ 4 个纸夹。
- ✓ 铅笔或圆珠笔若干支。
- ✓ 写字板。
- ✓ 足够大的活动场所，可以容纳所有活动参加者，并且确保各个小组互不打扰。

☑ 活动小组的规模

最好是安排 16～20 人参加该活动，分成 4 个小组，每个小组 4～5 人。

☑ 准备工作

提前准备 3 张活页挂图，分别提供如下信息：

- 挂图 1
  - ✓ 与团队会议相关的重要事情
  - ✓ 制定团队决策
  - ✓ 对决策内容进行沟通
  - ✓ 专业化的不同意见
  - ✓ 达成共识的时间及任务的分配

- 挂图 2

解决问题的步骤
1. 鉴别存在的问题
2. 提出解决方案
3. 区分解决方案的优先次序
4. 制订实施计划

- 挂图 3

主题	第 1 轮	第 2 轮	第 3 轮	第 4 轮
制定团队决策	A	D	C	B
对决策内容进行沟通	B	A	D	C
专业化的不同意见	C	B	A	D
达成共识的时间及任务的分配	D	C	B	A

注意：在你的活页挂图上将字母 A、B、C、D 分别替换成各个小组的名称，每次只公开一个轮次的安排情况。

☑ 活动过程

1. 向大家介绍这次活动的主题："今天，我们将利用团队的各种优势，学习一种简便易行的方法来解决团队所出现的各种问题。这次活动所要解决的是我们在团队会议上进行相互交流的技巧问题。在对这种方法的每一个操作步骤进行学习的过程中，我们将解决与团队会议相关的 4 件重要事情。"（你可以用自己的语言进行介绍。）
2. 出示活页挂图 1。
3. 将初学者分成 4 个小组，尽可能把日常工作中经常交往的员工分在不同的小组里。为每位活动参加者发一支笔，为每个小组发一个纸夹和一个写字板。每个小组之间保持一定距离，确保互不打扰。
4. 让各个小组的成员利用 1 分钟的时间相互认识一下（如果你认为有必要这样做），再利用 1 分钟的时间来为自己的小组起个名字。
5. 2 分钟后，让每个小组说出自己小组的名字，然后另取一张活页挂图纸，将 4 个小组的名字分别记录在纸上。

第 1 轮

1. 宣布活动开始，让每个小组实施解决问题的第一个步骤：鉴别存在的问题。出示活页挂图 2。（只把"鉴别存在的问题"这一条内容出示给大家看。）
2. 将表 A 分发给每个小组，表 A 的上方写有各个小组的名称，再将分配给各个小组的主题内容圈示出来，予以重点强调（见活页挂图 2）。
3. 阅读说明。给每个小组半分钟的时间推选一位记录员，然后问问这一轮中，各个小组的记录员是谁。
4. 向初学者说明，你希望他们讨论一下：之所以说这件事情相当重要，其原因有哪些。然后让他们将所有想到的原因都列出来。规定时间为 8~10 分钟。
5. 各个小组在执行第 1 轮的活动程序时，需要在挂图 3 上适当的位置记录下各个小组的名称：在字母 A 的位置记录正在讨论"制定团队决策"的小组的实际名称，同样，在字母 B、C 和 D 的位置分别记录下相应的各个小组的名称。
6. 第 1 轮活动时间结束的时候，让每个小组利用 5 分钟的时间清楚、准确地把问题陈述出来，并由各小组的记录员在表 A 的下方做记录。然后将每个小组的表 A 收集上来。

第 2 轮

1. 将挂图 2 上第 2 个步骤的内容出示给大家看，即提出解决方案。
2. 对大家说："解决问题的下一个步骤是提出解决方案。你们当中有多少人以前参加过头脑风暴活动？进行头脑风暴时需要遵守哪些规则？"让大家告诉你如何举行一次头脑风暴会议。对于正确的理解和认识，你要给予充分肯定；对于那些不正确或不完全正确的理解和认识，应该给予必要的纠正和补充。

3. 告诉初学者，他们需要处理其他小组所鉴别出来的问题（由表 A 提供），利用 10 分钟的时间进行头脑风暴活动，并将产生的所有解决方案记录在表 B 上。
4. 按照以下顺序将已经填好的表 A 与空白表 B 分发下去（见活页挂图 2）：
   将 A 组的表 A 发给 B 组；将 B 组的表 A 发给 C 组；将 C 组的表 A 发给 D 组；将 D 组的表 A 发给 A 组。
5. 一定要注意的是，不要告诉初学者你为什么要采用这种方式来做这个练习，将这个问题的回答设置成一个悬念，当活动总结时向大家解释。
6. 让大家利用 10 分钟的时间来进行头脑风暴，并对所产生的各种想法做记录，然后宣布结束这一轮的活动，将每个小组的表 A 和表 B 收集上来。

第 3 轮

1. 将挂图 2 上第 3 个步骤的内容出示给大家看，即区分解决方案的优先次序。
2. 告诉大家："解决问题的下一个步骤是区分解决方案的优先次序，之所以要这样做是因为我们不得不首先对这些方案进行筛选，进行优先排序时需要考虑以下几方面因素：每个解决方案的可行性如何，执行方案所需要的各种投入有多少，需要花费多少时间才能完成，以及解决问题的成功概率有多大，等等。"
3. 按照以下顺序将已经填好的表 A 和表 B，以及空白表 C 分发下去（见活页挂图 2）：
   将 A 组的表发给 B 组；将 B 组的表发给 C 组；将 C 组的表发给 D 组；将 D 组的表发给 A 组。
4. 告诉初学者，他们需要将其他小组所提出的解决方案进行排序，利用 10 分钟的时间进行头脑风暴活动。
5. 宣布第 3 轮活动结束。

第 4 轮

1. 将挂图 2 上第 4 个步骤的内容出示给大家看，即制订实施计划。
2. 告诉大家："解决问题的最后一个步骤是根据上一轮的排序结果来制订实施计划，或许，你们对前一个小组排在第一位的解决方案持有反对意见，但是要知道，工作中，我们难免会被要求去执行一些我们并不赞同的解决方案。

   "在这一环节中，你们需要指出怎样才能将解决方案变成现实，将执行这项方案过程中所涉及的每一项任务都列出来，并注明相应责任人的名字和责任部门的名称。假如你对此不能确定，可以根据具体情况推荐相应的责任人或责任部门。估计一下，每一项任务的执行时间有多长，将预计时间写在表 D 的相应位置。请务必认真做好这一轮的练习，因为它关系到如何才能将解决方案变成现实！"

3．让每个小组利用 20 分钟的时间将表 C 填写好，即完成解决方案的排序工作。然后让大家停下来，将每个小组的表收集上来。

4．按照以下顺序将已经填好的表 A、表 B 和表 C，以及空白表 D 分发下去（见活页挂图 2）：

将 A 组的表发给 B 组；将 B 组的表发给 C 组；将 C 组的表发给 D 组；将 D 组的表发给 A 组。

5．告诉初学者，他们可以利用 20 分钟的时间来制订实施计划。

6．20 分钟后，让大家停下来。

7．为每个小组发一支挂图记录笔，指导各个小组将解决方案及其实施计划分别写在提供的挂图上，然后将挂图挂在墙上。

☑ 活动结果

1．让每个小组推选出一位代表发言，告诉大家本小组得到多少信息，制订出来的实施计划是什么，时间是 5 分钟。同时，允许其他活动参加者就该小组的发言进行质疑。

2．询问各个小组，他们何时能够将计划的具体内容和实施时间落实下来；在完成计划的过程中，每名成员的责任是什么；为顺利完成计划，需要考虑哪些具体问题。

☑ 活动总结

向所有活动参加者提出以下问题：

- 这项活动对你来讲有什么意义？
- 你从这项活动中学到了哪些东西？
- 你认为用这种方式来安排这次活动有什么必要？
- 为什么要让你们在整个活动过程不同的轮次中处理不同的事情？

☑ 活动结束

将表 E（解决问题的步骤）分发给大家，让每位初学者再次回顾一下解决问题的各个步骤。需要注意的是：最好用色彩亮丽的纸来复印表 E，以便所有活动参加者都能够清楚地看到表中所列出的内容。

☑ 其他活动方式

1．你可以灵活套用这种活动方式解决工作中所遇到的任何其他问题。

2．根据初学者的具体情况增减活动中每个环节的时间分配。

3．让每个小组在解决问题的各个步骤中处理同一件事情。

解决问题的方法演示（表 A）

第 1 轮	与团队会议相关的重要事件 1
	与团队会议相关的重要事件 2
	与团队会议相关的重要事件 3
	与团队会议相关的重要事件 4
鉴别存在的问题：	制定团队决策
	对决策内容进行沟通
	专业化的不同意见
	达成共识的时间及任务的分配

说明：

你们小组已经被安排去解决一件与团队会议相关的重要事件，即如何召开团队会议。你们小组的任务是：

1. 推选一位小组记录员。
2. 根据你们个人所掌握的一手资料，或者从团队中其他成员那里听说过的一些信息，准确、客观地鉴别当前所存在的问题。认真思考一下，究竟有哪些行为导致了这个问题的出现，哪些方面的工作存在欠缺和不足，哪些原因导致团队无法做好这件至关重要的事情。

注意： 不必提供解决方案。

对存在的问题做记录：

_____

_____

_____

_____

_____

解决问题的方法演示（表 B）

第 2 轮	与团队会议相关的重要事件 1
	与团队会议相关的重要事件 2
	与团队会议相关的重要事件 3
	与团队会议相关的重要事件 4
鉴别存在的问题：	制定团队决策
	对决策内容进行沟通
	专业化的不同意见
	达成共识的时间及任务的分配

说明：

1. 推选一位小组记录员。
2. 根据前一个小组所提供的问题鉴别信息，提出解决方案。使用头脑风暴法的时候，需要遵守以下几项规则：
   - ✓ 抓住问题的重点，并保持一种公开、活跃的活动气氛。
   - ✓ 重视并记录下所有的想法和建议。
   - ✓ 在头脑风暴过程中不要对任何想法和建议进行评价。

解决方案：

_____
_____
_____
_____
_____
_____

解决问题的方法演示（表C）

第3轮	与团队会议相关的重要事件 1
	与团队会议相关的重要事件 2
	与团队会议相关的重要事件 3
	与团队会议相关的重要事件 4
鉴别存在的问题：	制定团队决策
	对决策内容进行沟通
	专业化的不同意见
	达成共识的时间及任务的分配

说明：

1. 推选一位小组记录员。
2. 将前一个小组所提出的解决方案进行排序，排序时应考虑以下几方面因素：
   - ✓ 可行性。
   - ✓ 成功的概率。
   - ✓ 实施的难易程度。
   - ✓ 实施方案所需时间。
   - ✓ 其他需要考虑的因素。

对解决方案进行排序：

1. _____
2. _____
3. _____
4. _____
5. _____

解决问题的方法演示（表 D）

第 4 轮	与团队会议相关的重要事件 1
	与团队会议相关的重要事件 2
	与团队会议相关的重要事件 3
	与团队会议相关的重要事件 4
鉴别存在的问题：	制定团队决策
	对决策内容进行沟通
	专业化的不同意见
	达成共识的时间及任务的分配

说明：

1. 推选一位小组记录员。
2. 对前一个小组排序为第一的解决方案制订实施计划。列出为实施该解决方案需要完成的所有任务，安排每项任务的主要负责人和责任部门，并预计任务的完成日期。将实施计划写在活页挂图上。

写出排序为第一的解决方案：

_____

_____

方案实施计划：

任务	责任人	预计完成时间
_____	_____	_____
_____	_____	_____
_____	_____	_____
_____	_____	_____

解决问题的步骤（表 E）

当团队在工作中遇到麻烦，或者出现一些问题需要解决的时候，每名团队成员都负有不可推卸的责任。

这里列出了解决问题的 4 个步骤：

1. 鉴别存在的问题。在这一步骤中，你应该透过现象来确认问题的本质，然后用简洁明确的语言做出记录。这一环节的工作相当有必要。
2. 尽可能提供所有解决方案。采用头脑风暴法，不要使自己的思维受任何限制。很多时候，看似最不可能的解决方案往往是最理想的。
3. 区分解决方案的优先次序。将第 2 步骤中产生的所有解决方案进行排序。排序的时候需要重点考虑以下几方面因素：可行性、所需时间、难易程度、成功概率。
4. 制订实施计划。包括任务、责任人姓名、预计完成日期。用"3W"法制订计划，即谁（Who）在何日（When）前需要完成什么（What）任务。

ns

35

提高讨论质量

Malcolm Burson[1]

☑ 概　述

　　任何一种讨论或交谈（无论是有关工作方面的，还是我们生活中其他方面的）质量的高低，一方面取决于讨论者的陈述与观点能否有机结合起来，另一方面取决于讨论者能否提出一些利于深刻理解他人谈话内容的有价值的问题。认真思考这一问题，对于每个人都具有极其重要的意义。毕竟，只有当你处于一种正式辩论的场合，才会由第三方裁判依据你所提出的观点来论输赢，除此之外的其他任何情况下，我们要想做出一项决策，或者达成一项协议，都需要与他人平等互让、相互交流意见。大多数人都承认自己迫切希望能够提高工作中与他人交谈的质量。

　　然而在紧张的工作环境下，我们不得不应付各项繁忙的工作，因此而变得越来越缺乏耐心，总是急于让别人接受我们的观点。至于别人在讨论过程中说了些什么，提出了哪些观点，我们没有任何兴趣去倾听、过问，更别提认真地加以研究了。对待讨论会，我们通常所采取的行动是：走进会议室—坐下来—罗列起一小堆事先预备好的"口头炸弹"——在适当的情况下投掷一枚，以显示自己的威力。尽管大多数团队管理者屡下决心，试图改变现有状况，提高讨论会的效率，然而，时间的压力使得这些美好的期望变得不可能实现，这是因为我们几乎不可能停下手里的工作，用足够长的时间来学习那些必要的技能。

　　要想提高工作中对于各种问题的讨论质量，首先需要明确讨论的目的，并且在行动方式上达成一致意见。除此之外，还要拥有一些基本技能，在"询问（ inquiry ）"与"主张（ advocacy ）"

---

[1] 联系方式：207-287-7755, malcolm.c.burson@state.me.us

之间保持一定的平衡就是其中很重要的一种技能。倘若每名参加者在讨论会上仅仅提供了一些缺乏主题内容的陈述，提出了一些未经深思熟虑的主张，那么参加者就无法在讨论过程中分享彼此的观点，试图通过讨论做出一项最优决策也将成为天方夜谭。因此，如果将"询问"和"主张"分别放在天平的两端，我们需要加重"询问"一端的砝码，也就是说，我们可以通过提问的方式更深刻地理解他人的谈话内容。这样，就能保证我们可以从各种不同的角度，更深刻、更全面地理解一个问题，从而确保团队成员在所讨论的问题上达成一致意见。

然而我们怎样才能克服急于要求别人接受自己主张的这种本能倾向，而变得更加善于思考和询问呢？本章提供了一项轻松而有趣的活动，帮助团队成员发现自己如何在"询问"与"主张"之间保持合理的平衡。最好是将该活动练习穿插在团队现有的例会过程中进行，这样将会收到意想不到的效果。该活动的目的是要求所有团队成员充分认识到：提高讨论和会谈的质量至关重要。

☑ 建议用时

45~60分钟，在一次团队例会上

☑ 所需材料

- ✓ 活页挂图。
- ✓ 3英寸×5英寸的卡片若干，所有活动参加者每人分得两张，具体要求如下：两张卡片的颜色不同，其中一张卡片可以采用黄色，并且在卡片的一面上画有"？"；另一张卡片可以采用蓝色，并且在卡片的一面上画有"！"。需要注意的是，切忌使用红、绿两种颜色，因为这两种颜色无法传达与该活动目的相一致的信息。
- ✓ 表A（标有"？"和"！"的卡片模板）。

☑ 活动过程

1. 向活动参加者简要说明在"询问"与"主张"之间保持平衡的意义所在。在活页挂图上画一个天平，"询问"与"主张"分别在天平的两端，其中"主张"一端由于分量过重而明显被压低。向活动参加者解释，在这次例会上，大家需要一边了解例行会议内容，一边学习掌握询问的技能，使天平的两端保持一种理想的平衡状态。并且需要强调，询问的目的一方面是加深对他人谈话内容的理解程度，另一方面是验证自己的假设与推论是否正确，在此基础上确保提高团队讨论的质量。

2. 将卡片分发给活动参加者，每个人分别得到两张颜色不同的卡片，让所有人将卡片放在自己面前的桌子上，以确保大家都能够看到。

3. 决定活动以何种方式开始。可以就上次例会的遗留问题接着进行讨论，也可以重新讨论一个新的话题，无论哪种情况，活动组织者都应该将讨论的话题写在活页挂图上，既可以采用陈述的方式，也可以采用提问的方式。

4. 按照如下内容向活动参加者解释活动规则：
   - 讨论开始的时候，任何人都可以发言。只要发言者做陈述或提出主张，他就必须把标有"！"的卡片交给活动组织者。直到重新拿回这张标有"！"的卡片，他才可以做另一个陈述，或者回答一个别人提出的相关问题。
   - 重新获取这张标有"！"的卡片的唯一途径是提出一个能够推动该活动有效进展下去的问题，提出问题的同时，出示标有"？"的卡片。
   - 如果有人向正在做陈述的发言者提出一个相关问题，其他人可以积极思考并提供该问题的答案（因此需要出示自己标有"！"的卡片），也可以提出一个更深入的问题，以便加强对发言者所谈内容的理解程度。

   注意：会议组织者有权力决定某个主张或询问是否违规。

5. 当组织者发现所有活动参加者都能拥有足够多的机会发言的时候，即可宣布活动结束，并对活动情况做出总结。另外，组织者应该在活页挂图上记录下最后一名发言者的姓名、讨论进展到何种程度，以方便在活动结束后继续对该问题进行讨论。

6. 结束这种刻意安排的讨论形式，以正常的方式接着对问题进行讨论。提醒活动参加者不必再受活动规则的限制和约束，但是可以将卡片放在自己面前作为一种提示。我发现，我所了解的很多团队的员工通常将标有"！"和"？"的卡片夹在会议记录本里，作为对自己在例会讨论过程中的一种提示。

☑ 组织者对活动进行总结

- ✓ 请活动参加者回答：被迫思考一个有助于推动团队整个活动继续进展下去的问题是否意味着他们不得不认真倾听其他人的谈话内容，而不能忙于构思自己将要提出的下一个主张？
- ✓ 请活动参加者回答：这次团队讨论的质量如何？团队成员之间更加相互尊重、效率更高了，还是相反，抑或与以往的讨论情况别无二致？
- ✓ 坦白地承认采用这种方法进行讨论时，在开始阶段似乎有些做作的成分，但是其目的无非为了逐步提高讨论的质量。同时指出，只要团队成员能够找到"询问"与"主张"之间的最优平衡点，他们就一定能真正体会到这种平衡所能带来的巨大效益。
- ✓ 如果团队在该活动中的任务是解决某个问题，或者做出某项决策，问一下团队成员，他们是否认为已经取得了一定的进展。
- ✓ 总而言之，组织者应该以身作则，在对活动进行总结的时候也应该采用"询问"的方式来进行，并注意观察团队成员是否注意到这一点。

☑ 其他活动方式

1. 请3~4名团队成员进行观摩式表演也不失为一种有效的方式，并要求其他成员认真观察。仍然从"活动过程"的第 3 个步骤开始。四五分钟后，当每位表演者都经历了几轮发言时，团队管理者或者活动组织者再邀请所有其他团队成员加入讨论中来。采用这种活动方式时，最好给每名表演者分发两张标有"！"的卡片（"主张"卡），否则的话，在整个讨论过程，特别是讨论的开始阶段，极容易给人一种压抑感。但如果表演者人数较多，远远超过 3～4 人，就大可不必多发"主张"卡了。

2. 如果讨论过程进展缓慢，切忌急于去打破这种沉寂的状态。另外，当团队成员很想发表一些重要的观点，但是又意识到自己不得不首先提出一个问题，才有权力发表个人观点的时候，他们会感到十分沮丧，这时，组织者应该采用一些幽默的方式，来帮助团队成员消除不满情绪。

To be Continued

标有"？"和"！"的卡片模板（表A）

36
打破僵局

Mel Silberman[1]

☑ 概　述

当团队内部充满了矛盾冲突，而且矛盾各方都不愿意主动为化解矛盾而努力的时候，作为团队的管理者，你需要竭尽全力来扭转这种局面，为此，你可以让矛盾各方参与到下面提供的被称作"打破僵局"的4步骤讨论活动中来。

☑ 建议用时

30~45分钟

☑ 活动过程

1. 告诉团队成员，你认为目前团队内部的矛盾冲突已经严重恶化，甚至到了非要争论孰是孰非的程度，因此，你打算让大家参与到该活动中来，目的是尽最大努力来打破僵局。
2. 让矛盾各方为以下4个部分内容的发言做好准备。

■ 当前的矛盾冲突是什么

相互之间就矛盾冲突的内容展开讨论，找出引起矛盾的焦点问题，并达成一致意见。讨论的过程中，要尽可能保证客观性，要对每件事情进行详细的陈述。与此同时，你还需要认

---

[1] 联系方式：609-987-8157, mel@activetraining.com

真倾听反对者的谈话,切忌对他们的观点持有蔑视的态度,也就是说,你应该尊重反对者的观点和想法。

举例来说,某学院的系主任与教师之间关于学生等级评定方面存在着矛盾冲突。教师对系主任这样说:"看来,在学生等级评定方面,我们之间持有不同观点。你希望将学生在各个等级之间进行大范围评定(例如,将学生在'优、良、中、差、很差'等各个等级之间分配),从而使学生等级评定工作看上去比现有的等级评定制度更能体现出高标准、严要求的特点。而我们则不这样认为,我们认为如果学生的评定结果集中分布在较高的等级上(例如,只将学生在'优、良、中'几个等级之间分配),一方面会充分体现出教师的高素质,另一方面还会激发我们去积极努力地工作。"

■ 令我们感到担忧的问题是什么

让矛盾各方推心置腹地谈谈自己的想法,说说自己所担忧的问题有哪些,希望能从该矛盾议题的讨论中得到些什么。

教师有可能这样说:"我们最担心的问题就是学生会被困扰于等级评定的过程中,只关心自己会被划分到哪个等级,而不去关心自己如何做才能成为一名品学兼优的学生。我们也担心将学生在各个等级之间进行大范围评定将增加我们对学生的教育难度……我们将无法认真思考最基本的教育目标是什么,我们怎样做才能为学生提供最有效的帮助和指导。"

■ 我们的建议是什么

矛盾各方可以广泛发表意见,提供一些有积极意义的、有创新价值的建议,以便解决团队目前所面临的矛盾冲突。

这时,教师有可能这样说:"倘若我们能够制定出更加明确的考核标准,清楚地界定各个等级的不同要求,就能够最有效地解决目前的问题。如果大多数学生都有很好的表现,我们就没有理由把他们评定为'差'或者'很差'这些等级了。"

■ 我们将采取的措施是什么

矛盾各方谈谈将要采取哪些措施来改变现有状况,从而创造一种和谐美好的工作环境。

教师会这样说:"我们愿意把现有的学生等级考核标准交给系主任审查,希望从他那里得到一些建议,帮助我们制定出更加明确、更加可行的等级考核标准。"

3. 邀请矛盾各方就准备好的内容进行发言。
4. 让矛盾各方就发言内容展开讨论。
   - 矛盾各方是否做到了相互理解?

- 哪些建议是可行的？
- 矛盾各方是否愿意以诚相待、妥善解决问题，从而确保各方都在最大限度上得到满足？

☑ 其他活动方式

有的时候，引起矛盾冲突的问题具有很强的敏感性，甚至会一触即发，还有的时候，讨论过程的气氛极其紧张，这些都会导致这一活动的最终失败。最好的办法是采用划分小组的方式进行讨论，这样一方面可以最大限度地减少矛盾冲突的公开化，另一方面还能够尽可能地加强矛盾各方的相互合作。

1. 设计 3 个问题，请活动参加者回答矛盾冲突对于团队工作会产生什么样的影响。下面为你举出 3 个例子，仅供参考：
   - 解决矛盾冲突具有哪些重要意义？
   - 解决矛盾冲突的最好方法是什么？
   - 对于化解矛盾冲突，你有哪些切实可行的建议？

   将问题写出来，以便获得一些明确具体的答案，尽量避免用完全开放式问题进行提问。

2. 向活动参加者说明，你希望大家能够本着合作的原则化解矛盾冲突，避免无休止的口舌大战和公开性的相互攻击。

3. 将活动参加者以 3 人为单位分成若干个小组，将你在步骤 1 中设计出来的 3 个问题分别分配给每小组中的 3 个成员，每个成员分得 1 个问题。安排小组进行内部讨论，即小组内每个成员轮流与其他两位成员进行交流，听取他们的意见和建议，为自己的问题获取最全面的答案。

4. 将所有活动参加者按照相同的问题再次进行分组。举例来说，假如参加活动的员工共有 18 位，3 人为一组进行讨论，那么就有 6 位活动参加者持有同一个问题，将这 6 位活动参加者重新组成一个新的小组。

5. 让新的小组成员将自己所收集到的问题答案汇集起来，并进行归纳总结。然后，让这 3 个新的小组轮流在所有成员面前进行总结汇报，将总结好的问题答案与大家共享。

6. 让所有活动参加者认真思考这 3 个问题的答案，并确定下一步将要采取的措施。

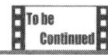

To be Continued

37 "是的，而且……"在沟通中的重要作用

Kat Koppett[1]

☑ 概　述

　　在与他人进行沟通交流的时候，应该把握好一项重要的原则，即最好采用"是的，而且……"的语句来对他人的谈话做出反应，而不应该采用"是的，但是……"的语句。"是的，而且……"这种反应方式意味着你接受了对方的建议或者请求，并且提出一些补充意见。打个比方来说，团队中的一名成员提议："让我们对网站的页面内容进行重新设计，以便为用户提供更加便捷、周到的服务。"这时，团队的其他成员可能这样说："是的，但是工作量实在太大了。"或者"是的，但是成本实在是太高了。"或者"是的，但是我们未必能够做得好啊。"以上种种反应方式足以让一切有可能的事情变得没有可能。相反，如果团队的其他成员能够换一种方式做出反应，就会极大地促动团队工作向积极的方向发展，例如："是的，而且我将探寻一种最经济的方式来做这件事情，以便节约成本。"或者"是的，而且我会与信息技术部门的葛列格先生取得联系，征求他的意见和建议。"

　　接下来的内容为你提供了一项简单的活动，目的是让你切身体会到"是的"这一反应方式在沟通交流中的重要作用。尽管大多数人对于头脑风暴的活动规则都了如指掌——只注重产生的新想法的数量的多少，而不去评估其质量的高低。事实上，在人们对那些新的想法进行深入研究之前，很难做到不以审视、挑剔的眼光来看待它们，甚至还有可能彻底否定它们。

1　联系方式：415-752-0217

否定那些新的想法可以有多种多样的理由，其中有些理由也是相当具有依据性的。然而，在很多情况下，即使我们应该持赞成的态度，也有可能表示反对意见。我们在拒绝接受一些新的想法的时候，通常会找出许多不近情理的甚至有损于团队工作正常进展的理由，例如：

- 这个新的想法或建议会增加我的工作负担。
- 其他人早就提出这项建议了。
- 我们无法在短时间内了解和掌握这项建议的执行效果。
- 实施这项建议看上去会存在一定风险，而且难度很大。
- 我们认为对他人提出的想法或建议持批判的态度能够表明我们自己的聪明才智。
- 我们对别人提出的想法或建议说"不"已经习以为常了。

大多数人习惯于对别人提出的建议说"不"，有时候，我们并不直接用"不"字来拒绝和否定对方的建议，而是委婉地说"是的，但是……"，这种"看似接受、实则拒绝"的反应方式所产生的后果往往超乎人们的想象，其最终结果与直接拒绝没有什么两样。下面的活动内容说明，接受别人提出的建议并以一种建设性的态度来对待它们是具有极其重要的意义的。在活动过程中，安排两个小组，每个小组的任务都是策划一次公司的假日聚会活动。你会发现，第1个小组的讨论过程将非常艰难，甚至无法完成任务；第2个小组却极其容易产生一些新的想法和建议。

☑ 建议用时

4～8分钟

☑ 活动过程

■ 第1轮活动

1. 要求3～5人自愿组成一个小组。
2. 告诉小组成员，他们的任务是制订公司的假日聚会活动计划。
3. 小组中每名成员都必须提出一项自己的建议，无须指定发言者的顺序，但是连续发言过程中，每个人所提出的建议仅限于一项。
4. 任何一名成员发言结束的时候，其他成员要依次对发言者所提出的建议表达个人意见，而且必须运用"是的，但是……"的语句。
5. 规定活动时间2～3分钟，或者直到发现讨论过程无法进行下去的时候，宣布活动结束。

37 "是的，而且……"在沟通中的重要作用

■ 第 2 轮活动

6. 要求另外 3~5 人自愿组成一个小组。
7. 活动内容与第 1 轮相同，但是需要强调一点不同之处，即在这一轮活动中，其他成员对发言者提出的建议发表个人意见的时候，所采用的语句是"是的，而且……"。
8. 规定活动时间 2~3 分钟，或者直到发现每名小组成员都很满意、很高兴的时候，宣布活动结束。

☑ 注意事项

- 需要不断提醒每名小组成员运用"是的，而且……"或者"是的，但是……"的语句来对他人提出的建议做出反应。
- 在适当的时间宣布活动结束。对于第 1 轮活动，当发现小组成员提出建议的热情渐渐减弱的时候，立即宣布活动结束；对于第 2 轮活动，当发现小组成员提出建议的热情空前高涨，并且整个小组成员的意见协调一致的时候，即可宣布活动结束。
- 评估一下本次活动是否达到了前文所谈的目的（让成员切身体会"是的"这一反应方式在沟通交流中的重要作用），倘若没有达到，其原因很可能出在活动参加者身上，例如，即使他们采用了"是的，而且……"的语句，实际上却在拒绝别人的建议；即便他们采用了"是的，但是……"的语句，实际上却在接受别人的建议。

■ 总结性提问

- 当你提出的建议被别人拒绝的时候，你是什么感觉？被接受的时候，又是什么感觉？
- 你如何将这次活动的经历与现实结合起来？
- 我们为什么会拒绝他人提供的建议，拒绝接受他人提出的新的想法？
- 对于他人提出的建议，我们怎样才能提高接受热情和接受能力？

☑ 其他活动方式

1. 可以安排 2~5 个小组同时进行该活动的练习，让每个小组都试着采用"是的，但是……"和"是的，而且……"两种方式来做出反应。
2. 安排一项不同的任务（例如，安排一次会议议程，设计一项新产品研发方案，等等）。
3. 让每个小组依次进行两轮活动内容，其他小组观察。
4. 分角色表演，安排一些活动参加者采用"是的，而且……"的语句，另一些活动参加者采用"是的，但是……"的语句。

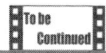

38

制订具有战略意义的团队计划

Becky Mills[1]　Chris Saeger

☑ 概　述

什么是计划？计划似乎包括许多承诺。每个人都会谈论计划，大多数人认为计划是十分重要的。然而，当我们需要坐下来制订计划时，团队成员的情绪通常会发生较大的变化，甚至会最终放弃。本章提供了一个制订计划的游戏，对于任何具有战略意义的计划会议来说，该游戏活动都不失为一个良好的开端，它提供了一个丰富而有趣的方法，以便深入地探索组织信任问题、责任共担问题以及客户所关心的其他问题。

使参与者加入一个对客户缺乏关注的模拟组织。几轮游戏之后，参与者会试图协调各自的行为，以便能为客户提供最优质的产品和服务。从模拟活动中，参与者可以：

- 发现组织信任对于制订计划的影响。
- 发现制订计划对于客户服务、团队业绩和资源利用率等方面的影响。
- 发现团队制订计划时考虑到客户因素具有什么样的价值和意义。
- 了解团队在制订计划的过程中所取得的成绩，以及计划在工作中的应用价值。

☑ 建议用时

60~90分钟（具体情况依据活动的深度而定）

---

[1] 联系方式：703-836-6776, Info@learninglandscapes.com

38 制订具有战略意义的团队计划

☑ 所需材料

- ✓ 为每组队员准备 1 张桌子、6 把椅子。队员之间、每名队员与桌子中心位置之间需要保持一臂之遥。
- ✓ 准备 1 套卡片，分成 4 组，第 1 组是数字 1~6 的绿色卡片，第 2 组是数字 1~6 的黄色卡片，第 3 组是数字 1~7 的蓝色卡片，第 4 组是数字 1~7 的红色卡片。
- ✓ 为 6 名队员每人分发 1 份说明书、1 张表格。按顺序把说明书（表 A~表 F）正面朝下放在每个座位上。
- ✓ 准备 1 张挂图纸和 1 个书签。

☑ 活动安排

用洗牌的方式把卡片的顺序打乱，沿着桌边的 4 个位置（见图 38-1 中 A、B、C、D），每个位置放 3 张卡片。部门负责人沿着桌边坐着（每个人有 3 张卡片），消费者坐在桌子的一端，投资者坐在另一端。给每人发一份说明书，包括 4 位部门负责人、1 位消费者、1 位投资者。把剩下的卡片给投资者。

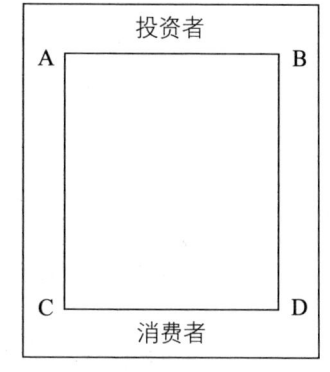

图 38-1 座位示意图

☑ 活动过程

1. **对活动做出解释和说明**

    请认真阅读放在你面前的说明书，不要就说明书的内容进行任何讨论。拿着卡片的 4 个人分别代表服务部门的负责人，现在是财政年度的开始，你拥有的卡片代表你所拥有的资源。每位负责人都是现有岗位上的新手，没有经验可循，但是你们知道自己需要做些什么。

    坐在桌子一端的投资者拥有更多的资源，他会在游戏的过程中将资源投入组织当中。坐在桌子另一端的消费者极度渴望得到你的组织所提供的服务（用几组卡片代表所得到的服务）。

    当游戏开始时，投资者将手里的资源交给 4 位部门负责人，部门负责人则选取自己所需要的卡片，积极调集准备各项资源，并提供给消费者。

    在第 1 轮游戏中，各位活动参加者不经允许不可以说话。在激烈的竞争面前，每位负责人都应该做好充分的准备，尽最大努力争取为消费者提供最满意的服务。

    投资者，你是否已经做好投资准备？部门负责人，你们是否准备好调集和发送你们的卡片？消费者，你准备好接受服务了吗？开始！

2. **第 1 轮游戏结束之后，组织大家进行讨论**

    在这一轮以及接下来的讨论过程中，活动参与者需要汇报所提供的满意服务的数量，以及每张桌子的卡片闲置率，并在活页挂图上做记录。

对消费者提出的问题：你得到你所需要的服务了吗？对这些服务你是否满意？你得到多少有用的服务？（数一数共有几套满意卡片。）

对部门负责人提出的问题：你们刚才工作非常努力，你们认为自己的工作做得如何？有多少资源还没有使用？（数一数自己手里还有多少张卡片没有交给客户，有多少张卡片对于客户来说毫无价值。）

对投资者提出的问题：你认为公司对资源的利用状况怎么样？

告诉所有活动参与者：我确信，对于组织如何更好地利用投资者的资源满足消费者需求，你们有很多想法，给你们 5 分钟的时间讨论一下可否利用其他方式来完成当前任务。接下来我们将转到下一个财政年度，请投资者将所有卡片收回来，并重新洗牌，再次为每位部门负责人发 3 张卡片，5 分钟之后，我们将开始新一轮的游戏。

3. 第 2 轮游戏结束后进行讨论

    对消费者提出的问题：对于这次得到的服务，你感觉如何？你得到多少有用的服务？（数一数共有几套满意卡片。）

    对部门负责人提出的问题：你对这次游戏感觉如何？（数一数自己手里还有多少张卡片没有交给客户，有多少张卡片对于客户来说毫无价值，并将结果与第一轮进行比较。）

    对投资者提出的问题：现在你认为组织做得如何？

    对所有活动参与者提出的问题：你们认为第 1 轮与第 2 轮的情况有什么区别？你们相信能够更好地提高服务水平，能够进一步改善消费者与投资者之间的关系吗？

    注释：最理想的结果是生产出 4 套合格产品（4 套共 12 张的满意卡片），外加 4 张闲置的卡片。假如整个团队的游戏接近这一结果，你就可以宣布模拟游戏到此结束。或者，你也可以给活动参与者 5 分钟的时间，让他们讨论如何改进游戏过程，然后接着进行第 3 轮游戏。

4. 第 3 轮游戏结束后进行讨论

    对消费者提出的问题：对于这次得到的服务，你感觉如何？你得到多少有用的服务？（数一数共有几套满意卡片。）

    对部门负责人提出的问题：你对这次游戏感觉如何？（数一数自己手里还有多少张卡片没有交给客户，有多少张卡片对于客户来说毫无价值，并将结果与前两轮进行比较。）

    对投资者提出的问题：现在你认为组织做得如何？

    对所有活动参与者提出的问题：你们认为第 2 轮与第 3 轮的情况有什么区别？

38 制订具有战略意义的团队计划

☑ 总结性提问

提出以下问题,对游戏过程进行总结:
- 你认为这种模拟游戏怎么样?
- 这种模拟游戏与你的工作经历相似还是截然相反?
- 在模拟游戏的过程中,你如何提高服务水平?
- 要求大家进行讨论(在黑板上列出讨论内容):你认为制订计划有哪些益处?(例如,更好地利用资源、更好地满足消费者的需求、鼓励合作与交流等。)

☑ 总结观点

- **信任对于制订计划具有重要的作用**

  在第1轮游戏中,参与者迫不及待地占有资源,而不考虑其他部门对于资源的需求状况,他们通常会储藏一些卡片,期待着有机会满足本部门的需要。没有人关注消费者的需求,活动参与者的目的仅仅是完成自己部门的目标。随着轮次的增加,他们开始相互合作,并相信其他活动参与者也愿意与自己通力合作来满足消费者的种种需求,而不仅仅着眼于各自部门的目标实现。

- **制订计划对于提高客户服务水平、团队业绩,以及资源利用效果具有重要的作用**

  在活动参与者结束第2轮游戏(也有可能是第3轮游戏)之后,事情发生了戏剧性的变化,他们开始实施团队策略,在整个财政年度内通过对话与合作的方式加强相互之间的沟通,因此,生产出来的有用产品的数量奇迹般迅速增加。团队从生产无用产品转向最大量地生产有用产品,团队生产出来的产品越来越多,事实上,他们使用的仍然是与第1轮游戏相同的卡片,也就是说,他们所使用的资源与第一个财政年度毫无区别。不同之处可以从卡片的闲置率上体现出来。闲置率是指在每个财政年度末留下来的未使用的卡片的数量。即便效率最高的团队在财政年度末仍然会有4张卡片没有用于产品的生产,这是因为对于任何生产系统而言,完全没有闲置资源是不现实的。

  如果活动参与者关注组织的总体预算状况,他们就会希望所需资源数量与被分配的资源数量基本一致。在第一个财政年度期间,每个部门都尽最大可能地获取资源,而当团队制定了资源分配策略时,整个过程就变得更加有序,更加富有效率。每个部门都会按需索取资源,而不是一味地、大量地储存资源。更重要的是,参与者切身体会到一个道理,即单个部门目标的实现并不一定能确保组织整体运行的成功。只有当全体成员对组织的既定目标持认同的态度,并且能够相互合作,确保组织资源的最有效利用时,才能最有效地完成组织的目标。

- **制订计划时充分考虑消费者因素具有重要的作用**

  提高组织业绩的关键在于准确判断消费者的需求。如果组织生产出来的产品不能满足消费者的需求，就不可能得到消费者的信任，那么无论组织在生产上投入了多少资源、付出了多少心血，都是毫无意义的。在竞争日益激烈的市场环境中，可供消费者选择的机会越来越多，如果当前的供应商所提供的产品与服务无法达到消费者的满意，他们就会转而购买其他组织所提供的产品与服务。由此看来，准确判断当前消费者的需求状况具有极其重要的意义。

然而，消费者的需求通常不具有固定性。实际上，随着产品质量的不断提高，消费者的需求也会变得更加苛刻。当组织将所提供的产品质量与服务质量已经提高到一个新的水平时，消费者就会希望未来的产品能够达到或者超过一个更新更高的标准。在游戏过程中，起初的消费者需求可能仅仅是按照规定的顺序收到成捆的卡片，在接下来的轮次中，消费者可能就会要求部门负责人用数字表示出每捆卡片的顺序，或者要求各个部门负责人用一种特殊的方式将成捆卡片送到他们手里。

- 改善计划的制订程序

过去，团队成员一致认为改善计划的制订程序包括以下几个方面：采取多部门决策的方法，将组织目标与实际结果紧密结合起来，建立团队共同的目标愿景，改善工作流程。几轮游戏过后，活动参与者已经对工作流程进行了相应的改善。游戏程序和参与者的变化引发我们对组织的工作流程和组织成员之间的相互协作问题进行更为深入的思考。

欢迎参加制订计划的游戏（表A）

在今天的游戏中，你的角色是部门A的负责人，请不要在游戏中向其他队员出示你的说明书和卡片。

该游戏与一个服务性组织相关，游戏中的其他队员分别是：
- 3位其他部门的负责人。
- 1位消费者，他需要得到你的部门所提供的服务。
- 1位投资者，他为你提供资源，确保你能够正常生产经营。

你是现有岗位上的新手，你的工作内容是全新的。你所在部门的任务是收集含有3张卡片——卡片上的数字分别是1、2和3（任何一种颜色都可以）——的1套卡，并把套卡送给消费者。

在你面前的桌子上有3张卡片，这些是你在财政年度开始的时候所拥有的全部资源。当游戏开始时，投资者将以稳定的速度向桌子中心发放新的卡片。取得你所需要的卡片，集合成套卡，然后立即传递给消费者。

当投资者分发完所有的卡片（资源）时，第1轮游戏便结束了。

欢迎参加制订计划的游戏（表B）

在今天的游戏中，你的角色是部门B的负责人，请不要在游戏中向其他队员出示你的说明书和卡片。

该游戏与一个服务性组织相关，游戏中的其他队员分别是：
- 3位其他部门的负责人。
- 1位消费者，他需要得到你的部门所提供的服务。
- 1位投资者，他为你提供资源，确保你能够正常生产经营。

你是现有岗位上的新手，你的工作内容是全新的。你所在部门的任务是收集含有3张红色卡片（任何数字的卡片都可以）的套卡，并把套卡送给消费者。

在你面前的桌子上有3张卡片，这些是你在财政年度开始的时候所拥有的全部资源。当游戏开始时，投资者将以稳定的速度向桌子中心发放新的卡片。取得你所需要的卡片，集合成套卡，然后立即传递给消费者。

当投资者分发完所有的卡片（资源）时，第1轮游戏便结束了。

欢迎参加制订计划的游戏（表C）

在今天的游戏中，你的角色是部门C的负责人，请不要在游戏中向其他队员出示你的说明书和卡片。

该游戏与一个服务性组织相关，游戏中的其他队员分别是：
- 3位其他部门的负责人。
- 1位消费者，他需要得到你的部门所提供的服务。
- 1位投资者，他为你提供资源，确保你能够正常生产经营。

你是现有岗位上的新手，你的工作内容是全新的。你所在部门的任务是收集含有3张蓝色卡片（任何数字的卡片都可以）的套卡，并把套卡送给消费者。

在你面前的桌子上有3张卡片，这些是你在财政年度开始的时候所能够运用的全部资源。当游戏开始时，投资者将以稳定的速度向桌子中心发放新的卡片。取得你所需要的卡片，集合成套卡，然后立即传递给消费者。

当投资者分发完所有的卡片（资源）时，第1轮游戏便结束了。

欢迎参加制订计划的游戏（表 D）

在今天的游戏中，你的角色是部门 D 的负责人，请不要在游戏中向其他队员出示你的说明书和卡片。

该游戏与一个服务性组织相关，游戏中的其他队员分别是：
- 3 位其他部门的负责人。
- 1 位消费者，他需要得到你的部门所提供的服务。
- 1 位投资者，他为你提供资源，确保你能够正常生产经营。

你是现有岗位上的新手，你的工作内容是全新的。你所在部门的任务是收集含有 3 张卡片——卡片上的数字是 4、5 和 6（任何一种颜色都可以）——的套卡，并把套卡送给消费者。

在你面前的桌子上有 3 张卡片，这些是你在财政年度开始的时候所能够运用的全部资源。当游戏开始时，投资者将以稳定的速度向桌子中心发放新的卡片。取得你所需要的卡片，集合成套卡，然后立即传递给消费者。

当投资者分发完所有的卡片（资源）时，第 1 轮游戏便结束了。

欢迎参加制订计划的游戏（表 E）

在今天的游戏中，你的角色是一位消费者，请不要在游戏中向其他队员出示你的说明书和卡片。

该游戏与一个服务性组织相关，游戏中的其他队员分别是：
- 来自同一组织、不同部门的 4 位负责人（你从他们那里得到你所需要的各种服务）。
- 1 位投资者，他为 4 个部门提供资源，确保生产经营的正常进行。

作为消费者，你有权获得该组织中各个部门所生产出来的所有有价值的服务。一项有价值的服务是由 12 张卡片组成的（4 套卡片，每套由 3 张卡片组成）。你必须按照如下顺序收取卡片，才能被视作得到了一项有价值的服务：
- 3 张卡片，卡片上的数字分别是 1、2、3（任何一种颜色都可以）；
- 3 张卡片，卡片上的数字分别是 4、5、6（任何一种颜色都可以）；
- 3 张蓝色的卡片，任何数字都可以；
- 3 张红色的卡片，任何数字都可以。

当游戏正式开始的时候，部门负责人将开始收集套卡。如果你收取到第 1 套卡片（包括数字 1、2 和 3 的 3 张卡片），就将它们放置在你面前的桌子上。然后期待着第 2 套卡片（包括数字 4、5 和 6 的 3 张卡片）的出现，得到之后也将它们放置在你面前的桌子上。对于蓝色套卡与红色套卡也采取同样的处理方法。对于那些不合乎要求的卡片不要收取，把它们放在一边。

要求该组织为你提供尽可能多的有价值的服务。在得到了完整的4套卡片之后，要求组织继续为你提供另外4套卡片，也就是再一次从数字分别是1、2和3的套卡开始。

当投资者分发完所有的卡片（资源）时，第1轮游戏便结束了。

欢迎参加制订计划的游戏（表F）

在今天的游戏中，你的角色是一位投资者，请不要在游戏中向其他队员出示你的说明书和卡片。

该游戏与一个服务性组织相关，游戏中的其他队员分别是：
- 来自同一组织、不同部门的4位负责人，他们的任务是将你的投资转化成为消费者提供的各种服务；
- 1位消费者，他需要得到该组织所提供的各种服务。

在你面前的桌子上摆放着一些卡片，这是你即将用于对组织进行投资的各种资源。游戏开始的时候，分发手里的卡片，每次1张，印有数字的一面朝上，以稳定的速度向桌子中心发放卡片（大约每秒发1张）。

当你分发完所有的卡片（资源）时，第1轮游戏便结束了。

The Active Manager's
Tool Kit

第 5 部分

领导组织变革的有效工具

39
你的员工做好变革的准备了吗

Randall Buerkle[1]

☑ 概　述

面对变革，你的员工是否做好了充分的准备？在快速变革的当今社会，我们必须认识到：并非所有人都对变革具有很好的适应能力。员工对变革的承受能力的大小、对变革后的工作方式的适应能力的大小都受到很多因素的影响，如个人经历、对变革的理解能力以及对各种不同意义的变革的接受能力等。

"变革适应能力评估"是用来评估员工对组织变革的适应能力大小的有效工具，可以应用于各行各业。尽管该工具的设计初衷是满足对员工个人进行评估的需要，但也可以用来评估一个组织对变革的适应能力。

To be Continued

变革适应能力评估

目的："变革适应能力评估"工具有助于你和你所在的团队了解自己对变革的适应能力。做完下列选择题之后，所有人员需要集中起来进行讨论，看看团队对于变革的总体适应能力如何。实际上，考察团队整体对变革的适应能力要比考察员工个人对变革的适应能力更重要。

---

[1] 联系方式：937-335-0797, flagship@wesnet.com

39 你的员工做好变革的准备了吗

说明：认真阅读下列每道题目，并做出适当的选择。

	非常赞同	赞同	中立	反对	强烈反对
1. 我认为世界上凡事都具有多面性，而且相互之间具有错综复杂的关系	5	4	3	2	1
2. 我认为世界上凡事都隐含着大量的可变因素	5	4	3	2	1
3. 我认为计划被打乱是一种很自然的现象	5	4	3	2	1
4. 我觉得巨大的变革的确令人难以承受，但我也相信变革后一定会实现更多的收益	5	4	3	2	1
5. 我确信从挫折中会学到很多有价值的经验和教训	5	4	3	2	1
6. 我认为生活总是会对我们有所回报	5	4	3	2	1
7. 我相信即使我的原计划被打乱，我也有能力重新做好规划	5	4	3	2	1
8. 我相信变革是一个容易控制的过程	5	4	3	2	1
9. 我能够高度容忍模棱两可的情况	5	4	3	2	1
10. 我只需要很短的一段时间就能摆脱失望的情绪	5	4	3	2	1
11. 在变革的过程中，我充满了激情和力量	5	4	3	2	1
12. 我了解自己的优点和缺点，承认自己有这样和那样的不足	5	4	3	2	1
13. 我能够不断加强与调整自己对于变革的认识	5	4	3	2	1
14. 我依靠良好的关系来获得别人的支持与帮助	5	4	3	2	1
15. 在面临变革的时候，我总能表现出很好的耐心、洞察力和幽默感	5	4	3	2	1
16. 我能准确把握混乱局面下的主题	5	4	3	2	1
17. 我善于把一些看上去毫无干系的项目整合起来	5	4	3	2	1
18. 变革期间，我能够对优先顺序进行必要的调整	5	4	3	2	1
19. 我有能力同时处理很多问题	5	4	3	2	1
20. 我能够适当调节自己，释放压力，避免影响生活的其他方面	5	4	3	2	1

■ 得分及解释

把每道题目的得分加总起来，总得分是_____
如果你的得分是：

88~100 分	你将发现自己对变革具备很强的适应能力，你是大家学习的榜样。
76~87 分	你将发现自己对大多数的变革都有较强的适应能力，多数情况下，你都能应付自如。
64~75 分	你将发现自己对某些变革能够适应，这取决于你的当前状态和变革的特点。在变革过程中，有时候你会应付自如，有时候则无法应对。
52~63 分	你将发现自己对变革的适应能力较差，在任何变革过程中你都无法应付自如。因此，你打算拖延当前的任务，直到你看到变革所带来的益处时才会真正接受变革。
52 分以下	你将发现自己对变革的适应能力非常差，面对变革，你总是感到孤独无助，似乎自己是个十足的受害者。

40
你的组织做好变革的准备了吗

Duane Tway[1]

☑ 概 述

"组织变革特点调查"用于判断你的组织是否为实施二级变革做好了准备，或者在实施二级变革的过程中进展状况如何。一级变革是对组织结构、组织运行流程，或者组织内部关系进行修改，不影响组织的核心内容。而二级变革则直接影响组织的核心内容，对组织结构、组织运行流程，以及组织内部关系进行彻底变革。由于二级变革的实施过程能够自行维持，因此没有必要采取更进一步的措施来保证它的执行。

本章提供了一套调查问卷，有助于你判断组织当前究竟是处于一级变革阶段，还是二级变革阶段，对于实施变革方案具有十分重要的意义。该调查问卷可以作为变革前的分析工具，也可以用于调查变革过程中的进展状况，还可以作为对变革实施效果的最终评估工具。作者发现，该调查问卷能够为高层管理者提供变革全过程的有价值信息。

组织变革特点调查

说明："组织变革特点调查"中共有22个问题，涉及组织变革的几个方面。根据你的实际经历和切身感受来回答下列各题。

---

[1] 联系方式：520-721-6642，dtway@waldenu.edu

The Active Manager's
Tool Kit

1. 组织的变革仅仅发生在有限的范围内、有限的几个方面、有限的几个环节。

       1   2   3   4   5   6   7   8   9
   几乎从不   有时   几乎都是

2. 组织的变革结果促使我们产生新的思考方式、新的行为方式。

       1   2   3   4   5   6   7   8   9
   几乎从不   有时   几乎都是

3. 我们的变革侧重于一个或几个层面，即侧重于员工个人层面，或者工作小组层面，而不是组织层面。

       1   2   3   4   5   6   7   8   9
   几乎从不   有时   几乎都是

4. 组织的变革结果促使我们形成新的世界观，树立了新的学习榜样。

       1   2   3   4   5   6   7   8   9
   几乎从不   有时   几乎都是

5. 我们只改变一个或两个行为因素，如做事态度、行为价值观。

       1   2   3   4   5   6   7   8   9
   几乎从不   有时   几乎都是

6. 组织的变革基于各种不同的逻辑推理，看起来很没有道理。

       1   2   3   4   5   6   7   8   9
   几乎从不   有时   几乎都是

7. 在组织内，我们实施各种定量变革。

       1   2   3   4   5   6   7   8   9
   几乎从不   有时   几乎都是

8. 在组织内，变革是不能随便取消和回避的。

       1   2   3   4   5   6   7   8   9
   几乎从不   有时   几乎都是

9. 我们对内容进行变革，而不是对环境进行变革。

       1   2   3   4   5   6   7   8   9
   几乎从不   有时   几乎都是

10. 组织的变革是一种跳跃式的革新。

        1   2   3   4   5   6   7   8   9

40 你的组织做好变革的准备了吗

　　　几乎从不　　　　　　　　有时　　　　　　　　几乎都是

11. 当变革开始的时候，我们能够坚持不懈地实施下去，能够不断取得进展，大家齐心协力，为完成目标共同努力。

　　　　　1　　2　　3　　4　　5　　6　　7　　8　　9
　　　几乎从不　　　　　　　　有时　　　　　　　　几乎都是

12. 组织的变革有始无终，不断对变革的方向进行调整。

　　　　　1　　2　　3　　4　　5　　6　　7　　8　　9
　　　几乎从不　　　　　　　　有时　　　　　　　　几乎都是

13. 我们实施越来越多的组织变革。

　　　　　1　　2　　3　　4　　5　　6　　7　　8　　9
　　　几乎从不　　　　　　　　有时　　　　　　　　几乎都是

14. 我们不仅对内容进行变革，还对环境进行变革。

　　　　　1　　2　　3　　4　　5　　6　　7　　8　　9
　　　几乎从不　　　　　　　　有时　　　　　　　　几乎都是

15. 组织的变革有可能被取消。

　　　　　1　　2　　3　　4　　5　　6　　7　　8　　9
　　　几乎从不　　　　　　　　有时　　　　　　　　几乎都是

16. 我们实施定量变革，也实施定性变革。

　　　　　1　　2　　3　　4　　5　　6　　7　　8　　9
　　　几乎从不　　　　　　　　有时　　　　　　　　几乎都是

17. 组织的变革是合乎逻辑、合乎道理的。

　　　　　1　　2　　3　　4　　5　　6　　7　　8　　9
　　　几乎从不　　　　　　　　有时　　　　　　　　几乎都是

18. 我们对行为因素的所有方面进行变革，也就是态度、行为标准、价值观、认知能力、信仰、世界观以及言谈举止等方面。

　　　　　1　　2　　3　　4　　5　　6　　7　　8　　9
　　　几乎从不　　　　　　　　有时　　　　　　　　几乎都是

19. 变革无法让我们改变世界观，也不能改变我们的组织文化。

　　　　　1　　2　　3　　4　　5　　6　　7　　8　　9
　　　几乎从不　　　　　　　　有时　　　　　　　　几乎都是

20. 我们逐步对组织的各个层面进行变革，包括员工个人、工作小组和整个组织。

  1 2 3 4 5 6 7 8 9
 几乎从不   有时   几乎都是

21. 我们逐步改变一些旧有的思维惯式、行为方式。

  1 2 3 4 5 6 7 8 9
 几乎从不   有时   几乎都是

22. 组织的变革具有多面性特点，我们多方面、多角度地对诸多环节实施变革。

  1 2 3 4 5 6 7 8 9
 几乎从不   有时   几乎都是

■ 计分方法

该调查的计分应该按照以下方法进行：双数题号（如第2，4，6，8……）的所有问题按照正常方式进行统计，也就是说，如果被调查者选择的数字是 8，那么得分就是 8 分；对于单数题号（如第 1，3，5，7……）的所有题目，用 10 减去被调查者选择的数字，其结果就是得分数，例如，如果被调查者选择数字 8，用 10 减去 8，结果是 2，那么得分就是 2 分。

■ 调查结果说明

如果得分很高，等于或大于 150 分，说明你的组织为实施二级变革做好了十分充足的准备，或者目前正在进行二级变革；

得分在 100～150 分，说明你的组织为实施二级变革做好了相应的准备，如果变革正在进行，说明还需要重新着手去强化二级变革的准备工作；

得分在 50～100 分，说明组织员工有可能已经意识到应该为二级变革的实施做出一些努力，但是仍有大量的准备工作需要完成，如果已经开始制订二级变革的实施方案，最好暂停下来，重新对该方案进行评估和审查，或许一些重要的因素没有考虑进去，如管理层的支持等；

得分低于 50 分，说明组织目前实施二级变革是一件很困难的事情，必须在着手制订变革方案之前进行大量的规划和筹备工作。

41
如何指导员工度过变革期

Nancy Jackson[1]

☑ 概　述

在变革面前，员工通常要历经若干个阶段才能真正消除自己的矛盾心理，彻底改变原有的行为方式，本章旨在帮助管理者了解员工在变革期的六个必经阶段。利用本章提供的工具，管理者能够为员工提供必要的支持，帮助他们发现自身的变革动机。这六个变革阶段分别是排斥、思考、决定、行动、坚持和故态复萌。高效的培训能够在必要的情况下适时地为员工提供指导，从而帮助他们更顺利、更有效地度过变革期的整个过程。

我们一次次地听到这样的训诫："任何事物都正在以前所未有的速度发展变化着。"事实上，我们的经历也充分肯定了这一点。工作任务的不断更新，工作方式的逐步调整，以及共事同伴的频繁变换给我们带来的压力几乎使我们难以承受。

在变革过程中，员工的态度和行为发生了哪些变化？沉重的压力感、情绪低落、不负责任的工作态度和行为随处可见，甚至有的员工认为：管理者授权行为的最终目的只不过是让员工在低薪条件下增加工作量而已。然而变革的必要性是显而易见的，任何公司都必须不断地进行调整和变革，改变原有的产品密集型生产方式，逐步向知识密集型生产方式过渡，从而确保自己有能力在全球经济一体化的今天，在激烈的竞争环境下获得生存。因此，每个人都面临着巨大的压力，正是因为有了压力，才促使人们不断努力、不断进行自我调整，以免自己被淘汰出局。

1　联系方式：303-363-1930, Nansolo@aol.com

管理者有必要建立一套系统的方法来帮助那些筋疲力尽、怨气冲天的员工应对当前的工作局面。

→ 变革周期

这里借用心理疗法的概念，采用变革动机分析模型来确认变革周期。这一模型是在深入研究的基础上建立来的，并经历过事实的检验，它可以帮助组织管理者和员工妥善处理工作中遇到的各种剧变。

变革周期是由普罗克斯克（Prochaska）、诺克罗斯（Norcross）和狄克门特（Diclemente）这3位心理学家提出来的。他们对大量的"成功的自我转变者"进行观察，然后归纳总结，在此基础上建立了变革周期模型。迄今为止，"六阶段模型"已经在一些国家被数以千计的变革者使用，效果极其显著。当转变者在别人的帮助之下，确认自己准备就绪，并得到必要的支持时，就能积极主动地去改变自己，并且自始至终保持着变化后的状态。"六阶段模型"也可以在组织中得到运用，从而帮助员工更顺利地度过各种变革过程。

本章首先描述了变革周期的六个阶段的不同特征，并对不同阶段下的员工的典型特征进行了分析。接下来分析了作为组织的管理者，或者培训指导人员，应该采取哪些措施来帮助员工排除矛盾心理，并使之进入下一个阶段。使用变革周期模型时，培训指导人员必须首先确认转变者处于哪个阶段，以便明确从哪里开始进行培训。因此对于培训指导人员来说，分辨每个阶段的不同特征，理解每个阶段的员工需要接受哪些指导和帮助，就显得尤为重要。

→ 变革周期的六个阶段

■ 第1个阶段——排斥

第1个阶段是"排斥"。处于这个阶段的员工可能会说："他们不会让我去学习那些课程。""我很有资历，我会一辈子在这个职位上工作。"或者"哦，别的公司正在实行全面质量管理，但我们公司不可能实行。"排斥就是否定或者不能够认识到变革的必要性。即使有一些传言四起，比如，公司要做重大调整或者即将裁员等，处于排斥阶段的员工也会否认、忽视，甚至回避这些消息。

■ 第 2 个阶段——思考

如果员工度过了排斥阶段，就将进入变革周期的第 2 个阶段，即"思考"阶段。在这一阶段，员工将关注各种信息，并认真思考。"我想或许某一天我不得不去学那些课程……"，或者"或许我不得不去参加一个培训班……"，或者"我认为我们公司将对工作流程进行变革……"，处于这一阶段的员工仿佛是忧国忧民的政府官员，成天思考怎样才能改变目前的不利状况。他们会说："总有一天我们会解决当前效率低下、铺张浪费的问题。"在这一阶段，员工对于变革的接受能力显著增强，矛盾心理逐步减少，直至下定决心进行变革，于是便进入第 3 个阶段。

■ 第 3 个阶段——决定

第 3 个阶段是"决定"。处于这一阶段的员工已经下定决心进行变革，并开始制订行动计划，规划美好的未来。他们着手制定时间管理策略，即时间进度安排、培训方案以及其他各种必要的事先准备活动，以便迎接即将到来的变革。

■ 第 4 个阶段——行动

第 4 个阶段是"行动"，处于这一阶段的员工已经采取实际行动执行变革。例如，他们可能正在使用一项新的技术方案，或者新的团队已经组建完毕并且开始了正常的工作，或者正在执行一项新的市场推广计划。（一般情况下，只有付出了很多努力才会真正开始这些行动。遗憾的是，变革周期的前两个阶段往往容易被忽略掉，也就是说，员工的排斥阶段和思考阶段往往不被管理者所重视，一味要求员工执行变革行动。毫无疑问，这种不容员工有任何心理准备的情况下开始的变革行动无法真正持续下去，其结果一定是半途而废。）

■ 第 5 个阶段——坚持

变革的过程并非到了行动阶段就完全终止了，可能在几个月，甚至是几年的时间里，员工都无法真正适应变革后的状况，也就是说，他们需要度过坚持阶段。因此，在这一阶段，员工需要具备一些新的技能来应对变革后的组织运行方式，与此同时，还要防止以往各种习惯了的工作方式慢慢回头。变革的周期有可能到这一阶段就结束了，但也许会进入下一个阶段。

■ 第 6 个阶段——故态复萌

最后阶段是"故态复萌"，这一阶段不是百分之百会发生。导致变革进入这一阶段的原因有很多，或许是因为高层管理人员没有给予充分的支持，或许是因为员工在变革执行过程中缺乏认真的态度，或许是因为对员工的培训指导不到位……无论什么原因，总之，员工又恢复到了变革前的工作方式，整个变革周期又开始重新循环。正如我们经常听到一些人说："我已经戒烟……10次了！"

以上6个阶段必须按部就班地执行，如果步伐太快，就会使员工恢复到以往的工作状态，变革周期就需要重新开始。真正的变革是需要时间和实践做保证的。

→ 激发员工的变革热情

处于变革周期各个不同阶段的员工需要采用不同的对策，来顺利通过整个变革的过程。作为培训指导人员，首先应该了解各个阶段的特征，在此基础上明确如何在适当的时间为员工提供必要的帮助和指导。只有培训指导人员具备了一定的技能，如认真倾听他人谈话、善于解决问题、善于有效沟通等，才能使变革进程大大加快。

下文描述了不同阶段的员工所需要的支持和帮助，这些支持和帮助可以由经过专业训练的培训指导人员、经历过变革的团队，或者一些有经验的同事来提供。

■ 排斥阶段

在"排斥"阶段，员工根本没有意识到变革的必要性，甚至对变革持否定态度。"我甚至连想都不愿意去想！"在这种情况下，如果执意要求他们接受变革就会遭到拒绝和反对。为了帮助他们发现变革的必要性，需要提供一些必要的信息。"为什么要进行变革？变革对我会产生什么样的影响？如果我们不去变革又会怎样？"仅仅罗列出员工"应该"接受变革的一些信息并无益处，重要的是提供一些能够说明目前状况的"事实证据"。

例如，可以举出以下"事实证据"来说明变革的必要性：
- ✓ "由于这一原因，公司已经采纳了这项政策。"
- ✓ "ABC公司已经抢占了我们的市场份额，为此我们必须做出反应。"
- ✓ "我们的管理目标之一是，截至明年年底，所有的技术人员必须取得XYZ资格认证。"
- ✓ "这是大家目前所面临的问题，也是组织发展的目标，你该怎么办呢？"
- ✓ "这次培训将有助于你……"
- ✓ "我们将利用3个星期的时间来更新这些设备。"
- ✓ "培训之后，你的工作效率将提高40%。"

当员工处于"排斥"阶段时，他们对变革会产生抵触情绪。最好的办法是不要直接触犯他们，而是建立相互之间的信任感，并且举出事实来证明变革的必要性。"形势就是这样，你打算怎么办呢？"此外，让员工知道自己还有一些选择的余地也是非常重要的，无论这种选择的范围是多么有限。

■ 思考阶段

当员工开始意识到他们应该接受变革的时候，就进入了"思考"阶段。在这一阶段，员工需要有人来倾听他们诉说自己的矛盾心情，来鼓舞他们的变革热情。变革后的新方法有哪些利弊？固守不变又有哪些利弊？你们的希望和顾虑各是什么？当员工表现出左右为难的情绪，对变革有所顾虑的时候，正是倾听他们心声、激发他们变革热情的最好时机。在此过程中，千万不能对员工采取任何强制性手段，而是应该尽可能地满足他们提出的一些合理性的要求，为他们提供更多的实践机会。除此之外，还要认真倾听他们的心声，关心他们的各种心理顾虑。作为一名培训指导人员，你需要牢记的是，任何人都不可能以百分之百的热情接受变革，只要他接受变革的积极性已经超出拒绝变革的抵触情绪，就完全可以说他正在发生转变了。

■ 决定阶段

在这一阶段，员工开始对未来做种种猜想。新的办公室是什么样子的？如何召开团队会议？作为培训指导人员，你能不能把自己当作一名教练而不是以管理者的身份自居？同样，处于"决定"阶段的员工仍然需要有人能给予他们充分的关心和支持。在这一阶段，尽管看上去应该想尽办法去告诉员工应该做些什么及如何去做，但事实证明，最有效的办法是让员工自己去制订行动计划，自己去做一些选择和决定。当然，员工首先应该知道自己的选择范围是什么。例如，员工可以有两种选择来参加培训会，即上午和下午，应该对他们说"你喜欢参加哪个培训会？是上午的，还是下午的"，不应该说"你参加下午的培训会吧，因为这样你就可以先把工作做完了"。给员工一定的选择决定权能够有效激发他们的积极性。

另一个有效的工具是设想未来状况。在这一阶段，员工需要有人来帮助自己分析和识别变革过程中各种潜在的困难和障碍，并且想尽办法去预防和克服，避免各种问题的发生。"你发现自己每天有什么变化？""你认为新技术将如何影响你与客户之间的关系？""你认为在与团队其他成员相处的过程中会出现哪些问题？"当员工开始设身处地对变革做种种设想的时候，他们的矛盾心理就会产生，在这种情况下，认真倾听他们的内心活动，并采用积极而正确的方式给予相应支持将大有裨益。

■ 行动阶段

最后是"行动"阶段，即贯彻执行变革。在这一阶段中，员工几乎不需要任何形式的支持，特别是在前期各个阶段的支持恰到好处的情况下。或许，偶尔检查一下员工的进展状况，或者在出现问题时召开一次简短的讨论会，就是员工所需要的全部支持了。

■ 坚持阶段

一段时间内的平稳运行并不代表着整个变革周期已经彻底完成，正因为这样，坚持阶段至关重要。促使变革行为的发生需要很长一段时间，同时，维护和巩固变革后新的行为方式也需要一定的时间，因为这决定了变革的成功与否。

对于坚持阶段，一种最有效的方法是培训员工掌握"柔性技能"，这不仅有助于他们继续处理好眼前的变革，还能帮助他们从容应对即将到来的其他各种新的变革。员工能够从沟通技巧培训、解决问题能力培训，以及人际关系能力培训中受益匪浅，"柔性技能"能够全面提高员工对变革的适应能力。此外，"柔性技能"还能让员工拥有全新的思维对待自己的工作，拥有新的方式解决生活中面临的种种问题。尽管"柔性技能"的概念过于陈旧，却不失为一个绝好的应用工具，它将使员工有能力应对各种不可避免的新变革。

■ 故态复萌阶段

最后，也许会发生"故态复萌"的现象，但千万不要因此而绝望。出现这一现象的原因无非在分配任务、执行、发展过程中存在某些失误。确切来讲，变革的周期应该是螺旋上升的形态，而不是圆周形态。

当出现"故态复萌"的现象时，员工应该检查一下自己的行为。看看问题出现在哪里？或许又回到了"思考"这一环节中——"我知道我应该，但是……"这一类的借口和拖延战术又出现了。员工需要有人更耐心地倾听自己的心声，排除自己的矛盾心理，或许还有必要提高某些方面的技能。"我打算接受变革吗？为什么接受？为什么不接受？"这样一来，员工再次开始了新的变革周期。对于任何一项变革来说，经历多次变革周期都不足为奇，只要能坚持不懈、认真体会，就会获取真正而彻底的变革成功。

→ 变革周期模型在组织中的应用

变革周期既适用于组织整体，也适用于组织中的单个员工。对于一个大型组织来说，不同的部门可以处于变革周期的不同阶段，即使同一部门的员工，也会因为个人性格、经历和适应能力的不同而处于不同的阶段。

正因为如此，整个组织看上去似乎显得十分混乱，很多相当不错的行动方案也因此而被中途废止了。我们经常听说全面质量管理、质量控制、团队合作以及其他各种变革方案的失败并非因为创意的不可行，而是执行过程缺乏效率。管理者不知道如何帮助员工度过变革周期是导致执行过程缺乏效率的直接原因。

现在，将变革周期模型应用于组织，就能使培训指导人员、管理者以及员工拥有一套系统的方法来判断变革周期的每个阶段，并为处于不同阶段的员工提供必要的支持，激发他们变革的积极性和热情。

需要注意的是，组织在应用变革周期模型的时候，需要重点关注不同阶段的员工的各种需求，而不是组织整体的执行状况。一项重要的研究表明：当人们发现自己被强迫接受变革的时候，他们的第一反应就是抵抗。"如果推我，那我就向后退。"因此，最有效的方法是帮助员工排除矛盾心理，寻找接受变革的自我激励因素，这些措施将发挥不可低估的作用，使那些原本不接受变革思想的员工逐渐发生转变。

→ 总结

组织总是面临着这样或那样的变革，有的是组织计划实施的，有的是自然而然地发生了，有的则具有一定的隐蔽性，当条件成熟的时候就不可避免地发生了。被二次规划、流程调整、技术和文化革新等各种变革浪潮席卷着，为此，我们必须拥有一套行之有效的方法来帮助解决变革所带来的种种困难。

心理学家通常利用变革周期六个阶段的理论来帮助人们改掉一些不良行为，同时，组织也可以运用这一理论来减轻员工压力，避免执行变革过程中的资金浪费，激发员工接受变革的热情。从长远来看，它效果好、成本低，而且能够为员工提供必要的帮助，避免了对员工采取强制性手段来灌输变革思想所造成的各种不良后果。

→ 参考文献

Miller, William and Stephen Rollnick. 1991. *Motivational Interviewing.* Guilford Press.

Prochaska, John, John Norcross, and Carlo Diclemente. 1994. *Changing for Good.* William Morrow and Company.

The Active Manager's Tool Kit

变革周期及培训指导

阶段	排斥	思考	决定	行动	坚持	故态复萌
反应	持否定态度	左右为难,举棋不定	焦虑,并且有压力	开始行动	戒备心理	退缩不前
需要	信息	排除矛盾心理	应对各种压力	支持	支持	加强支持
论调	我没有什么问题,问题出在你身上	或许我存在一些问题……	我已经决定去做一些事情……	我做好准备,开始行动	我如何才能坚持下去	我试过了,但没有成功
指导	提供信息,制造一些疑问,建立信任	认真倾听,明确变革的利弊是什么,固守不变的利弊又是什么	帮助制订行动计划,提供必要的资源支持	支持,激发变革的积极性	支持,提供技能培训	审视出现的问题和障碍,审查新的行动规划
问题	当前的工作方式存在哪些问题	这样做值得吗	你将做些什么	进展状况如何	你需要什么帮助	现在你如何打算

42
征询员工意见

Kammy Haynes[1]　Warren Bobrow[2]

☑ 概　述

　　民意调查是收集基础数据资料的有效工具，正确制定、执行、分析和使用民意调查有助于组织变革的顺利实施。然而，如果没有正确使用经调查所获取的资料，没有引导组织进行有效的变革，那么民意调查就是有百害而无一利的，没有什么事情比你征询了员工的意见而后又不加理睬更为糟糕的了。为此，只要决定对员工进行民意调查，就一定要下决心采取适当的措施去采纳员工提出的合理化意见和建议。反之，如果民意调查之后，不采取任何行动措施，就会引起员工的极大不满。本章提供了进行民意调查的有效方法以及调查问题的设计方法，从而确保调查结果更加准确可靠，具有更好的使用价值，这对于推动组织的变革具有十分重要的意义。

➔ 简介

　　成功地设计与执行一项针对员工的民意调查有赖于以下几个方面的因素：
- 民意状况（信任感、参与意识）。

---

[1] 联系方式：909-591-2848, kammyh@contextgroup.com
[2] 联系方式：310-670-4175, warrenb@contextgroup.com

- 来自各个管理层的支持。
- 清楚地说明调查目的（界定调查范围）。
- 选取正确的管理方式和分析方法。
- 采取一种具有实际意义的、易于理解的、可行的方式反映调查结果。
- 根据调查结果制订行动方案，阐述行动方案的具体执行方法。

无论你是组织内部的咨询顾问，还是来自组织外部的咨询专家，本章接下来的内容都将有助于你对调研方案进行深入思考，做出明智的决策。

■ 为什么要对员工进行民意调查

一些组织的研究议题有可能要求你对员工进行民意调查，但就我们的经验来看，在更多的情况下，对员工进行民意调查是基于以下几个方面的原因：

- 人事变动率过高。
- 士气低下。
- 生产率低下。
- 安全问题。
- 了解对一项新的方案或工作程序的理解和接受程度。
- 对于一项改善工作程序的方案的进展状况进行监督和考核。
- 招聘新员工过程中面临的一些困难。
- 证明一项变革方案或一个变革程序是合理的。

进行民意调查的最终目的是解决问题。在向员工提出问题的同时，你也应该为即将到来的变革做好规划，确保及时、明确地对调查结果做出反应。除非组织能够采取积极的措施来对调查结果，至少是一部分调查结果做出行动反应，否则就没必要花费大量的时间和精力来实施这项调查。

→ 调查的设计

在进行调查设计工作之前，清楚地了解调查目的是十分重要的。为了使你有十足的把握来回答组织管理者提出的重要问题，必须确定好调查过程中需涉及哪些问题，而哪些问题没必要涉及。为此，事先与组织管理者进行沟通，就调查的具体情况展开讨论是至关重要的，这样可以有效避免发生调查结果无法有效反映调查目的的情况。举例来说，如果组织管理者希望了解组织内部的信任度状况，就应该设计简单的个人信息表，让每名被调查者来填写，否则的话，如果没有掌握这些个人信息，就无法确定组织成员在性别或年龄等方面是否存在很大的差别。

民意调查的设计应该充分考虑以下几个方面的因素：使组织核心成员参与设计过

程、调查题目的陈述方式、调查题目的否定提问方式、封闭式问题、开放式问题、个人信息统计调查、跟踪访谈以及题目的数量与完成时间。下面分别对每个因素进行讨论。

■ 使组织核心成员参与设计过程

组织的核心成员对于确定调查的内容具有十分重要的作用,请一些员工参与到调查设计过程中来,有助于提高民意调查的质量和水平,同时,员工也能够在被调查过程中发现自己所关心的问题。特别是在组织管理者与员工之间缺乏或没有任何信任感的情况下进行民意调查时,这一方法具有极其重要的意义。

实践证明,对现有的调查方案进行考察并修改,与请员工亲自参与对调查内容的激烈讨论相比,后者更为有效。在确定某个问题是否应被包含在调查范围内的时候,你首先要判断组织管理者仅仅是有意向对该问题进行调查,还是已经确定下来将此问题作为该次调查的目的。通常,员工最关心的问题之一就是薪酬状况,多数情况下,员工们都会认为自己的薪酬水平太低。如果管理者并没有打算对薪酬体制不合理问题进行研究,或者根本没有计划要采取措施修正这一问题(假设行业或公司内部存在薪酬制度不合理现象),你就不应该在该次调查内容中涉及这一问题。另外,你也可以利用这一问题来判断组织内的不满意程度,或者用来确认组织内是否存在一些部门或岗位因为薪酬水平问题而遭到巨大的打击。通常情况下,这是你个人的建议性要求,会受到民意状况和管理者支持力度的影响。

组织核心成员参与设计也有助于号召广大员工积极参与制订组织行动方案,只要调查结果一出来,就可以请核心成员对需要采取行动的项目按照重要性原则进行优先排序,或者请他们就解决方法进行激烈讨论。请员工参与整个调查方案的设计过程也充分体现了"广泛参与"的组织管理风格。

■ 调查题目的陈述方式

开始设计调查题目的时候,请务必注意,要一个题目表达一种含义。也就是说,一定要避免一个题目表达两种或两种以上含义的情况。我们来举一个具有双重含义的题目陈述方式:"我的主管有时间并且愿意帮助我解决问题。"除非被调查人认为他的主管既有时间又愿意帮助他解决问题,或者既没有时间又不愿意帮助他解决问题,否则,这个题目就很难回答。如果这两方面("有时间"与"愿意")并不同时成立,那么被调查人只好做出一个中性的选择了,这种回答问题的方式事实上是没有任何意义的。最好的方法是将这两方面分开提问:1)"我的主管有时间帮助我解决问题。"2)"我的主管愿意帮助我解决问题。"

在开始调查之前,你最好能与几位员工代表一起就调查题目展开讨论,及时发现那些概念混淆的，或者具有双重含义的题目，并做出修改和调整，从而确保每道题目都是清楚而明确的。

■ 调查题目的否定提问方式

为了有效杜绝被调查者选择千篇一律的答案（例如，总是选择"完全同意"），调查题目的设计者可以采用否定提问方式，例如，"我的同事并不为自己的工作感到自豪"，这种提问方式能够引起被调查者的密切注意，他们会认真思考并选择答案。此外，确保每个题目简单易懂也很重要，只有这样才能保证被调查者在回答的过程中思路清晰。例如，"组织的各个部门之间沟通不错"，这个题目就需要被调查者花费很长时间来思考（"错"是否定含义，"不"否定了"错"，双重否定是肯定的含义，也就是"好"。）这个题目的陈述很不清楚，容易混淆被调查者的思路，使其做出不确切的答案。在调查设计过程中要确保否定提问方式简便易懂，并且不宜过多使用。

■ 封闭式问题

为确保能够在最短的时间内收集到最大量的信息资料，调查题目可以采用封闭式陈述方式，例如，"我喜欢我的同事"，"我能够得到良好的工作培训"。

在使用封闭式问题时，你应该首先确认评分标准，对各个可供选择的答案的具体含义做出清楚的解释，以便被调查者能够按照统一的评分标准来选择答案。例如，你不应该仅仅对被调查者做出这样的说明："1——彻底反对，5——完全同意"，还应该对 1～5 之间的每个数字（2、3、4）所代表的含义逐一进行解释。

■ 开放式问题

开放式问题要求被调查者畅所欲言地谈论对一些问题的看法。"在 MNO 行业工作你最喜欢的是什么？""在接下来的一年中，为了提高 RS 公司的工作状况，最应该采取的 3 个重要措施是什么？""让你离开 JJ 公司的 5 个主要理由是什么？"请务必记住，你对开放式问题的表达方式决定了被调查者能否准确做出回答。为此，你需要认真考虑开放式问题的陈述方式，并将开放式问题与封闭式问题综合起来进行考虑，得出结论，并为管理者提供有价值的建议。

使用开放式问题时，需要预先设计好回答问题的方式。我们发现，使被调查者在回答问题时，将不同观点逐条总结出来是一个行之有效的方法。大多数调查都能够体现出被调查者对以下几个方面的观点：沟通、薪酬、晋升机会、管理质量、培训和公平问题。要求被调查者将各种观点和意见进行归类，并用数字逐条标注出来，有助于你对调查结果进行总结归纳，并制成清楚、易懂的表格提供给组织管理者。

你在对开放式问题的调查情况进行总结归纳时，应该将总结出来的观点或意见的数量做出限定。大多数情况下，3~5个答案就足够了（在对调查结果进行处理时，要考虑被调查者的人数、对被调查者提出的各种要求等）。

■ 个人信息统计调查

根据调查需要，你应该对被调查者的个人统计情况有所了解，以下列出了个人信息状况的几个方面，供你在调查设计时使用：

- 部门名称。
- 主管或经理姓名。
- 民族。
- 年龄。
- 性别。
- 与公司的签约期限。

需要注意的是，你对个人信息涉及的内容越多，被调查者越有可能认为你会把他们区别对待。因此，进行个人信息的了解时，应该尽量简单，只要能够满足你对调查结果进行分析的需要就可以了，尽量避免因此而危及被调查者与你之间的信任感。

我们并不赞成用一种隐秘的方式来进行个人信息统计调查（举例来说，对不同的部门使用不同的暗号，标注不同的日期和注释），这种方式多在缺乏信任感的组织环境中采用。当暗号被识破的时候，将严重破坏你与被调查者之间的信任度，最终有损于调查方案的顺利实施。

■ 跟踪访谈

在调查结束之后，对被调查者进行跟踪访谈有助于解决不同题目的答案相互矛盾的问题，也有助于对最终报告做出细节上的补充。尽管你可能已经将跟踪访谈作为民意调查总方案中的一部分，但是如果初步调查结果证明没有必要进行更深入的调查，你就不必一定要循规蹈矩地完成跟踪访谈。另外，还要根据你的调查目的来判断额外花费的时间和成本，给被调查者增添更多的麻烦究竟值得不值得。在很多情况下，你会发现跟踪访谈在调查总体方案中的作用是微乎其微的。

跟踪访谈有两种基本方式可供选择：面对面访谈和电话访谈。与其他的决策一样，究竟选择哪种访谈方式也取决于组织环境和氛围。如果组织内部信任程度很高，那么任何一种方式都很容易被接受，最终选取哪种方式就取决于时间和地点的安排。如果组织内部信任度不高，那么采用电话访谈的方式比较容易获得一些真实的信息（特别是当组织不对被调查者的名单进行保密，而你向被调查者承诺不会将他们的名字公布于众的时候）。

很显然，参加跟踪访谈的员工持两种截然不同的态度。有的对组织当前状况相当不满意，他们会谈一些自己的主要观点和想法；有的则对组织当前状况非常满意，他们会对组织或组织内一些表现突出的员工大加赞扬。而那些持中间态度的员工多数情况下不愿意接受跟踪访谈。在进行跟踪访谈的时候一定要密切注意以上两种态度的区别，在归纳总结访谈信息的时候加以综合考虑。但是一定要注意，从正式调查中得到的信息仍然是主流的、重要的信息，而从跟踪访谈中获取的意见和信息只是对主流信息的一种补充，千万不能舍本逐末。

■ 题目的数量与完成时间

在调查设计过程中还有一些问题不容忽视：题目的数量、题目的深度与广度、完成时间。在当今的工作环境下，能在很短的时间内收集到大量的信息是相当有压力的。重点利用封闭式问题让员工回答对于某个特定说法的满意程度（或者重要程度），然后提出 3 个或 4 个开放式问题，这种形式能够让调查覆盖范围较广，同时也能确保题目的深度。所有被调查者大约利用 30 分钟就能完成全部题目。

→ 调查的实施

调查目的不同，信息的收集方法也各不相同。任何一种方法的使用都有其优点和缺点。

■ 调查频率

在你确定多长时间需要实施一次调查的时候，请务必注意尽可能缩短收集信息与实施行动之间的时间间隔。与此同时，还要使每次调查之间的时间间隔足以满足对组织变革进行预测的需要。毫无疑问，在组织内非常频繁地对每位成员进行民意调查是一项费用浩大的工作。我们建议，如果计划较频繁地进行民意调查（例如，一季度一次），就应该选取一定的样本量进行调查，但是一定要确保每位员工都有机会参与。如果打算以较低的频率进行调查（例如，一年一次），就应该确保每次调查都要面向所有员工。调查频率与实施方法的确定应该在向管理者提交的初期报告中予以反映。

■ 抽取样本

如果你决定不对所有的员工进行调查，就应该采取抽样调查的方法，抽样调查的方法包括以下几种：

- 随机抽样（Random Sampling）。随机抽样指使用计算机或者其他一些公平的方式抽取一定比例的员工数量。该方法的优点是，在通常情况下都能够确保抽取到不同部门的员工，其不足之处在于随机样本并不总是具有合适的代表性，这容易使部分员工认为自己遭受到了不公平的待遇，也容易使有的样本代表性过大，有的样本代表性又低于适当的比例。

- 分层抽样（Stratified Sampling）。分层抽样是指在特定的范围内进行随机抽样。例如，你通过一些样本来反映每个部门的男女比例。使用该抽样法能够确保样本具有精确的代表性，但同时也增加了调查实施过程中的负担。分层抽样法通常是在你需要了解各个被调查者群的不同特点时使用。
- 目标抽样或非随机抽样（Targeted or Non-Random Sampling）。你也可以在指定的员工中进行调查（如会计部门）。该方法适合对特定题目的调查，但是调查结果不能够在指定人群以外的其他员工中推广使用（即使经过证实该指定人群在某些方面与组织内其他人群具有相似之处，也不能推而广之）。

■ 内部人员组织实施与外部人员组织实施

由外部的咨询专家组织实施的民意调查的最大优点是容易给人以不偏不倚、公平坦诚的印象，内部的咨询顾问组织实施民意调查时难免会让人感觉有所偏袒，要么站在管理者的角度，要么站在员工的角度。无论你是一名内部咨询顾问，还是一名来自组织外部的咨询专家，都应该判断调查过程中会出现哪些不利因素，并根据实际情况采取适当的措施予以解决。不管是哪种情况，组织的氛围都将对你的调查过程产生极其重要的影响。

→ 信息的收集

在很多情况下，信息的收集程序取决于调查的目的和组织文化状况。由于没有一个严格的规定，因此你可以与管理者进行讨论，决定究竟选择哪种方式来收集信息。

■ 人员集中调查

将被调查者组织起来，以调查会议的方式进行调查（事先制订好时间计划，将所有被调查者安排在特定地点接受调查），能够产生的积极效果包括：
- 调查问卷的回收率较高（一般回收率在80%~100%，远远高出以信件邮寄方式进行的调查）。
- 让被调查者亲眼目睹、切身感受到管理者对于员工意见的重视程度。
- 组织实施人员可以当场回答员工提出的与调查问卷有关的各种问题。
- 能够在较短的时间内收集到需要的信息，因此整个调查过程十分省时高效。

- 可以节省邮寄费用。

潜在的不利因素	解决方法
由于管理者有可能亲临现场，因此会降低员工对这次调查的信任度	请管理者到自己的办公室或另外找个位置完成调查问卷的填写
公司内部成员将负责收集调查问卷，这样会有损于员工对这次调查的信任度	请与本次调查毫无关系的中立人员负责收集调查问卷，并对问卷内容进行信息汇集处理
员工拒绝停下手里的工作去接受调查	将被调查者分成若干小组，从而确保始终有人坚守工作岗位
有的员工可能在调查当日因缺席而不能参加调查活动	将缺席者的名单记下来，让他们将调查问卷直接邮寄给信息处理人员

■ 信件邮寄调查

在公司员工人数较少、工作地点又很分散的情况下，或者对于那些由于工作性质的缘故没有固定工作地点的员工（如销售人员等）通常采用信件邮寄方式（寄到被调查者的家里或者使用公司内部邮件）进行调查。还有一些不喜欢采用人员集中调查的公司也采用信件邮寄方式进行民意调查。该方法的优点包括：

- 具有很高的可信度，因为组织内的任何人都没有机会接触到调查问卷（假定所有调查问卷直接邮寄到组织外部负责信息处理和分析的人员手中）。
- 为组织减少工作上的麻烦（不必像人员集中调查那样需要安排会议时间，需要寻找一些中立人员，等等）。

潜在的不利因素	解决方法
被调查者可能由于工作繁忙、忘记，或者根本不重视该调查活动等原因而导致调查问卷回收率不高（调查问卷回收率一般低于35%）	请公司总裁亲自鼓励员工积极参与，并向员工强调该次调查的重要性。但这项举措相当耗费时间，并且不会使调查问卷回收率有太明显的提升
由于组织完全不必干预调查活动，因此会给员工留下管理者从上到下不支持该调查的印象	在调查活动正式开始之前，召集所有员工开会，向他们解释本次调查活动的目的，强调其重要意义

■ 网上调查（如企业内部网、互联网）

为了节省书面调查问卷在印制及信息整理方面的工作量，很多组织倾向于利用电子媒介来进行民意调查工作。利用网上调查的优点体现在以下几个方面：

- 调查信息能够自动录入数据库，节约大量的时间和成本。
- 调查问卷的发放程序相当简单（如利用电子邮件、网页链接等）。
- 迎合组织发展需要（也就是说，增强员工对于现代化办公工具的熟练程度，强调无纸化办公的重要性）。
- 让员工感觉操作起来要比书面调查问卷回答容易得多（例如，员工通过单击发送键就可以提交调查问卷）。

潜在的不利因素	解决方法
如果公司管理者参与到员工的调查问卷回答过程中来，就会大大降低员工对本次调查的信任度	设置附加密码或网络防火墙来最大限度地提高安全性
	不要让员工提供个人姓名或其他可识别身份的信息
建立信息技术处理系统需要一定成本和时间	与信息技术处理部门合作，或者借助组织外部力量的支持，认真考虑以上两种方式中的哪种更适合你当前的状况
被调查者对计算机操作过程感到不习惯（多数情况下是由于对技术操作方式望而生畏）	举例说明操作过程，或者在实施调查之前对被调查者进行相关培训
被调查者可能因工作繁忙、遗忘、对该调查活动缺乏重视，或者在每天收到大量电子邮件的情况下无法及时看到该调查问卷，导致调查问卷回收率不高	请公司总裁亲自鼓励员工积极参与，并向员工强调该次调查的重要性。但这项举措相当耗费时间，并且不会使调查问卷回收率有太明显的提升

■ 信任感

对员工进行民意调查要注意保密性。（例如，不要让组织中的任何成员随意查看调查问卷，了解调查问卷的回答者是谁。）无论如何，在向被调查者了解个人情况以便进行分组分析的时候，一定要慎重考虑，把握好"度"的问题。通常情况下，可以询问被调查者是哪个部门的，工作性质是什么，以及到该公司工作时间有多长，等等。然而，如果过多地询问被调查者的个人情况，势必会引起他们的警惕心理。在一个充满信任感的组织内，这并不是一件很难做到的事情，然而在一个缺乏信任感的组织里是很难做到的。总之，在需要提供一份尽可能详尽的调查分析报告与被调查者提供有限的个人信息量之间的平衡问题需要你认真思考。经验证明，组织管理者是无法真正认识到组织成员之间巨大的差异性特点的。（也就是说，组织文化与许多员工的具体行为之间存在不相符的现象。）

→ 信息的分析

在调查的设计阶段，就最终报告的内容与组织管理者进行协商并取得一致意见是相当重要的一项工作。尽管还有可能根据调查结果的具体情况对最终报告进行一些相应的调整，但是这种事前达成一致意见的方式会大大减少各项成本、费用和时间，避免组织管理者不顾调查的最初目的而一次次地打乱调查过程。

■ 分析方法

分析方法受调查目的的影响。应该对调查问卷中涉及的各个主要问题进行回答和分析，而不要一味地向组织管理者提供大量的细节性、统计性的信息或数字（这些信息或数字应该在附录中反映出来）。如果打算提交各个单项报告，只需采用一些简单的统计分析方法就可以了（如平均数或平均比率分析）；如果打算以总报告的形式提交，就应该采用一些综合性的统计分析方法（如相关因素分析法）。对于开放式问题的调查数据，应该客观地进行归类分析。

■ 对调查结果的解释说明

数字本身并没有任何含义，你必须对调查结果进行清楚解释，说明得分与问题之间的关系，从而对各主要问题做出准确回答。以下是对调查结果进行解释说明时常犯的几个错误，你应该帮助组织管理者避免：

- 用因果关系来解释相关性。（例如，"低满意度导致辞职的可能性大大增加"。）
- 过分强调分数之间的微小差别。（例如，"我们部门得了 3.4 分，而你们部门得了 3.2 分，因此作为一名管理者，我比你更出色"。）
- 认为满意程度与重要程度是等同的概念。被调查者尽管有可能强烈赞同一项决议，但并不等于这项决议对他们来说一定具有非常重要的意义。事实上，满意程度与重要程度二者之间的关联性并不大，因此，如果你想知道某项决议的重要程度，就需要在调查问卷中加上新的评分标准。
- 对开放式问题增加一些补充意见（例如，"你还需要补充哪些意见和建议"），这种提问方式的负面效应将远远大于正面效应，假如整个调查问卷的设计井井有条，或者至少还过得去的话，就没有必要麻烦被调查者增加一些补充性的意见。

→ 提交调查结果

■ 叙述部分

将调查的整个经过叙述出来，包括开头部分（我们进行该民意调查的原因是什么）、中间部分（调查中获得的信息和数据向我们说明了些什么）和结尾部分（我们的意见和建议）。为确保对整个过程的叙述具有很好的实用价值，你可以尝试以下几点建议：

- 语言简洁明了，层次清晰，观点突出。
- 在每一段的结尾处加上一些对组织发展有利的建议或意见（包括"这方面相当出色，请继续保持"。尽管咨询专家与组织管理者都将目光重点锁定在一些发展状况很不乐观的方面，但这种鼓励性的评语很有必要）。
- 能够提供充足的数据来证明自己的结论和意见。
- 不要因为无法实现调查目的而为自己进行辩解和搪塞。在调查中，通常会有调查目的无法实现的问题，但是数据本身会说明一些问题。你可以把数据和信息提供给组织管理者，并加上一些建议性的行动方案。
- 利用数据来分析和支持你的结论，但是应该避免一些细节性的描述，这些细节性的资料应该在附录中单独体现。

■ 图表分析

调查结果可以借助图表体现出来，但是一定要使图表分析简洁清楚、一目了然，同时还要体现调查的目的。将大量的数据罗列在图表中势必会扰乱人们在看图时的思维，不仅没有使整个报告简洁，反而显得十分混乱。你可以向图表使用者征询意见，看看他们喜欢什么样的方式。（例如，他们希望图表的详细程度如何、复杂程度如何，更喜欢文字报告的形式，还是口头报告的形式。）

■ 怎样提交调查结果

实施民意调查之后，你必须将调查所获得的信息在一定范围内公开化。然而究竟向谁公开这些信息，信息公开的详细程度怎样，都要受到组织文化和实际运行状况的影响。通常情况下，应向民意调查的发起人提供最详尽的信息，并阐述意见、建议和行动方案；向被调查者提供调查的总体概况和行动方案。根据组织结构状况和民意状况，还可以向大家进一步提供更详细的资料（通过纸面文字或企业内部网，开放式问题的评述可以逐字逐句地提供，也可以不提供），这样可以增强员工对即将到来的组织变革的理解能力和接受程度。需要注意的是，在提供这些详细资料的时候要充分考虑信任度问题，保证匿名提供。一旦被调查者发现自己被指出姓名、暴露了身份，他们将拒绝参加以后的所有调查，即便参加了，也不会提供最翔实的信息。如果员工的姓名被公开化，他们不得不忙于为自己的回答做各种解释，不得不向别人赔礼道歉，或者只是指手画脚却不采取任何行动，这样很不利于你对调查结果进行深入分析。

■ 坚持匿名原则

在一项民意调查中，开放式问题具有不可估量的价值。倘若你用一种让人信赖的方式来征询意见，就能够得到满意的答复，将被调查者的回答逐字逐句地阅读和整理有助于你进行调查分析。然而，有些被调查者的回答却有暴露其身份的可能，例如："我的老板对我很不公平，因为我是我们部门唯一的西班牙人。"即使做出这样回答的被调查者并不介意自己是否暴露了身份，你也应该给予足够的重视，因为如果在这次调查中有人暴露了自己的姓名，那么在以后的调查中你也无法确保能够真正坚持匿名的原则。最好的办法是，首先仔细阅读被调查者的回答，然后将那些容易被别人识别身份的信息删除掉，在此基础上做出修改。例如，在提交最终报告之前，你可以对那位被调查者的回答做出这样的修改："我的老板对有的员工很不公平。"这样，既不会暴露出管理者的身份，也不会暴露出被调查者的身份，同时也保留了被调查者原来的回答内容。

■ 提供建议

你所提供的建议的类型一方面取决于你对组织了解得多少，另一方面取决于你在组织变革的整体规划中充当怎样的角色。如果该项调查属于一次较大规模的组织变革的一部分，那么你将直接参与变革的执行过程，调查报告就应该体现出应该如何实施变革。还有一种情况是，你可以提供一些建议，然后由其他咨询顾问来具体操作，或者将调查报告提交给组织管理者，由他们自己去执行变革。无论哪种情况，你所提供的建议都应该体现以下3方面特点，才能使变革的执行效果真正体现调查结果的具体情况：

- 你应该根据调查结果的具体情况来提供建议。也就是说，你所建议的具体行动方案应该直接反映员工的意见和看法。
- 你应该提供具体的执行工具与操作过程，从而保证你所提供的建议能够顺利实现。
- 将你的建议与调查目的紧密联系起来。

举例来说，"鉴于去年有68%的员工没有收到业绩状况反馈信息（调查结果），我们建议你在已经制订好的管理计划中增加一些业绩评估会议方面的内容。你可以制作一份业绩评估会议的签名清单，在每个月的业绩评估会议结束后，由你和员工分别签字，然后提交到人力资源管理部门备案，这对于业绩评估工作会起到一定的监督作用（执行工具与操作过程)。这一举措对于组织的业绩管理工作将产生举足轻重的影响,并且使生产效率大大提高(调查的目的)。"

→ 制订行动方案

除了要用一种叙述性的方式来提供建议之外,你还应该制订出能反映出时间安排和资源需求的行动方案,为组织管理者实施变革提供支持。尽管大多数管理者在调查初期都能够雄心勃勃地做好很多打算,但是调查一结束,他们的变革热情通常就会慢慢减弱。行动方案能够帮助组织管理者保持最初的热情,对调查结果做出积极的反应,并在最短的时间内采取改进和提高的行动。实施调查、提供调查结果、实施行动方案之间的时间间隔越长,员工对他们的建议能够被真正重视和采纳越缺乏信心。因此,为了有效激发员工的士气,及时采取行动是至关重要的。

→ 总结

总之,你在设计和实施民意调查的时候请牢记以下要点:
- 在整个过程的每个阶段都要牢记调查目的。
- 维护与被调查者之间的信任感。
- 认真思考调查设计阶段与实施阶段的具体内容及含义。
- 重视调查的设计工作。
- 对信息的收集工作进行监督。
- 把握好对信息的分析深度。
- 提供完整的调查结果。
- 提供详尽的建议。
- 抓住任何可能的机会,采取及时有效的行动来证实组织对于提高和改善现有状况的决心。
- 根据调查情况制订行动方案,并向员工公开,从而确保员工知道你真正理解了他们的想法,并且能认真听取他们提供的意见。
- 采用正确有效的方式(公开通畅的沟通交流渠道、有步骤有计划的调查方式)进行调查。

每个组织都是独一无二的,对于某个组织非常有效的调查程序却未必适用于其他组织。因此,在调查过程中,对每个决策过程中的有利因素和不利因素都要进行认真分析,才能提供一个精心设计的、行之有效的组织分析工具,从而帮助组织管理者解决一些重要的问题,使组织顺利实现目标。

43
如何规划和管理组织变革

Nora Carrol[1]

☑ 概 述

在当今社会，来自内部和外部的双重压力迫使每个组织不得不面临各种变革。因为变革意味着一些未知的因素，所以也隐含着风险。处在变革过程中的组织需要冒着人员、物质、技术资源、集体智慧甚至市场地位等方面的风险，去竭尽全力应对变革。

既然存在风险，就要求组织事先为变革做好计划，而不应该被动地等待变革的到来，然后设法去解决各种问题。本章以循序渐进的方式，按照组织的运行程序，从7个方面描述了组织如何规划和管理变革。该工具适用于任何行业、任何部门，也不受组织的工作地点限制。由于每个过程都是按照"有问有答"的形式来表述的，因此本章内容可以作为组织的业务手册来使用。组织的利益关系各方最有资格为这些问题提供有效、实用的答案。

To be Continued

→ 第1步：确定组织任务和目标

组织或组织的各部门在开始规划变革之前，都应该对其任务和目标达成一致。提出并回答下述问题将为组织进行成功变革打下良好的基础。

- 你是否对组织的目标和任务做过正式陈述？

---

[1] 联系方式：703-226-1266，ncarrol@ffinst.com

- 如果是，那么你的陈述是不是准确无误地反映了组织的使命？如果没有，原因是什么？需要对组织的目标任务进行变革吗？
- 如果没有，那么应该采取哪些必要的措施，来保证你能够明确制定出组织的目标和任务，并获得一致通过？
- 你能自己制定出所在部门的目标和任务，还是需要其他部门的人员来参与和支持，才能正确制定出所在部门的目标和任务？
- 你是否对组织的目标和任务做出了合理的、制度化的分解？
- 你认为自己需要多长时间来制定组织的目标和任务？

→ 第2步：审查组织目前状况

■ 产品与服务

组织通过向市场提供产品与服务来体现自己的目标和任务。
- 你们所提供的产品与服务能否反映组织的目标和任务？如果能，是怎样反映出来的？如果不能，原因是什么？
- 如果存在矛盾冲突，你如何解决？解决矛盾的过程中，会涉及哪些人和程序？

■ 目标市场的确认与开发

市场是你的业务收入的主要来源，目标市场的类型与特征应该与组织的目标和任务相匹配。
- 你是否已经对当前的目标市场做过正式的描述？对于未来的目标市场有过正式的描述吗？
- 如果是，你的描述中有没有对目标市场进行细分，从而有助于你理解不同的细分市场的特征与差别？
- 如果你还没有对目标市场做过正式的描述，你必须采取哪些措施来做到这一点？
- 在市场发展目标的设定过程中涉及多少层权力关系？
- 你认为你对市场发展的期望和要求符合组织的目标与任务，并且具有可实现性吗？
- 如果不是，需要采取哪些必要的措施来保证其可实现性？

■ 部门发展目标与公司整体目标之间的关系

你所在部门的发展目标应该直接反映公司整体的发展目标，二者是协调一致的关系。为此，将二者进行比较是十分必要的。

- 你所在部门的发展目标与公司整体的发展目标之间是协调一致的关系，还是相互补充的关系，抑或矛盾冲突的关系？
- 如果你不知道，为什么？如果你不能肯定，你认为需要哪些必要的过程，你才能真正理解公司整体的发展目标？

■ 实力与能力

你的实力与能力可以表明，利用现有的资源你能够去做哪些事情。对于这两方面进行合理评估，有助于你发现并弥补一些缺憾与不足，从而保证组织变革的有效实施以及组织目标的顺利实现。

- 你的部门有实力和能力承担起自己的责任吗？如果是，通过什么方式？如果不是，原因是什么？
- 如果在实力和能力方面存在一些缺憾和不足，具体体现在哪些方面？
- 这些缺憾和不足对于你部门的工作产生了哪些影响？如何采取必要的措施来加以弥补？
- 你所在部门的实力和能力对于公司整体发展有哪些方面的影响？二者是相互补充的关系，还是相互冲突的关系？
- 你必须采取哪些措施来保证组织的实力和能力与组织的目标和任务之间在最大范围内相互协调？

■ 成本与收入

很显然，组织收入来自产品与服务，并受到市场发展状况的影响，收入本身并不是组织的目标和任务，但为了确定收入对组织的影响，确定收入与变革成本之间的互动关系，就必须对组织收入进行深入思考。

- 你的部门有明确的收入预期吗？如果有，是否达到了预期目标？
- 如果没有明确的收入预期，你是否打算采用收入预期管理？什么时候开始采用？
- 你通常每隔多久向你的上级主管汇报一次收入状况？你的上级主管是谁？
- 在财务年度内，你是否对收入预期做出灵活的调整？
- 你能够按时提交反映项目收入和成本状况的部门预算吗？这两项预算都能立刻得到上级主管的批准吗？
- 如果你的收入预算和成本预算不能同时得到批准，接下来你将怎么做？
- 对于预算制定程序，以及你在制定预算过程中的表现，你是否感到满意？
- 如果你并不满意，那么你打算进行哪些变化？
- 你对收入的期望与组织的目标和任务一致吗？

→ 第3步：考察外部环境

规划变革的第3个准备阶段是考察组织的外部环境。这一步非常重要，因为它能够帮助你更好地认识自己正在做些什么，竞争对手正在做些什么，你下一步打算做些什么。这些有助于你与竞争对手进行比较。

考察组织的外部环境时，需要认真研究下列问题：
- 直接竞争；
- 间接竞争；
- 竞争的概念；
- 竞争对手的目标市场；
- 影响组织的各种外部因素。

■ 直接竞争

直接竞争对手与你们提供相似的产品与服务，在市场上的地位也不相上下。
- 你的直接竞争对手有哪些？
- 直接竞争对手的产品与服务在哪些方面对你们构成竞争威胁？

■ 间接竞争

间接竞争也体现在产品与服务上，间接竞争对手和你们所提供的产品与服务有一部分是重叠的。
- 你的间接竞争对手有哪些？他们提供哪些产品与服务？
- 如果你不知道，那么你需要哪些资源和信息来帮助你了解到这些情况？

■ 市场

这里所说的"市场"，并不是一个笼统的概念，而是指组织的所有细分市场的集合体，组织的各个细分市场之间千差万别，而这些差别恰恰体现了市场的重要特征，这正是作为一名市场工作人员需要认真思考的问题。
- 你们的目标市场是以单个消费者的形式存在，还是以一个组织的形式存在，抑或两者都有？
- 你们的目标市场有哪些？按照重要性从高到低的顺序进行排列。（如果你们既有单个消费者的目标市场，又有组织形态的目标市场，就请分别列示出来。）
- 在你所列出的每个市场中，最显著的行为特征是什么？

- 在你所列出的目标市场中，哪些是你的直接竞争对手的目标市场？哪些是你的间接竞争对手的目标市场？

■ 外部因素

- 你的组织受到哪些外部因素的影响？
- 在这些外部因素中，哪些影响你的直接竞争对手？哪些影响你的间接竞争对手？
- 外部因素会随着竞争对手的组织形态的变化而变化吗？

➔ 第4步：进行市场研究

在选取市场研究议题之前，有必要详细了解研究目的、研究步骤或形式。

- 你是打算做一个初步调研，还是打算建立市场行为模式，抑或想证实某个初期发现？
- 需要大范围收集资料，还是只需要收集少量的、颇有深度的资料，抑或两方面都需要顾及？

■ 能力

- 你有能力进行市场研究，还是需要聘请外援？
- 你平时积累了多少经过分析的资料，以便将其作为进行深入研究的基础？

➔ 第5步：设定短期目标和长期目标

现在，你已经确定了组织的目标和任务，考察了组织内部和外部环境，分析了组织的产品、服务和市场状况，并且下决心进行市场研究，为组织的进一步发展做好准备，那么，接下来的事情就是规划变革了。

规划和执行变革不能也不应该同时进行。制定短期目标和长期目标具有十分重要的意义，它将有助于你辨别和分析各种不同的意见，在对重大的长期变革进行投资之前做出缜密的考虑。

首先需要确定以下几个方面：

- 你打算在哪些方面进行变革？
- 你打算在什么时候进行变革？你是否制定好了时间进度表？
- 谁会拥护这些变革？
- 要想顺利完成变革需要哪些必要的资源支持？

- 在实施变革的过程中，需要做好哪些程序上的安排？需要做出哪些结构上的调整？
- 你希望变革的具体内容是什么？
- 变革在组织内的影响深度和广度各是什么？
- 需要哪些潜在的过程来支持变革？
- 如果打算实施多种变革，应该按照怎样的优先顺序进行安排？

■ 变革施动者

如果有人对变革的必要性深信不疑，并且能够承担起规划和执行变革的重任，那么变革的效果是最显著的。通常称这些人为"变革施动者"，他们能够尽己所能来拥护组织进行变革。

在对变革的优先顺序进行审查的时候，你首先有必要确定以下问题：
- 谁最有影响力去带领大家完成预期变革？
- 那些人目前承担什么工作？
- 变革施动者必须拥有什么样的权利和责任才能顺利完成组织变革？
- 这些变革施动者是来自组织内部，还是来自组织外部？

■ 组织变革与文化变革

- 在实施变革的过程中，在组织层面上需要做出哪些调整？资源的重新分配？岗位职责的重新划分？上下级关系的重新调整？组织结构的更新？还是需要专门安排时间来制订计划、做出决策，然后争取大家的一致同意？
- 你的组织的文化是什么？它与组织变革之间存在什么样的互动关系？
- 你的组织的结构属于哪种类型？职能式组织结构，还是矩阵式组织结构，抑或其他类型？
- 组织决策是自上而下的，还是自下而上的，抑或横向决策？制定决策的过程是采取个人专权制，还是民主集中制？
- 目前的管理风格是什么？循循善诱、客观公正、鼓励参与，还是其他类型？

→ 第6步：制订和实施行动计划

实施计划的过程是极其艰难的，因为它要选取资源、调配资源及监督资源的使用效果，从而确保变革的顺利完成。

■ 行动计划

- 变革按照怎样的优先顺序来进行？
- 你如何进行具体操作？你可以完全依靠内部资源和程序来完成，还是需要外部资源的支持和帮助？
- 你如何使各种不同的变革目标相互促进，使其产生良好的互动效果？
- 你如何评价自己在实施和管理变革的过程中的各种表现？

→ 第7步：将变革规划工作纳入组织运行体系中

变革规划是一项持续性工作，是一种先行思考的程序和方式，而不是一次性的工作。正因为如此，将变革规划作为组织战略性工作的一个组成部分具有十分重要的意义。

■ 变革动因

变革总是产生于某些具体情况和具体条件之下，这些具体的情况和条件就被称作变革动因。变革动因具有早期警报的作用，它们警示你有必要花大气力去分析和规划变革。通常，这些动因包括以下几方面：

- 组织内部环境变化，如组织目标和任务发生变化。
- 组织外部环境变化，如市场发展、技术进步、竞争对手的地位，或者竞争对手的产品与服务等发生变化。

■ 预警制度

通过预警制度来发现变革动因十分重要，它能够使你认识到即将到来的内部、外部环境变化，避免无法控制变革局面的情况发生。

- 你们部门每个职能单元中，谁最有能力去考察内部、外部环境，准确把握变革的早发迹象？
- 哪位主管人员最胜任去应对这些变革的早发迹象？
- 传达变革信息的最有效方式是什么？
- 需要建立怎样的工作程序，来帮助你对变革的早期预警信息做出及时的反应？
- 在什么情况下，你需要借助外部资源应对这些预警信息？
- 谁有能力协助你对即将到来的变革采取相应的措施？谁能够实施这措施？
- 在制定应对措施的时候，如果需要其他部门来协助你完成，谁最有能力来代表你的部门与对方进行磋商？

- 为获得管理层与非管理层人员的支持，你将采取哪些措施？

■ 信息反馈制度

对通过预警制度所发现的信息需要及时在有关人员之间进行传递和沟通，然后对其做出处理。因此，一旦建立组织的预警制度，就需要着手建立一套信息反馈制度。

- 谁能够为变革施动者提供最广泛的内部信息？谁能提供最具有深度研究价值的信息？
- 目前，你的组织内是否设有专门机构，去获取和记录客户对于产品、服务和组织形象的意见和建议？如果有，是什么样的机构？它能否发挥出积极的作用？如果没有，你需要采取哪些措施来建立这样的机构？
- 你是否与其他部门的资深人士进行过沟通？如果是，你是否要设置一个专门机构将你所获取的信息进行归纳总结？
- 你是否建立了与变革相关的其他部门之间的正式与非正式沟通机制？如果已经建立，你是怎样把各种信息和意见进行归纳、整合的？如果没有建立，你认为怎样才能建立这样的机制？
- 你能不能设计出信息反馈机制流程图？如果不能，是否有内部资源可以协助你设计出来？
- 你需要建立怎样的工作程序，来帮助你对变革的早期预警信息做出及时的反应？
- 在什么情况下，你需要借助外部资源应对这些预警信息？
- 谁有能力协助你对即将到来的变革采取相应的措施？谁能够执行这措施？
- 在制定应对措施的时候，如果需要其他部门来协助你完成，谁最有能力来代表你的部门与对方进行磋商？
- 为获得管理层与非管理层人员的支持，你将采取哪些措施？

→ 总结

规划和管理变革的过程影响组织的每个环节，因此，组织的出资人及利益相关方都应该积极参与。对于组织来讲，实事求是地判断和掌握利益相关方的当前状况是非常有必要的，即识别利益相关方：

- 对组织有举足轻重的影响，还是无关紧要的影响；
- 与组织之间建立的是临时的关系，还是长久的关系；
- 在组织内担任相关职务，还是不在组织内任职；

- 对组织产生直接的影响，还是通过市场环境和竞争状况等外部环境来间接地影响组织。

以上分析真的很有必要吗？当然，其重要意义绝不可低估！现实中有很多经过精心设计和规划的变革最终功亏一篑的案例。究其原因，就是没有认识到利益相关方在组织进行规划和管理变革的过程中起到的重要作用。

44

从别人的角度来理解组织变革

Vicki Schneider[1]

☑ 概　述

当管理者要求组织进行变革的时候，他们早已经在分析具体情况的基础之上制订了行动方案。他们手里拿着指挥棒，站在组织队伍的最前面，试图带领员工早日到达目的地。然而，令管理者感到诧异的是，员工并没有像他们所想象的那样，一呼百应、一往无前地执行变革。

原因相当简单。在管理者思考变革的过程中，他们逐渐能够控制由于变革而将遭受的损失，至少在他们的心目中，认为变革后所得到的收益回报一定会远远超过损失。对于管理者来讲，他们已经经历了对变革进行思考的过程，因此，他们会认为变革的必要性是显而易见的，暂时的损失是可以接受的，也是顺理成章、合情合理的事情。

管理者所忽视的是，变革，特别是重大的变革，对于员工来讲，就意味着需要被迫放弃一些他们一直十分看重的东西。当管理者真正意识并理解了每名员工需要被迫放弃一些东西的时候，无论这项变革多么重要，都将面临着导致失败的巨大阻力。对于员工来讲，他所失去的东西在别人眼里也许是微不足道的，对于他本人却是至关重要的，足以导致他拒绝变革，甚至故意破坏变革。

本章提供了一个互动式练习，有助于管理者与员工用别人的眼光来看待变革及变革所造成的损失；有助于更好地理解为什么有人会拒绝变革；有助于提高认识，在组织内营造出更加和谐有效的变革环境。

---

[1] 联系方式：716-627-3345, VSTECNY@aol.com

The Active Manager's Tool Kit

☑ **建议用时**

30～60 分钟

☑ **所需材料**

- ✓ 3 张 1 美分的卡片
- ✓ 3 张粘贴画（或胡乱涂抹的彩色画片）
- ✓ 3 张 20 美元的卡片
- ✓ 表 A（供"竞争者"使用的说明卡）
- ✓ 表 B（为每位"观众"分发一套）

☑ **活动过程**

1. 从观众中选出 3 位作为"最恰当的舍弃"活动的竞争者。
2. 将表 A 中的 3 个说明卡分别发给这 3 名竞争者，再给每人发 1 张 1 美分卡片、1 张粘贴画、1 张 20 美元的卡片。让竞争者仔细阅读说明卡，注意相互之间保密。
3. 将观众分成 3 个小组，坐在左边、中间、右边，分别与相对应的 3 个竞争者组成一组。
4. 为每名观众发 1 套表 B 中的卡片。
5. 向观众解释：每名竞争者都将首先被要求舍弃 3 件东西中的一件，然后继续，直到最后每名竞争者只剩下一件东西。观众的任务是预测他们所对应的那名竞争者在游戏结束的时候将保留哪张卡片——1 美分、粘贴画，还是 20 美元。（向观众出示代表这 3 件东西的卡片。）
6. 让所有观众开始预测，并要求他们保留好所选取的卡片。提示大家相互之间不得进行交流，允许他们出示的时候才可以将结果展示出来。
7. 将每位观众选取后剩余的卡片收集起来，一定要注意不能让观众及竞争者看到任何结果。
8. 让每名竞争者面对观众一字排开。
9. 让竞争者做出决定，舍弃 3 件东西中的一件。向第 1 位竞争者收取代表这件东西的卡片，并向所有其他人展示，然后让这名竞争者向前走一步。接下来，向其他两名竞争者重复同样的过程。
10. 让竞争者决定剩下的两件东西中将舍弃哪件。向第 1 位竞争者收取代表这件东西的卡片，并向所有其他人展示，然后让这名竞争者向前走一步。接下来，向其他两名竞争者重复同样的过程。

    现在，这 3 名竞争者结束了游戏，毫无疑问，他们目前手里所保留的东西各不相同。

44 从别人的角度来理解组织变革

11. 让坐在右边的观众举起手里的卡片，看看他们预测对应的竞争者保留的是哪件东西。
12. 当然，有的观众的预测结果是正确的，而有的观众的预测结果则是错误的。让大家自愿发言，说说自己之所以这样预测的理由。
13. 请第 1 位竞争者解释为什么要保留手里的这件东西。
14. 分别让坐在中间的观众与第 2 位竞争者及坐在左边的观众与第 3 位竞争者重复第 11～13 步操作过程。
15. 提出一些问题，并做出归纳总结：
    - 哪些信息是竞争者了解但你们并不了解的？你的不同看法对于结果产生了哪些影响？你原本应该拥有什么更好的机会使预测结果准确无误？
    - 当我们要求别人变革的时候，我们实际上是在要求他们放弃一些东西，包括有形的与无形的。更多的时候，人们抵制变革，原因是我们要求他们放弃一些对他们来讲极其重要的东西，而这些东西的价值在我们看来却是微不足道的。我们如何才能从这次活动中学到一些有价值的方法，去更好地理解为什么人们（或许就是你）会抵制变革？

        根据你所期望的学习目的，从下列问题中选出一个或几个，将活动参加者以 2～5 人为单位分成若干小组，让大家展开自由讨论。20 分钟之后，请大家自愿谈谈对这次活动的感触、从中学到的东西。
    - 认真思考一下你即将面临的一次重要变革。你不得不放弃哪些东西？如果你能够接受变革，你认为得到哪些收益回报才能够弥补或大大超过你所遭受的损失？
    - 认真思考一下你以前拒绝变革的一次经历。你被要求放弃哪些东西？你为什么认为这对于你来讲是个巨大的损失？你是怎样克服自己的抵触情绪的？假如你能够顺利执行那次变革，你将得到哪些收获来弥补所遭受的损失？
    - 认真思考一位正在抵制变革的员工。对于这位员工被要求放弃一些东西，你是怎么看的？理由是什么？你怎样去帮助这位员工认识到，变革之后他一定会得到相应的收益与回报，足以弥补其所受的损失？

☑ 强化训练

在活动的最后，组织一次"智慧大拼盘"：让活动参加者谈谈自己从这次活动中得到的启示，你或者书记员只需对活动参加者的发言进行记录，无须进行任何讨论，当所有人结束发言的时候，你再补充。

最恰当的舍弃（表 A）

说明：活动指导者将下面 3 张卡片裁剪开来，分别发给 3 位竞争者。

说明（针对竞争者 A）：

活动过程中，你将被要求舍弃两件东西，只保留一件。

在你做决定的过程中，请记住 1 美分保持原值，粘贴画分文不值，20 美元保持原值。

以上 3 样东西不存在任何特殊的价值和作用。

说明（针对竞争者 B）：

活动过程中，你将被要求舍弃两件东西，只保留一件。

在你做决定的过程中，请记住粘贴画分文不值，20 美元保持原值。

然而，1 美分是罕见的一枚硬币，对你具有重要的收藏价值，并且价值连城。

说明（针对竞争者 C）：

活动过程中，你将被要求舍弃两件东西，只保留一件。

在你做决定的过程中，请记住 1 美分保持原值，20 美元保持原值。

这幅粘贴画是你患有孤独症的孩子的第一幅作品，对你来讲是一个十分重要的情感安慰。

最恰当的舍弃（表B）

说明：活动指导者将表B按照参加活动的总人数复印若干份，并将每一份中的3张卡片裁剪开来，组成若干套卡片，发给每位活动参加者。

在"最恰当的舍弃"这项活动结束的时候，我相信我对应的竞争者将会保存下来的是

1 美分

在"最恰当的舍弃"这项活动结束的时候，我相信我对应的竞争者将会保存下来的是

20 美元

在"最恰当的舍弃"这项活动结束的时候，我相信我对应的竞争者将会保存下来的是

粘贴画

45
探讨组织变革与创新

Scott Simmerman[1]

☑ 概 述

在管理和领导组织进行变革时,一方面要向组织成员强调变革的重要意义,另一方面还应该要求组织成员积极参与到组织变革的整个过程中来,只有这样,才能使员工明确组织的预期目标是什么,了解组织变革的整个过程是怎样的。因此,动员所有成员积极参与组织变革是管理者义不容辞的责任,员工也会因为亲自参与各项变革而更加容易接受变革后的新生事物。

我用自己最喜爱的隐喻方式引出本章中的练习题,并且进行了归纳整理,从而确保你使用起来更加灵活、方便。事实上,引导员工积极讨论该练习的答案并不是一件很难的事情,而且从讨论过程中,你将发现,只有集中团队成员的集体智慧才能够产生各种奇思妙想,这绝不是任何单个成员所能够产生的效果。在做该练习的时候,一定要与团队成员一同进行,而不能交给员工自己去完成,只有这样,才能够激发员工参与讨论的积极性,才能在最大程度上减少员工对于变革的抵触情绪。

☑ 建议用时

20 分钟

---

1 联系方式:864-292-8700, Scott@SquareWheels.com

45 探讨组织变革与创新

☑ 所需材料

- ✓ 图 A（"方轮"货车图）
- ✓ 图 B（知道答案是一件很危险的事情）
- ✓ 可选择的材料：一些蝴蝶贴画、大头针、气球、玩具、日程表、其他彩色图片

☑ 活动过程

1. 向每名员工发一张图 A，或者将图 A 制成幻灯片进行放映，确保所有员工都能清楚地看见。
2. 给员工讲述一个有趣的笑话：
   "两只毛毛虫乘坐在一辆四轮货车上，一只美丽的蝴蝶在周围翩翩起舞。其中的一只毛毛虫看了看，对另一只说，'你永远也别指望着让我去做这件事情。'"
3. 问问员工以前是否听到过这个笑话，并请员工举手示意。（表面上看这是一个很简单的笑话，实际上却是整个活动过程中最精彩的部分，起到相当重要的作用。我曾经在中国香港为说英语的中国人讲课，那时候，我几乎把这个笑话讲了两年。由于人们对这个笑话的反应往往是千差万别的，因此我让大家充分展开讨论，然后将答案告诉我。起初，我听到他们的笑声一浪高过一浪，接下来就看到他们在热火朝天地讨论着，当我宣布讨论结束的时候，他们给了我 32 种不同的答案。一直以来，我都强调关于这个笑话的讨论答案应该是"拒绝变革"，然而，如果没有那一次讨论，我竟然不知道还有这么多不同的答案。）
4. 向员工陈述这样一个事实：
   "已经退役的美国网球明星约翰·麦克恩罗曾经在记者招待会上谈到自己在一次网球公开赛上失利的心情说：'这对我来讲的确是一个教训，但我不能确定究竟该怎样吸取教训。'"
   "同样，我们从这个笑话中也能得到一个教训，利用两分钟的时间与同事讨论一下，看看自己能不能发现这个笑话给我们的教训是什么。"
5. 让所有成员以小组为单位进行讨论，当看到大家的讨论热情渐渐降低的时候，宣布停止讨论，让大家说出讨论结果。
6. 通常情况下，员工会说出各种各样的答案，例如：
   - 变革是不可避免的。
   - 对未来做详细的规划是十分必要的。
   - 乘坐在四轮车上总比在泥地里爬行要好得多。
7. 对员工的回答——进行评述，首先肯定所有这些教训的确都能从这则笑话中总结出来，但这些并不是真正的答案。

8. 向员工宣布答案：

"很简单，从这则笑话中，我们能够得到的教训是：'知道答案是一件很危险的事情。'"

（将图 B 以幻灯片的方式进行放映，确保员工们都能清楚地看见。）

- "领导能力、创新、团队协作，以及变革等因素都要求我们必须认识到工作当中有很多可能发生的事情，不同的事情又应该从不同的角度去理解，如果对于问题的理解仅仅停留在表面，就一定会限制我们的思维能力。每当我讲到这个笑话的时候，人们总是在找到所谓的答案之后就停止了思考其他各种可能的情况，他们的思维能力因此而受到限制。不同的人从不同的角度去看待问题、思考问题，如果我们能够充分关注每个人的不同观点和看法，那么我们对于问题的理解就会更加深刻和全面。"

9. 你可以根据以下四个方面的内容，规划出组织变革的模式。

"以下四个方面是诱发团队协作与变革的主导因素，增强其中任何因素发生的可能性都会促使变革的可能性大大增加，具体来说，这四个因素分别是：员工对于目前工作方式的不满程度；一种更加美好的发展前景所产生的吸引力；员工个人或团队在变革条件下曾经有过成功的经历和体验；员工或工作小组对于变革的支持。

"增加对变革过程中各个主要因素的理解，就能够使员工逐步对现有工作状态产生不满，从而主动思考如何变革才能改变现有状况，使其变得更加富有吸引力。只要允许他们充分发挥个人的创新能力，自由提出各种新颖独特的想法和建议，并且鼓励他们团结协作，就一定会取得变革的成功。

"另外，还有一点需要引起足够的重视，就是人们观察和思考问题的角度是多种多样的，只有能够引起人们充分关注的问题才能产生一定的观点和看法。请大家就这个笑话展开自由讨论，认真倾听并广泛接纳别人的不同观点和想法，听听别人将采取哪些不同的措施来改变现有状态。

"作为组织管理者或者一些骨干员工，都应该清楚地认识到，仅仅知道问题的答案而不做深入思考将有碍于对问题的理解。"

To be Continued

"方轮"工作图（图A）

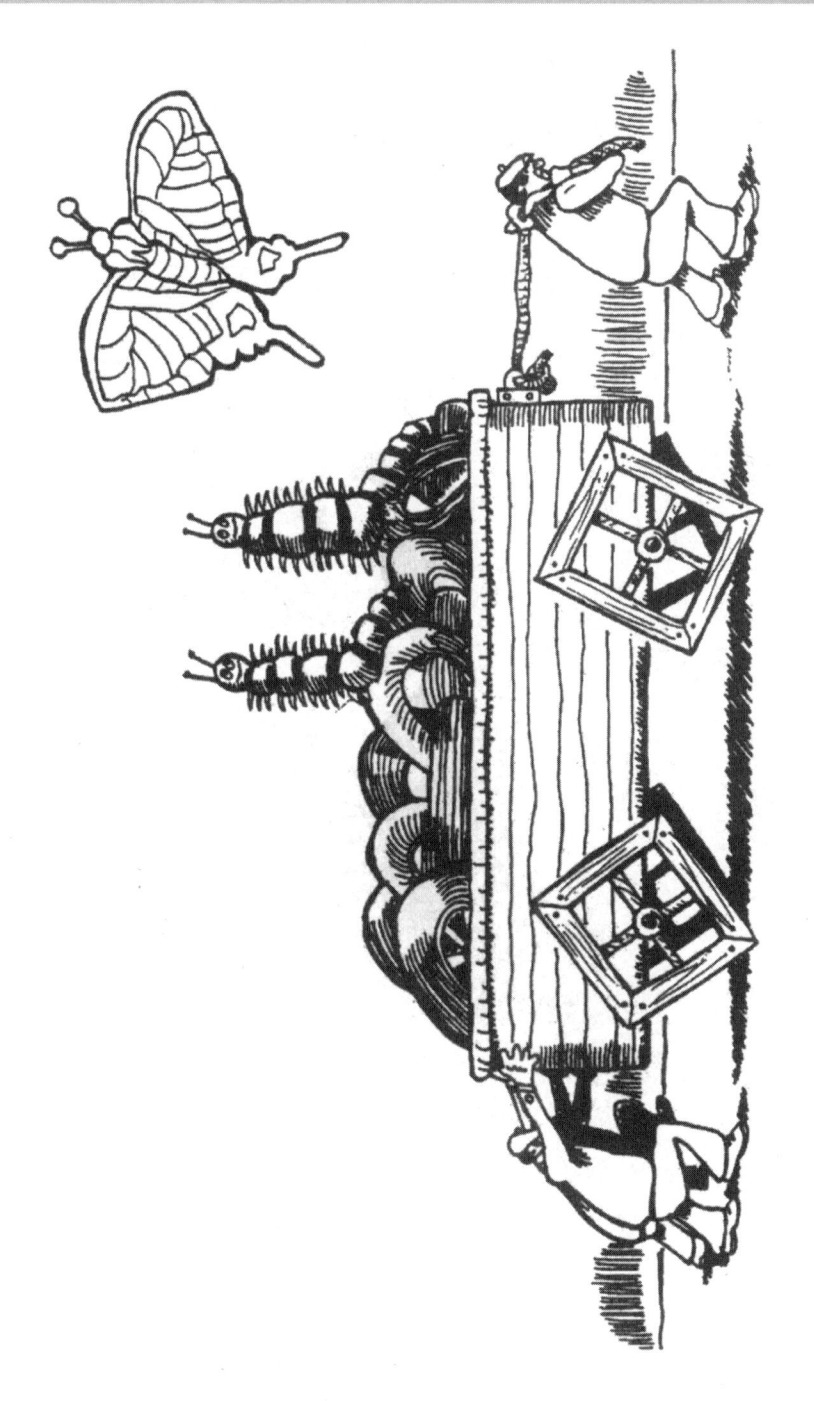

The Active Manager's Tool Kit

图 B

知道答案是一件很危险的事情

反侵权盗版声明

电子工业出版社依法对本作品享有专有出版权。任何未经权利人书面许可，复制、销售或通过信息网络传播本作品的行为；歪曲、篡改、剽窃本作品的行为，均违反《中华人民共和国著作权法》，其行为人应承担相应的民事责任和行政责任，构成犯罪的，将被依法追究刑事责任。

为了维护市场秩序，保护权利人的合法权益，我社将依法查处和打击侵权盗版的单位和个人。欢迎社会各界人士积极举报侵权盗版行为，本社将奖励举报有功人员，并保证举报人的信息不被泄露。

举报电话：（010）88254396；（010）88258888
传　　真：（010）88254397
E-mail：　　dbqq@phei.com.cn
通信地址：北京市万寿路 173 信箱
　　　　　电子工业出版社总编办公室
邮　　编：100036